KINDHEIT
ZWISCHEN PHARAO UND
INTERNET

SCHRIFTENREIHE ZUM
BAYERISCHEN SCHULMUSEUM ICHENHAUSEN

ZWEIGMUSEUM DES
BAYERISCHEN NATIONALMUSEUMS

UND ZUM
SCHULMUSEUM NÜRNBERG

HERAUSGEGEBEN VOM
BAYERISCHEN NATIONALMUSEUM

BAND 21

Dieser Band enthält die Vorträge des Symposions,
das die Erziehungswissenschaftliche Fakultät der Universität Erlangen-Nürnberg,
das Bayerische Nationalmuseum München und
die Akademie für Lehrerfortbildung und Personalführung, Dillingen,
in Ichenhausen vom 5. Oktober bis 7. Oktober 2000
unter der Leitung von Professorin Dr. Johanna Forster durchführten.

KINDHEIT ZWISCHEN PHARAO UND INTERNET

4000 Jahre in interdisziplinärer
Perspektive

herausgegeben von
Johanna Forster und Uwe Krebs

2001

VERLAG JULIUS KLINKHARDT • BAD HEILBRUNN / OBB.

Für die Titelbilder danken wir ganz herzlich
Jan Krebs (11 Jahre), Manuel Hoffmann (9 Jahre), Kathrin Söhnitz (9 Jahre),
Janina Göbel (9 Jahre), der Klasse 3b der GS Beckmannstraße 2 in Nürnberg
und Frau S. Riegler.

Redaktion:
Ute Riedl und Elisabeth Diezinger

Satz:
Elisabeth Diezinger und Elisabeth Nowak

Das Bayerische Schulmuseum Ichenhausen
wird gefördert von den bayerischen Sparkassen.

Die Deutsche Bibliothek – Cip-Einheitsaufnahme

Kindheit zwischen Pharao und Internet :
4000 Jahre in interdisziplinärer Perspektive /
hrsg. von Johanna Forster und Uwe Krebs
Bad Heilbrunn / Obb. : Klinkhardt, 2001.
(Schriftenreihe zum Bayerischen Schulmuseum Ichenhausen,
Zweigmuseum des Bayerischen Nationalmuseums
und zum Schulmuseum Nürnberg ; 21)
ISBN 3-7815-1156-1

Gesamtherstellung:
WB-Druck GmbH & Co. Buchproduktions-KG, Rieden
Printed in Germany 2001
Gedruckt auf chlorfrei gebleichtem alterungsbeständigem Papier
ISBN 3-7815-1156-1

Inhalt

III. Problemfelder und Lösungsansätze der Gegenwart

Johanna Forster/ Uwe Krebs

Vorwort

Das Buch von Ellen Key mit dem eingängigen Titel „Das Jahrhundert des Kindes" prägte zum Anfang des 20. Jahrhunderts manche Schlagzeile. Neuere Autoren wie Philippe Ariès in seiner „Geschichte der Kindheit" meinen, „Kindheit" sei wohl eine Erfindung der Neuzeit. Wieder andere, z. B. Neil Postman, sprechen vom „Verschwinden der Kindheit". Es besteht also Dissens in der Frage des Begriffs und des Phänomens „Kindheit".

Daher wurde mit dem vorliegenden Band „Kindheit zwischen Pharao und Internet. 4000 Jahre aus interdisziplinärer Perspektive", der die Beiträge des gleichnamigen Symposions vorstellt, eine andere Suchperspektive gewählt als üblich: Statt aus der Perspektive eines Faches und im Umfeld des eigenen Kulturraumes, wird das Phänomen „Kindheit" über eine sehr lange Zeitstrecke und von unterschiedlichen Wissenschaften in Augenschein genommen.

Der Alltag eines Schulkindes hier und heute, ob in Hamburg oder München, in Stadt oder Land, hat bei allen Unterschieden im Detail viele Gemeinsamkeiten. Tatsächlich bezeichnet der Begriff „Kindheit" eine Universalie, denn alle Menschen dieser Welt passieren diese Entwicklungsphase in grundlegend vergleichbarer Weise. Gleichzeitig aber steht „Kindheit" für die unterschiedlichsten individuell, kulturell und historisch modifizierbaren Formen des Aufwachsens junger Menschen. „Kindheit" ist immer auch stark beeinflusst durch die umgebende Situation. Von der Umwelt, der Gesellschaft und dem familialen Umfeld, gehen unterschiedliche Einwirkungen aus, die sich je nach konkreter Situation als fördernd, steuernd oder hemmend für die Entwicklung der Heranwachsenden erweisen.

Wenn man die Betrachtung von „Kindheit" nur auf den hiesigen Kulturraum beschränkt, sind allein bezüglich der äußeren Bedingungen etwa folgende Fragen zu stellen: Wie gestaltete sich dieser Lebensabschnitt beispielsweise in den Zeiten vor der Einführung der allgemeinen Schulpflicht? Welchen Einfluss hatten etwa Industrialisierung und Verstädterung auf die Kindheit? Bezüglich der inneren Bedingungen von „Kindheit" ist zum Beispiel zu fragen: Wie wirkte sich der Fortschritt in den Humanwissenschaften, von der Kinderheilkunde bis zur Entwicklungspsychologie und Pädagogik, auf die Kindheit aus? Wenn man gleichwohl erkennen will, welche Faktoren für diesen Lebensabschnitt konstitutiv sind, welche Variablen bei allem Wandel weitgehend gleich bleiben, dann bietet sich die Analyse verschiedener Kulturen über eine mehrere tausend Jahre lange Zeitspanne als Königsweg an. Diese Arbeit aber kann die Pädagogik allein kaum leisten.

Mit den vorliegenden Beiträgen wird daher ein interdisziplinärer Weg eingeschlagen. Unterschiedliche Wissenschaften, von der Ägyptologie bis zur Medienforschung, stellen hier ihre Ansätze und Daten zur Kindheit vor.

Im ersten Kapitel „Historische Perspektiven der Kindheit" sind drei Beiträge versammelt, die insgesamt den erheblichen Wandel der Rahmenbedingungen von „Kindheit" illustrieren können. Sie lassen darüber hinaus das weit streuende Selbstverständnis des Phänomens „Kindheit" in den jeweiligen Zeiten und Kulturen plastisch werden. Ein vergleichender Blick über diese drei Beiträge zeigt schließlich auch eine zunehmend stärkere pädagogische Einflussnahme auf die Kindheit, zwar in erkennbar guter Absicht, nicht immer jedoch mit einem ebenso überzeugenden Resultat.

Der Ägyptologe Hans-Werner Fischer-Elfert erschließt die Quellen seines Faches und öffnet so den Blick für eine ganz andere Gesellschaft und ihre Sicht von Kindheit. Und doch kommt uns manches, das Jahrtausende alt ist, vertraut vor, seien es die überlieferten flehentlichen Wünsche nach Kindern, seien es Disziplinprobleme zwischen Vater und Sohn.

Der Mediävist Thomas Frenz führt den Leser im nächsten Beitrag in die Zeitspanne des Mittelalters und der Frühen Neuzeit. Es wird dabei nachvollziehbar, wie viele der Kenntnisse über Kinder, die heute als selbstverständlich erscheinen, damals noch in weiter Ferne lagen. So erklärte beispielsweise Isidor von Sevilla das fehlende Sprachvermögen des Säuglings folgendermaßen: „Solange es (das Baby) nämlich noch keine regelmäßigen Zähne hat, kann es noch nicht richtig reden." Frenz wendet sich auch quellenkritisch den viel gelesenen Werken von Philippe Ariès (Geschichte der Kindheit) und Lloyd deMauses (The History of Childhood) zu. Sein Beitrag versachlicht zweifellos die Debatte über Kindheit im Mittelalter indem er vor allem Tatsachen vorträgt. So wird mit dem Aufkommen von Schulen und Internaten nachvollziehbar, dass eine gewisse Trennung der kindlichen Alltagswelt von jener der Erwachsenen einsetzt.

Der letzte Beitrag des Kapitels „Historische Perspektiven" steht ganz im Zeichen der jüngeren und jüngsten Geschichte. Der Pädagoge und Bildungshistoriker Max Liedtke nimmt ein einzelnes Medium – nämlich eine besonders lange bestehende und erfolgreiche Kinder- und Jugendzeitschrift, die „Jugendlust" – und analysiert deren Wandel und Konstanz über 125 Jahre. Dieses Vorgehen bietet die seltene Möglichkeit, den Wandel in Sprache, Absichten und Themen an einem stets gleichen Medium, der Kinder- und Jugendzeitschrift, darzustellen.

Das zweite Kapitel „Phylogenetische und ethnologische Aspekte der Kindheit" ist zwar weniger durch historisches Vorgehen geprägt, hat aber – wie das erste Kapitel – eine gewisse Distanz zur praktisch-pädagogischen Seite des Themas. Hier geht es um drei Beiträge: Die Sicht von „Kindheit" aus der Perspektive der Verhaltensbiologie des Menschen (Humanethologie), der Aspekt der naturgeschichtlichen Entstehung des Lebensabschnittes „Kindheit" im Vergleich mit anderen Lebewesen und schließlich um den völkerkundlichen Blick auf gegenwärtige Extremformen von Kindheit.

Die Humanethologin Margret Schleidt zeigt vor allem die zeitlosen und wichtigen Konstanten auf, die eine geglückte Kindheit ausmachen. Anhand empirischer Befunde erläutert sie etwa die Bedeutung der Mutter-Kind-Bindung, des Stillens, des Weinens. Deutlich werden die elementaren, sich der kulturellen Modifikation weitgehend entziehenden kindlichen Grundbedürfnisse.

Im nächsten Beitrag fragt der Pädagoge und Psychologe Uwe Krebs aus verhaltensökologischer Perspektive nach der Funktion von „Kindheit". Warum haben sehr viele Lebewesen keinerlei Kindheitsphase, manche Lebewesen nur analoge Zeitspannen und nur eine Minderheit „Kindheit" im engeren Sinne? Zusammenhänge zwischen naturgeschichtlicher Hirnentwicklung und Kindheitsdauer zeigen den Menschen in einer absoluten Sonderstellung.

Die Ethnologin Helga Unger-Heitsch vergleicht Kindheiten von Straßenkindern in Südamerika und Deutschland. Durch diesen Beitrag wird der Blick auf krasse gesellschaftliche Fehlentwicklungen gelenkt. Sie zeigt darüber hinaus mit welchen ungewöhnlichen Strategien Kinder und Jugendliche diese Lebenssituation bewältigen.

Im dritten Teil des Bandes werden Problemfelder und Lösungsansätze der Gegenwart in drei Suchperspektiven diskutiert.

Der Psychologe Ludwig Haag beschreibt den Begriff und die aktuellen Formen von Kindheit aus entwicklungspsychologischer Sicht. Er setzt sich dabei im Schwerpunkt mit den Faktoren der sogenannten „veränderten Kindheit" auseinander und zeigt unter anderem, dass die heutige Befundlage weniger Anlass zu Kulturpessimismus gibt, als häufig in den Medien dargestellt. Im Gegenteil: Kinder und Jugendliche können sich offenbar relativ gut an gewandelte gesellschaftliche Verhältnisse anpassen.

Der Pädagoge Helmwart Hierdeis schildert und analysiert Kindheits-Szenarien und „Kindheitsmuster" als Beitrag zu einer „regionalen Theorie der Kindheit". Ausgehend vom Diskussionsstand historischer Kindheitsforschung stellt er die Frage nach den Profilen heutiger Kindheiten in postmodernen Gesellschaften und untersucht die jeweiligen soziokulturellen Bedingungen. Die Faktoren Urbanisierung und Mobilität, der Griff der Wirtschaft nach den Kindern, die Pluralisierung der Wertvorstellungen, demographische Entwicklungen und familiale Strukturen stehen dabei im Zentrum der Betrachtung.

Im anschließenden Beitrag analysiert die Sozialwissenschaftlerin Christine Feil das aktuelle Problemfeld „Medienkindheit" anhand empirischer Daten. Dabei macht sie deutlich, wie wichtig die differenzierte Betrachtung ist. Spezifische Medien wie z.B. Radio, Video, TV, PC, mit ihren jeweils mehr oder minder kindgerechten Angeboten, fördern oder hemmen in Abhängigkeit vom Kindesalter und vom pädagogischen Wert einer Sendung. Die Resultate der von ihr vorgestellten Untersuchungen sind durchaus geeignet, Eltern und Lehrkräften eine erste Orientierung im Umgang mit den neuen Medien zum Wohle der Kinder zu bieten.

Die durch die drei Themenkomplexe angeregte fächerübergreifende Diskussion erbringt – so ist zu hoffen – Einsichten über konstante und variable Bestandteile der Kindheit. Denn, weder das Einschwenken auf aktuelle modische Strömungen noch das Beharren auf dem, was in der Vergangenheit richtig war, wird ausreichend sein, um unsere Kinder und Jugendlichen heute für die Zukunft zu qualifizieren. Es war daher die Absicht dieses Bandes, angesichts der unübersichtlichen Situation des Phänomens „Kindheit heute", Orientierungshilfen zu geben.

Abschließend bleibt noch ein Dank auszusprechen. Er gilt all jenen, die das Symposion, die Begleitausstellung und das Erscheinen dieses Sammelbandes unterstützt haben:

Herr Schneider hat in bewährter Weise die themenbegleitende Wechselausstellung (Kindheit zwischen Pharao und Internet) konzipiert und den reich bebilderten Ausstellungskatalog erstellt.

Die Städte Ichenhausen und Nürnberg, das Bayerische Nationalmuseum, die Bezirke Mittelfranken und Schwaben und der Verein der Freunde und Förderer des Schulmuseums Nürnberg und die Universität Erlangen-Nürnberg waren bei der Finanzierung des gesamten Projektes behilflich.

Des weiteren danken wir dem Bayerischen Nationalmuseum und der Akademie für Lehrerfortbildung und Personalführung in Dillingen, die in Kooperation mit der Universität Erlangen-Nürnberg das Symposion veranstalteten.

Die Organisation des Symposions vor Ort, im Bayerischen Schulmuseum Ichenhausen, lag in den Händen von Herrn Rektor K. Fendt.

Ein Dank schließlich auch an Frau E. Diezinger, Frau U. Riedl, Frau E. Nowak und Frau E. Hunte, die mit der redaktionellen Betreuung dieses Bandes betraut waren.

Johanna Forster   Uwe Krebs

Abstracts

I. Historical Perspectives of Childhood

Hans-Werner Fischer-Elfert
Childhood in Ancient Egypt

In ancient Egypt, childhood was at best a period during which parents lavished maximum care and attention on their children. This ideal situation is most likely to have been the case amongst the upper-classes, that is to say, officialdom. Yet one of the prerequisites for such a sheltered upbringing was the mere survival of infancy. As a result of inadequate hygienic conditions, this constituted the most critical phase of every Egyptian's life. The number of women that died in childbed is also apt to have been very high. One further prerequisite was that parents accepted their offspring, especially when they had twins and that children were given a name and thereby, acceptance within both their own family and within society.

After a kind of 'fool phase' that lasted 10 years, the serious side of life set in. The male members of the elite would have at least been exposed the basics of reading and writing at this age. Girls would have been employed in the household, for child labour was anything but scorned. One could argue that once they were initiated into the world of adults and their status, young Egyptians married as teenagers. Marriages at such a young age can be attributed to the fact that the average life expectancy for both sexes was between 30 and 40 years of age. As recent anthropological studies have demonstrated, this was also the case for members of the social elite. Illnesses such as spondylitis, arthritis, scoliosis and most of all tuberculosis not only claimed the lives of farmers and artisans, but also of officials.

Thomas Frenz
Aspects of Childhood in the Middle Ages and Modern Times

Contrary to what Ariès' and DeMause's theses suggest, childhood in the Middle Ages and in the early modern times was very much regarded as a distinct phase of life. However, children's worlds were not separated from those of adults and adulthood. This change came after a long transitionary period. A child's physical and religious situation was highly endangered (children's illnesses, original sin etc). Source material is arduous and in as far it allows judgement to be passed, it demonstrates intensive, emotional attention on the part of adults.

Max Liedtke
125 Years of Childhood, as Portrayed in
Jugendlust Magazine

Jugendlust magazine can look forward to celebrating its 125th anniversary in 2001. The school magazine, which was founded by the Bavarian Teachers' Association in 1876, has been known as *Floh* or rather *Flohkiste* since 1982. The words and pictures used by the magazine, have depicted childhood throughout the last 125 years. The constitutive moments that characterise 'childhood', such as the special bond between mother and child, curiosity, joy in playing, the search for emotional experience, competition with children of the same age and so on, have naturally remained the same. In equal measure, it can nonetheless be seen how different the experience of 'childhood' has been as generations have changed. The 125 years that *Jugendlust* has been in print encompass 'childhood' in the age of Empire, Weimar, National Socialism and the Federal Republic. The prevailing political climate has affected opportunities for development and the range of interests that the children in it have had. Moreover, the last 125 years have also born witness to far reaching technological change. The history of *Jugendlust* magazine reflects that of the railway, which was still new in 1876, of the car, the airplane and the computer. Symptons have changed, as have attitudes. The manner in which the face of childhood has changed under the conditions of two world wars, cannot be overlooked.

In Jugendlust, 'childhood' is only reflected. Yet this reflection of childhood still reveals traces of real constancy and variability in the time process.

II. Phylogenetic and Ethnological Aspects of Childhood

Margret Schleidt
Childhood from an Ethnological Perspective

Both phylogenic and learned characteristics can be found during adulthood and, more markedly during childhood. Human behavioural science nonetheless tends to work with the hypothesis that human behaviour can only be fully understood when phylogeny is also considered. The behavioural characteristics, tendencies and expectations that humans are born with are revealed by comparing cultures to one another or by comparing humans with animals, apes in particular. During childhood, phylogenic traits allow a child to develop individual relationship to their parents and other role models. They also ensure that it acquires a solid primeval trust in social relationships and in life itself. This enables the potential to learn and exercise curiosity to be fully developed. Rewarding early contacts also ensure that ways of behaving, values and norms are adopted from role models and in later life, these can be prerequisites for autonomy and social competence. However, it may also be the case that these cannot be applied as effectively when interacting with other people than when with earlier rolemodels.

Uwe Krebs
Why Childhood? Considerations on Natural History and its Relationship to the Development of a Cultural Phenomenon

This article initially depicts some beliefs that may serve as a hindrance to further scientific findings on childhood as a more or less widespread phenomenon. The explanation of childhood given also covers subhuman childhood. Next, a framework of subhuman examples of childhood illustrates the phylogenetic development of childhood. This longitudinal cut highlights the following three types of organisms with respect to childhood: one extended group with no childhood, one extended group with only an analogy of childhood and one last group, still subhuman, with childhood. P. Chalmers Mitchell suggested the order used in 1913.

A cross-section on childhood in traditional cultures for example within the Inuit or Zulu illustrates factors that may have accompanied childhood for the greater part of mankind's history. Typical and important features of the phenomenon in these communities, but not in more recent ones are low social complexity, low occupational diversity and the absence of schools and literacy.

Using data from both the longitudinal cut and the cross-section, the conclusion is reached that as far as the question "why childhood?" – which assesses biological functions in an evolutionary context – is concerned, childhood amongst more highly developed vertebrates such as birds, mammals and finally Men, is best interpreted as a *shift*. This shift involves the capacity to adapt from a phylogenetic to an ontogenetic stage. This shift has one advantage, namely adaptability and three perquisites: firstly, the capacity of the brain to learn, secondly, a childhood that is of sufficient duration to enable learning and finally, the chance to learn whilst under the protection of adults.

In Homo sapiens, the duration of this shift has reached extremes. It extends over approximately 50% of a lifetime. On one hand, this percentage takes into account life expectancy in Germany up to 1890 (less than forty years of age), and the duration of childhood and youth according to the criteria of biological anthropology (approximately 21 years), on the other.

Helga Unger-Heitsch
Street Children of Latin America and Germany:
Their Childhood and Environment as a Task for Urban Anthropology

The term 'street children' has been predominantly used with reference to Latin America, especially Brazil. Yet in the last twenty years it has also become important descriptive vocabulary for the so-called 'First World'. This article on street children aims to give an overview of the subject as it is seen within educational and social science. The most common feature of research on the subject seems to be its predominance within the free-market based economies. The attitudes of street children who exist at the edge of 'official' society and reactions towards them are also illustrated. Moreover, theoretical approaches taken by ethnologists and the most important concepts are explained in the process. Using this background knowledge, historical and recent aspects of urban development, which influence childhood on the streets are acknowledged. Despite the fact that cultures were being compared to one another, the point is made that the areas of science under discussion made no use of ethnological research and methodology.

III. Problematic Areas and Contemporary Efforts to Find Solutions

Ludwig Haag
Childhood from the Perspective of Developmental Psychology

Have children changed? Searching for an answer to this question is no easy task, not least because the research methods employed by developmental psychology are complex. Is it right to speak about "changed children" today? To shed some light on the issue, Schaie's sequential strategies in developmental research are described and Bronfenbrenner's interactive model of developmental processes is also discussed. Stability and change in present-day human societies are important factors for children when they are growing up. The effect of changes in culture and the family on the development of children today is also reviewed. The most important conclusion that an analysis of children's development leads to is that they must be both active and responsible on their own.

Helmwart Hierdeis
Childhood
Scenarios

This article investigates the roots of historical childhood research in Philippe Ariès' and Lloyd deMause's work and then describes a number of contemporary childhood scenarios. These include the following: television childhood, educational childhood, school childhood, future childhood, city childhood and interior childhood, economic childhood and childhood within structural changes of family situations. Finally, the author refers to the concept developed by Michael-Sebastian Honig. This treats childhood as semantics based on the distinction of child/adult and therefore enables historical, systematic and culture comparative research on the subject to be conducted using uniform terminology.

Christine Feil
Media Childhood as a Challenge to Education and Society

"Childhood between Pharaoh and the Internet": in keeping with the subject matter corresponding to the symposium, the catchphrase 'media childhood' will be discussed in the context of the German debate on modern childhood. Comments are based on the dispute about autonomy versus protection of children. A short review of media research in recent decades illustrates that topical media issues are dependent on technical developments and economic strategies in the market segment of the media world. The appliances in households and children's rooms reflect one part of this media economy and some data emerging from recent studies is included. The internet, as far as it is the technology of the future, forms the second part of this media economy. What is the situation nowadays? How many children are aware of the internet? What does the World Wide Web offer children? How are children using the internet and where do they encounter problems? The results of our project 'The internet – informal learning matter for children' gives an insight into the children's internet scene.

I. Historische Perspektiven der Kindheit

Hans-Werner Fischer-Elfert

Kindheit im Alten Ägypten

1 Wunsch nach Kindern

Gleich aus mehreren Gründen war es zu allen Zeiten der pharaonischen Geschichte (3000 v. Chr. – 5. Jh. n. Chr.) wünschenswert, Kinder zu haben. Da es eine staatliche Versorgungsinstitution wie eine Altersrente oder Pension nur für wenige Berufe wie Hohepriester und ehemalige Soldaten gab, musste jedes Familienoberhaupt selbst Vorsorge treffen, im Falle des Ausscheidens aus dem Berufsleben von Seiten der eigenen Kinder, vornehmlich dem ältesten Sohn, mitversorgt zu werden.

Diese Unterstützung der Alten durch ihre Kinder erstreckte sich aber über das irdische Leben noch hinaus, da wieder der älteste Sohn zum Unterhalt des Grabes seiner Eltern und deren Totenkult in Gestalt regelmäßig niederzulegender Opfergaben verpflichtet war. Und mit diesem rein technischen Aspekt der Totenpflege war eine als elementar erachtete Hoffnung verknüpft: Das „am Leben erhalten" des Namens der Verstorbenen, insbesondere dem des Vaters. War ein Grab zwar belegt, jedoch anonym bzw. anepigraph, hatte der Inhaber keine Chance auf ein Weiterleben im kollektiven Gedächtnis und galt somit als endgültig tot. Der Sohn hatte dafür Sorge zu tragen, dass dieser Fall nicht eintrat.

Natürlich wird es auch Männer wie Frauen gegeben haben, die aus biologischen Gründen nicht zur Zeugung resp. Empfängnis in der Lage waren. Die ägyptische Magiko-Medizin sah deshalb auch eine Reihe von potenz- und schwangerschaftsfördernden Mitteln vor, deren Verträglichkeit uns heute eher suspekt anmutet, deren Wirksamkeit wohl alles andere als empirisch nachweisbar gewesen sein dürfte.

Eine so sehr auf Kinder kapriziierte Gesellschaft wie die pharaonische wird Kinderlosen gegenüber, insbesondere Männern, ein nicht immer freundliches Verhalten an den Tag gelegt haben. Hochmut oder gar Hohn und Spott über vermeintliche oder tatsächliche Impotenz dürften nicht selten praktiziert worden sein. Wohl aus dieser Erfahrung heraus sieht sich der Sprecher der Lehre des Ptahhotep in seiner 9. Maxime (ca. 2000 v. Chr.) dazu genötigt, seinen Schüler vor ungerechter Diffamierung eines kinderlosen Mannes zu warnen:

„Überhebe Dich nicht über einen Kinderlosen,
schmähe nicht und prahle nicht damit!
Es gibt manchen Vater in Kummer,
und manche Mutter, die geboren hat,
im Vergleich zu der eine andere zufriedener ist.
Fürwahr, ein Alleinstehender, den Gott erfolgreich werden lässt,
der wird zum Herrn einer Sippe, die wünscht, ihm nachzufolgen."
(Pap. Prisse 171-172; Fecht 1986, 233)

Kinder sind zwar generell erwünscht, aber nicht naturgemäß des elterlichen Glückes Schmied. Aus dieser Maxime spricht auch die zeitlose Erfahrung, dass Kinder und deren Erziehung nicht reines Zuckerschlecken für die Eltern ist. Es gab und gibt auch Leute, die gut auf Kinder verzichten können und deswegen nicht unglücklicher waren oder sind.

Abb. 1: Berliner Frauenfigur mit der Bitte um ein Kind (aus: Schott 1930).

Blieb der Nachwuchs aus, dann griff man, wenn alle Magie und Medizin nichts halfen, zum Gebet. Adressaten waren dann vorwiegend verstorbene Angehörige der eigenen Familie, denen im Grab ein Brief des Bittenden deponiert wurde. Der Tote konnte also auf diesem Wege mit den Nachfahren kommunizieren, jener sollte den Brief lesen, und aus seiner für das Jenseits „gerechtfertigten" und verklärten Position und Macht heraus in die Geschicke der Lebenden eingreifen und für die Geburt eines Kindes sorgen.

Ein Beispiel aus dem Mittleren Reich (ca. 2000 v. Chr.) ist eine kleine Frauenfigur im Ägyptischen Museum zu Berlin (siehe Abb. 1), die wohl aus einem Grabkontext stammt; die Fundumstände sind nicht bekannt.

Auf dem rechten Schenkel befindet sich eine kurze Inschrift mit der Bitte um ein Kind: „Möge eine Geburt gewährt werden Deiner Tochter Sah." Vermutlich sollte der verstorbene Vater aus dem Grab heraus als zaubermächtiger Toter zugunsten einer Schwangerschaft seiner Tochter intervenieren. Das Geschlecht des Kindes bleibt auffälligerweise unspezifiziert.

Ein Schreiben auf einem Holzbrettchen an den inzwischen vergöttlichten Schreiber und Oberbaumeister seines Königs Amenophis' III. (14. Jh. v. Chr.) mit Namen Amenhotep, Sohn-des-Hapu, aus dem späten 3. Jh. v. Chr., bittet den Heiligen um die Gewährung der Schwangerschaft für die Frau des Beters:

„Stimme des Dieners, des Gottesvaters und Priesters des Amun-Re, ... , Osoroeris, des Sohnes des Horos, ... , vor seinem Gebieter, dem königlichen Schreiber Amenophis-Sohn-des-Hapu, dem großen Gott: Wenn es geschieht, daß Taipe [= Frau des Osoroeris], ..., schwanger wird, werde ich 1 Silberling geben, macht 5 Stater, macht 1 Silberling wiederum. Wenn es geschieht, daß sie gebiert, dann werde ich noch 1 Silberling geben, ...
O guter Schreiber! Höre mich, meine Stimme! Ich bin dein Diener und Sohn deines Dieners, seit dem Anfang! Vergiß nicht Osoroeris, ... !"
(Holztafel Michaelides; zit. nach Migahid 1986, 135)

Ein aus dem 12. Jh. v. Chr. datierendes Berliner Ostrakon enthält einen geradezu als „offen" zu bezeichnenden Brief an einen Schreiber namens Nechemmut. Aus weiteren Quellen kennen wir seine Lebensdaten sogar etwas genauer. Er hat zwischen den Regierungsjahren 29 von Ramses III. und dem 2. Jahr Ramses' V. gewirkt. Er scheint kinderlos geblieben zu sein, aufgrund seines gesicherten und ausreichenden Einkommens als Schreiberbeamter solle er statt dessen aber wenigstens eine Waise aufziehen, die ihm wie ein „ältester Sohn" zur Seite stehen könne. Der Text lautet so:

„Was soll Dein Betragen in dieser Art und Weise, dass kein Wort von irgendeinem Menschen in Dein Ohr dringt, wegen Deines üblen Charakters?
Du bist kein Mann (lit. „Mensch").
Wahrhaftig, Du bist nicht in der Lage, Deine Frauen zu schwängern

Wie Dein Kollege!
Noch etwas: Du bist außerordentlich reich / begütert,
(aber) Du gibst nichts an irgendwen ab.
Derjenige, der keine Kinder hat,
der nimmt für gewöhnlich ein fremdes Waisenkind bei sich auf, das er aufzieht.
Dieses (Waisenkind) ist es dann, das Wasser auf Deine Hand gießt
als/ wie der eigene älteste Sohn (= Händewaschen vor dem Essen?)."
(Fischer-Elfert 1997, 44ff.)

Ein Absendername fehlt, was mich zu der Annahme bewogen hat, in dieser Anklage, denn anders kann man den Text kaum nennen, einen bewusst anonym gehaltenen Brief zu sehen, der ob der Schwere seiner Vorwürfe – mangelnde Fähigkeit zur Schwängerung seiner Frauen (!) – und aus Angst vor Rache seitens des Angegriffenen diesem auch nicht auf direktem Wege zugegangen sein kann. Er könnte vor seiner Haustür deponiert worden sein, wie man es ähnlich mit vermeintlich impotenten oder düpierten Ehemännern, deren Frauen „die Hosen anhatten", im Italien des 17. Jahrhunderts zu tun pflegte (Fischer-Elfert 1997, 47 Anm. 30).

Die Anspielung auf „deine Frauen" kann verschieden interpretiert werden. So könnte Nechemmut mehrere Ehefrauen zur gleichen Zeit gehabt haben, was allein aus ökonomischen Erwägungen unwahrscheinlich ist. Polygamie war in pharaonischer Zeit durchaus nicht die Regel, eher die absolute Ausnahme in sehr begüterten Kreisen sowie im Königshaus. Viel mehr ist hier von einer seriellen Monogamie auszugehen. Diese sukzessiven Heiraten könnten nun ihrerseits von Nechemmut deshalb eingegangen worden sein, weil er diesen Frauen die biologische Fähigkeit zur Schwangerschaft abgesprochen hat, ohne das „Defizit" vielleicht auch bei sich selbst zu suchen. Der Vorwurf, seine Frauen nicht geschwängert haben zu können, ist doch – von wem auch immer erhoben – an den Schreiber gerichtet und geht ganz offenbar von einem Versagen seinerseits aus. Ein für einen patriarchalisch sozialisierten Ägypter ein ungeheuerlicher Affront!

Der Schluss des Briefes scheint eine allgemein akzeptierte gesellschaftliche Erwartung zu formulieren, die es denen zur Kinderlosigkeit Verdammten gebietet, in diesem Falle stattdessen Waisen zu adoptieren, von denen es im Alten Ägypten stets zahlreiche gegeben haben dürfte. In Autobiographien von Beamten lesen wir denn auch des öfteren, dass sie sich um die Witwen und Waisen gekümmert hätten, sei es, dass sie diese Menschen zu sich in ihren Haushalt aufgenommen, sei es, dass sie zumindest deren Subsistenz und Schutz vor Übergriffen gewährleistet hätten. Die Aufforderung an Nechemmut lässt vielleicht mehr noch eine soziale Institution erahnen, die weniger mit der Freiwilligkeit der Kinderlosen, aber Begüterten, rechnet, als vielmehr an ihre gar nicht zu umgehende gesellschaftliche Verpflichtung zur Adoption appelliert.

Aber es wurde im Falle ausbleibenden Nachwuchses nicht nur allgemein um Behebung dieses Notstandes bei verstorbenen Angehörigen, Göttern oder Heiligen ersucht. In vielen Fällen zielt der Wunsch bereits in Richtung auf ein bestimmtes Geschlecht des erhofften Kindes. Hatten wir oben die allgemeine Bitte um Nachwuchs auf der Berliner Statuette angetroffen, so ist es in dem folgenden Beispiel aus der Mitte des 1. Jh. v. Chr. die um einen Sohn, die auch eher der Regel entsprochen haben wird und sich aus der schon angesprochenen patriarchalischen Struktur der altägyptischen Gesellschaft erklärt.

Auf ihrer heute im British Museum befindlichen Stele (BM EA 147; um 45 v. Chr.) schildert die Frau Taimhotep, Gemahlin des Hohepriesters von Memphis, wie sie nach der Geburt von drei Töchtern endlich den ersehnten Stammhalter bekommen hat:

> „Ich wurde ihm (= meinem Mann) dreimal schwanger, ohne (aber) einen Knaben zu gebären, sondern (nur) drei Töchter. Da baten ich und der Hohepriester die Majestät dieses heiligen Gottes, des Wunderreichen, des Erfolgreichen, der einen Sohn gibt dem, der keinen hat, den Imhotep, den Sohn des Ptah. Er erhörte unsere Bitten, er vernahm sein (= meines Mannes) Flehen. Es kam die Majestät dieses Gottes zum Kopf dieses Hohenpriesters mit einer Offenbarung." (BM 147, Z. 8-9)

Es lohnt sich, bei dieser Biographie etwas zu verweilen, insbesondere deswegen, weil es sich um die einer Frau handelt. Derartige Texte haben wir aus vorgriechischer Zeit so gut wie gar nicht, sieht man einmal von der kernhaften Autobiographie der Gemahlin des Gaufürsten Sarenput aus der Zeit Sesostris I. in Assuan ab (20. Jh. v. Chr.).

Auf ihrer Stele berichtet Taimhotep u. a. folgende einschneidende Episoden ihres Lebens, wofür diese Autobiographie auch zu Recht einige Berühmtheit im Fach erlangt hat. Mit 14 Jahren wurde sie verheiratet und gebiert zwischen ihrem 14. und 28. Lebensjahr drei Töchter. Der zukünftige Vater hat laut Text seine Inkubation bzw. Traumoffenbarung im Tempel erfahren. Als Gegenleistung für eine Stiftung im Allerheiligsten gewährt der vergöttlichte Imhotep (Baumeister unter König Djoser in der 3. Dyn., 27. Jh. v. Chr.) den ersehnten Sohn. Geboren wurde jener im 6. Jahr Kleopatras' VII., in der 8. Stunde des 15. Epiphi = 15.10.45 v. Chr. Benannt wird er nach Imhotep, seine Mutter verstirbt 2 Jahre später.

Sie hat ihren Sohn Imhotep mit 28 Jahren geboren, und zwischen der Heirat und dieser Geburt hatte sie ja bereits ihre drei Töchter erhalten. Ihre genauen Lebensdaten kennen wir aus einer demotisch beschrifteten Dublette zur hieroglyphischen Stele BM EA 147. Und aus der Biographie ihres Mannes geht hervor, dass er zum Zeitpunkt ihrer Heirat 18 Jahre älter war als sie, also bereits 32. Heiraten mit diesem Altersunterschied scheint also in Ägypten nichts Glamouröses angehaftet zu haben. In ihrer Autobiographie beklagt sie des weiteren:

> „Der Tod, ‚Komm' ist sein Name, er ruft jeden zu sich. ...
> Er raubt den Sohn von seiner Mutter lieber als den Greis,
> der an seiner Seite umherkreist." (Stele BM 147, Z. 20)

Das mag als Hinweis auf hohe Kindersterblichkeit gewertet werden, aber auch umgekehrt auf den frühen Tod der Mutter eines langersehnten Sohnes wie im Fall der Taimhotep. Schließlich hat sie nur 2 Jahre etwas von ihrem kleinen Imhotep gehabt.

Auf ihrer Stele im Leidener Antikenmuseum (V 55) beklagt die noch als Mädchen verstorbene Isisemachbit (2. Hälfte 7. Jh. v. Chr.) ihren frühen Tod:

> „Ich preise Deinen Ka, Herr der Götter,
> obwohl ich noch ein Kind bin.
> Leid (= Tod?) überkam mich (?),
> als ich noch ein Kleinkind war,
> ohne Fehl und Tadel. ...
> Ich ruhe im Tale (= Nekropole) als junges Mädchen,
> indem ich dürste, obwohl Wasser neben mir vorhanden ist.
> Ich wurde aus meiner Kindheit verdrängt,
> unzeitgemäß. ... ." (Übersetzung in Anlehnung an Otto 1954, 187)

Ganz ähnlich klagt die Dame namens Cheredu-anch auf ihrer Hildesheimer Stele aus der Ptolemäerzeit so (Inv.-Nr. PM 6352):

> „Ich war ein erwachsenes Mädchen mit kurzer Lebenszeit,
> weil mich ein Krokodil (noch) als Kind fortriß."
> (Übers. Jansen-Winkeln, 1997)

Man sollte nun meinen, eine komplikationslose Zwillingsgeburt wäre als besonderes Glück betrachtet worden. Aber weit gefehlt! Ganz wie in vielen anderen Kulturen haftete Zwillingen ein eher dubioser Status an, ja man scheint sie eher dämonisiert zu haben. Leider haben wir nur wenige eindeutige Quellen, aber dieser Umstand rührt sicher aus der Zwielichtigkeit ihres Wesens her, und man sprach bzw. schrieb nicht gerne über sie. Sämtliche Belege nennen gleichgeschlechtliche Kinder. Männliche Zwillinge scheinen dann beide dasselbe Amt ausgeübt zu haben, und dies möglicherweise deswegen, weil man sie als ein einziges Individuum betrachtet oder „klassifiziert" hat (Baines, 1985).

In einem Orakeldekret aus der 22. Dynastie (ca. 10. Jh. v. Chr.), das die zumeist weiblichen Besitzer an ihrem Hals trugen, versichern die Götter der Amuletträgerin u. a.:

„Wir werden ihren Leib mit männlichen und weiblichen Kindern füllen.
Wir werden sie vor einer Horus-Geburt (= problematischen oder vaterlosen) schützen,
vor einer Fehlgeburt (?),
und vor dem Gebären von Zwillingen (lit.: ‚einem Gespann').“
(Edwards 1960, vol. I, 66f.)

Bei gemischt-geschlechtlichen Zwillingen dürfte es wohl regelhaft zur Aussetzung des Mädchens gekommen sein. Kindesaussetzung ist laut griechischen Quellen in Ägypten des öfteren vorgekommen. In älterer Zeit hören wir kaum etwas davon. Ein Text, wieder mal eine Klage, schildert aber eindeutig einen solchen Vorfall.

Zwei noch minderjährige Kinder, Knabe und Mädchen, wenden sich per Brief an den Schreibergott Thot und weitere Götter und berichten von ihrem Unglück, nachdem ihr Vater sie aus dem Haus geworfen hatte. Auf irgendeine Weise war jener Vater am Tod seiner früheren Frau, der Kinder Mutter, nicht ganz unschuldig. Jedenfalls nahm er sich eine neue Frau und jagte daraufhin seine Kinder auf die Straße. Sie legen nun ihr Schicksal in die Hand von Göttern:

„Psenthotes und eine Naneferho, die beiden minderjährigen Kinder, die Horanch dem Harpakeme geboren hat – er ist grausam, weil er sie (= die Kinder) hinausgeworfen hat, ohne daß er zu ihnen barmherzig war – sind die, die zu dem Ibis sagen, zu dem Falken, zu dem Pavian und zu den Göttern, ... befindlich in Hermopolis: ‚Wir sind bei euch. Möget ihr uns vor dem Gericht begünstigen und möget ihr unser Gesuch hören: Elend ist in der Nacht, Unglück ist am Tage wegen eines grausamen [...], eines Gottlosen, er fühlt keine Schuld, und er wird Harpakeme genannt, ..., und er wird unser Vater genannt, obwohl er nicht barmherzig gewesen ist, mit dem unsere Mutter mehrere Jahre verbracht hat. Sie gebar uns und er veranlaßte unserer Mutter Tod, als wir klein waren. Er nahm eine andere in sein Haus, und er warf uns hinaus, von dem Tage an, an dem sie starb. Er hat uns keine Nahrung, Kleidung oder Öl gegeben. Der Mitleid mit uns hat, dessen Herz der Gott füllt, wenn er uns hungrig sieht, gibt uns Essen. Wer uns in den Mauerecken auf der Straße am Abend findet, wer Mitleid mit uns hat und dessen Herz der Gott füllt, nimmt uns mit in sein Haus bis zum Morgen. Obwohl es (den Anspruch) unserer Mutter (auf) ihre Mitgift gibt, entzieht er sie uns. Wir haben keinen gefunden, der uns vor ihm schützen wird außer euch. Ihr seid es, die uns gerettet haben. ... . Zu zahlreich ist das Unrecht, das er uns antut. Wenn ein brutaler Mensch uns auf der Straße schlägt, sagt er: ‚Schlag sie!'; er sagt nicht: ‚Tu (es) nicht!'. Wenn er uns an der Tür seines Hauses sieht, schleudert er uns ein Getreidemaß hinterher. Dieser Mann, er hat Geld, Getreide und Güter. Ihm fehlt es nicht an Nahrung, die er uns (früher) gegeben hat. Zu zahlreich sind (die Klagen), um sie aufzuschreiben, als daß Papyrus sie aufnehmen könnte.“ (Pap. BM 10485, Z. 1...-20; Übers. in Anlehnung an Migahid 1986, 119f.; späte Ptolemäerzeit)

Hier hat also ein Vater auf gravierende Weise seine Aufsichts- und Obhutspflicht verletzt, keine weltliche Instanz scheint den zwei minderjährigen Geschwistern Gehör zu schenken, geschweige denn, sie zu versorgen oder ihren Vater dazu zu verurteilen. Einzig die Götter werden hier noch als letzte Rettung erachtet. Die Frage der Repräsentativität dieses Familiendramas stellt sich sofort, ohne einer Antwort zugeführt werden zu können.

2 Recht auf Kindheit und Unschuld?
Oder: Die ersten zehn Jahre

Ein Jenseitstext aus dem Mittleren Reich (ca. 2000-1800 v. Chr.) nennt im Nachspann nicht nur das ideale Lebensalter, das die Ägypter für sich erhofften, nämlich 110 Jahre. Das eigentlich Interessante an dieser Stelle ist das Herausstreichen der ersten 10 Lebensjahre als solche einer schuld- und sündenfreien Phase. Dem Kind wird zwischen der Geburt und dem 10. Geburtstag eine Art Narrenfreiheit zugebilligt, die es danach nicht mehr genießt:

„Wer immer diesen Spruch kennt,
der wird 110 Jahre vollenden im Leben,
indem 10 Jahre davon im Bereich seiner Belastung und Unreinheit sind,
im Bereich seiner Vergehen und seiner Lüge,
wie es ein Mann tut, der unwissend war und wissend wurde."
(Sargtext 228, Nachschrift; nach Assmann 1995, 19)

10 Jahre darf der Mensch also Schuld auf sich laden, ohne dass ihm diese aber bei der Endabrechnung im Totengericht als Vergehen angelastet werden könnte.

„Zu den Kennzeichen der Kindheit bzw. Jugend gehört das Motiv des Wohlergehens bzw. der Sorglosigkeit ... . Davon ist in Sargtext-Spruch 8 die Rede, der die Totenrichter anredet und der voraussetzt, dass sie den Toten auch wegen irgendwelcher in seiner Kindheit begangenen Verfehlungen zur Rechenschaft ziehen wollen. Spruch 8 gehört zu einer Totenliturgie, die das Totengericht rituell inszeniert und im Balsamierungshaus in der Nacht vor der Beisetzung rezitiert wurde" (Assmann 1995, 21).

Nach dieser Karenzzeit beginnt das „Elend" des Menschen, seine Fehlbarkeit und Verantwortlichkeit. So heißt es in Spruch 8 desselben Corpus der sog. Sargtexte auch:

„Seid gegrüßt, Tribunal des Gottes,
das Osiris N richten wird
über das, was er gesagt hat, indem er unwissend und jung war,
als es ihm gut ging, bevor er elend wurde."
(Sargtext 8; nach Assmann 1995, 21)

Unwissenheit geht folglich dem Wohlergehen parallel, mit Einsetzen der juristischen Schuldfähigkeit und Haftbarkeit ist die „unbeschwerte Kindheit" endgültig vorüber.

Auch wenn methodisch sicher sehr anfechtbar, möchte bzw. muss ich doch in diesem Kontext eine etwa 2000 Jahre jüngere Quelle aus dem

1. nachchristlichen Jahrhundert bemühen, die das menschliche Leben in fünf dekadisch aufeinanderfolgende Stufen unterteilt. Nachzulesen sind diese im demotischen Pap. Insinger, in der Übersetzung von Thissen 1991 lautet der Text wie folgt:

> „Der Weise, der einen Vorrat findet, dessen Tage verlaufen nicht in Armut.
> Besser (nur noch) die knappe (Lebens)zeit dessen, der alt geworden ist,
> als die lange Lebenszeit dessen, der bettelt.
> Die Lebenszeit dessen, der knauserig war, ist vorbeigegangen,
> ohne daß man ihn (oder: es) zur Kenntnis genommen hat.
> Das Leben, das sich dem Zenit nähert, ist zu zwei Dritteln (schon) verloren.
> Denn man verbringt 10 <Jahre> der Kindheit, ohne den Tod und
> das Leben erkannt zu haben.
> Man verbringt weitere 10 <Jahre> damit, an der Ausbildung zu arbeiten,
> von der man leben kann.
> Man verbringt weitere 10 Jahre, indem man spart und sich den Besitz verschafft,
> von dem man lebt.
> Man verbringt weitere 10 Jahre bis zur Erreichung des Alters,
> während man (lit.: ‚sein Herz') noch keine Ratschläge erteilt.
> Es verbleiben 60 Jahre innerhalb der gesamten Lebenszeit,
> die Thot dem gottesfürchtigen Menschen aufgeschrieben hat.
> (Aber nur) einer von einer Million, den Gott segnet, ist es, der sie erlebt,
> wenn das Schicksal zustimmt.
> Weder der Gottlose noch der Gottesfürchtige kennen die Länge der Lebenszeit,
> die ihnen aufgeschrieben ist." (Pap. Insinger 17,18-18,5; Übers. Thissen 1991, 300)

Nur einer von Millionen erreichte also das methusalemische Alter von 100, nicht aber 110, Jahren. Immerhin deckt sich die erste Dekade inhaltlich noch mit dem, was die Nachschrift zu Sargtext 228 besagte.

Spiele und Spielzeug waren auch ägyptischen Kindern nicht fremd und wurden ihnen prinzipiell nicht vorenthalten. Aus Darstellungen in Privatgräbern kennen wir eine ganze Reihe von Gruppenspielen, bei denen Kriterien wie Schnelligkeit oder Geschicklichkeit bereits genauso gefragt waren wie bei heutigen Kinderspielen. Ja, einige dieser Spiele haben die Zeiten überdauert und werden noch im modernen Ägypten praktiziert (siehe Abb. 2). Aus Kindergräbern und Siedlungsfunden stammen diverse als Spielzeug zu deutende Objekte (siehe Abb. 3). Murmeln, Kreisel, Bälle und Puppen und Figuren mit beweglichen Mäulern gehörten zum Standardrepertoire, daneben Schiffs-, Haus- sowie Werkstattmodelle. Tierfiguren wie beladene Esel und auf Rädern montierte Schiffchen, eventuell sogar Brettspiele für die Jugendlichen waren in Gebrauch.

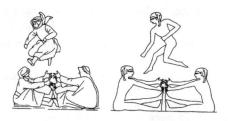

Abb. 2: Rechts: Kinderspiele im Grab des Ptahhotep; links: moderne Rezeption (Saqqara, 5. Dyn., ca. 2300 v. Chr.; aus: Brunner-Traut 1987, 93 Abb. 29).

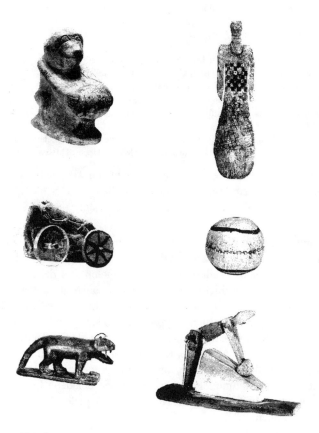

Abb. 3: Diverses Kinderspielzeug (aus: Brunner-Traut 1987, 96).

Kinder erscheinen in Darstellungen zumeist unbekleidet, mit einer sog. Jugendlocke als einzigem Haarschmuck auf der rechten Schädelseite (siehe Abb. 4). Allerdings unterliegt die Haartracht historisch bedingten Veränderungen. Es ist fraglich, inwieweit Nacktheit tatsächlich das Bild des Alltags bestimmte.

Im Rundbild treten sie zusammen mit ihren Eltern auf, nehmen dabei variierende Positionen innerhalb des Gruppenbildes ein. Der älteste Sohn spielt hierbei erwartungsgemäß eine besonders hervorgehobene Rolle und befindet sich in der Nähe seines Vaters, dessen Amts- und Würdestab er umfasst. Er und bisweilen auch seine Geschwister begleiten die Eltern bei Ausflügen in das Sumpfdickicht, bei der Fisch- und Vogeljagd, bei der Besichtigung von Ernte und Viehbestand.

Abb. 4: Nefer und seine Tochter
(Saqqara, 5. Dyn., ca. 2300 v. Chr.; aus: Janssen/ Janssen 1990, 43, Fig. 18)

Wenn Verstorbene also ihre Kinder, neben der Ehefrau, in ihrem Grab mit zur Abbildung bringen, dann verfolgt diese Sitte keinen anderen Zweck als die eigene Familie auch im Jenseits um sich herum zu haben. Die dargestellten Bilder und alle übrigen Ausschnitte aus der Lebenswelt sind ja als lebendige Eben- oder Abbilder derselben gedacht worden. Eine ganze Reihe von Sprüchen der schon herangezogenen Sargtexte (Nr. 131–37; 141–46) dient einzig der Zusammenführung der Familie nach dem Tode von Vater oder Mutter.

3 Wahrnehmung und Wertschätzung von Kindern und Kindheit

Einen Idealfall stellt wohl die Autobiographie des Bakenchons auf seiner Statue aus der 22. Dyn. (Zt. Osorkons' II., ca. 875–837 v. Chr.) dar. Der Amun-Priester charakterisiert seinen Sohn Djedbastetiuf-anch, ohne jedoch dessen Alter zu präzisieren:

„Mein Nachfolger ist es, der nützlich für meinen Ka war,
freundlich, indem er meine Statue anfertigte.
<Ich> liebte ihn ja schon als kleinen Jungen,
ich erkannte ihn als Sohn eines Herrn (= Mannes von Rang und Namen).
Als Kind (schon) fand ich ihn gereift (wörtl.: ‚indem er alt war').
Seine Bildung war nicht ihm (= seinem jugendlichen Alter) entsprechend.
Seine Ausdrucksweise war gewählt,
es gab nichts Unreinliches in seinen Worten."
(Jansen-Winkeln 1985, I, 102: e) linke Seite)

Allerdings ist diese Inschrift vom Sohn selbst auf der Statue seines Vaters angebracht worden, wie auf der Vorderseite notiert. Der Text wird folglich dem Vater nur mehr in den Mund gelegt.

Der Vater fungiert als strenger Erzieher und Ausbilder, in beruflichen und ethisch-moralischen Fragen, was aber nicht immer unproblematisch war und kritiklos auf Seiten des Kindes hingenommen wurde.

Dafür bietet die Lehre des Ani ein instruktives Beispiel, wenn es in ihrem Epilog zu einem regelrechten Schlagabtausch zwischen Vater und Sohn bezüglich Sinn und Unsinn der von ihm seinem Sohn erteilten Ratschläge kommt. So antwortet der Sohn Chonshotep seinem Vater am Schluss:

„Wäre ich doch wie Du, indem ich so Bescheid wüsste wie Du.
Dann könnte / würde ich Deine Belehrungen in die Tat umsetzen,
und der Sohn würde auf den Posten seines Vaters gesetzt werden.
Jedermann benimmt sich nach seinem Charakter.
Du bist ein Mann beziehungsweise jemand mit hohen Erwartungen,

mit erlesenen Worten.
Der Sohn dagegen denkt schlecht.
Er sagt die Sprüche aus der Schriftrolle (nur so) daher. [...]
Ein Knabe praktiziert keine Erziehungslehre,
nur auf seiner Zunge manifestiert sich die Buchrolle."
(Übers. in Anlehnung an Quack 1994, 121)

Ein Sohn könne die väterlichen Reden und Mahnungen zwar nachplappern, aber nicht verinnerlichen und reflektiert zur Anwendung bringen. Vater Ani reagiert schroff auf diese Kritik:

„Vertraue nicht auf diese irrigen Annahmen.
Hüte Dich, Deine Klagen in die Tat umzusetzen!
Sie sind meiner Ansicht nach verkehrt. ..."
(Übers. in Anlehnung an Quack 1994, 121)

Und so wie man einen Wildstier, einen Löwen, Pferd, Hund, Affe oder eine Gans domestizieren bzw. sich nutzbar machen könne, so würden selbst die nach ägyptischer Anschauung ungebildeten, nur stammelnden Nubier und Syrer die ägyptische Sprache erlernen, damit die von „Menschen". Der Disput setzt sich noch ein gutes Stück fort, endet aber mit den Worten des Vaters sinngemäß so: das Kind wünscht nicht nur seine Nahrung in Gestalt der Muttermilch, sondern auch Erziehung, um zum „Ebenbild" des Vaters zu werden.

Die Mutter-Kind-Beziehung war nach der Geburt von einer dreijährigen Stillzeit dominiert, welche Aufgabe aber häufig auch von Ammen übernommen wurde. Ein religiöser Text im Munde der Muttergottheit Nut sagt zum Verstorbenen:

„Deine (irdische) Mutter hat dich 10 Monate getragen,
sie hat Dich drei Jahre genährt.
Ich trage Dich eine unbestimmte Zeit,
ich werde Dich nie gebären."
(Assmann 2000, 28)

Der Mensch geht nach seinem Tod laut einer entsprechenden Vorstellung in den Leib der Himmels- und Muttergöttin Nut ein. Die drei Jahre währende Stillzeit wird aber auch in einem profanen Text, und zwar in der Lehre des Ani aus der Ramessidenzeit (13. Jh. v. Chr.), dem Sohn als Grund der Dankbarkeit gegenüber seiner Mutter vor Augen gestellt:

„Erstatte vielfach das Brot, das Dir Deine Mutter gegeben hat.
Trag' sie, wie sie Dich getragen hat.
Sie mühte sich ab, beladen mit Dir,
ohne dass sie sagte ‚Hör mir auf!'.
Du wurdest nach Deinen Monaten geboren,
sie unterjochte sich dennoch.
Ihre Brust war drei Jahre in Deinem Mund,

indem sie ausharrte.
Dein Kot war ekelhaft, aber das (= ihr) Herz ekelte sich nicht,
sagend: ,Was soll ich (nur) tun?'.
Sie gab Dich in die Schreiberschule,
als du in den Schriften unterrichtet wurdest,
indem sie täglich über Dich wachte
mit Brot und Bier aus ihrem Haus.
Bist du ausgestattet mit Deinem (eigenen) Haushalt,
(dann) beachte, wie du geboren wurdest
und ebenso, wie Deine Mutter Dich aufgezogen hat.
Laß' nicht zu, dass sie Dich tadeln muß
Und ihre Arme zum Gott erhebt
und er ihr Flehen erhört."
(Lehre des Ani; Übers. in Anlehnung an Quack 1994, 109–11; 176f.)

Neben der Ermahnung des Sohnes, seine Mutter aus genannten Gründen zu ehren, spricht aber auch ein gewisser Respekt seitens des Vaters resp. Ehemannes Ani seiner Frau gegenüber aus dieser Passage. Mit anderen Worten: Er scheint die bisweilen „ekelerregende" Aufzucht des Knaben durch die Mutter zu würdigen und nicht als selbstverständlich hinzunehmen.

Für die innige Mutter-Kind-Beziehung gibt es in der Götterwelt ein passendes Vorbild, und das ist Isis mit ihrem Sohn Horus (siehe Abb. 5). Und Horus als Sohn von Isis und Osiris ist zugleich das mythische Vorbild jedes Kleinkindes, das einmal an die Stelle seines Vaters treten soll. Osiris ist der Prototyp des ägyptischen Königs, der einmal in grauer Vorzeit regiert hat und dann von seinem Bruder Seth ermordet wurde. Horus entspringt einer posthumen Zeugung und repräsentiert den König als Amtsnachfolger. Aber abgesehen von der königlichen Sphäre verkörpert Horus eben auch das Kind schlechthin, und in Zeiten der Krankheit und Gefährdung wird der irdische Patient mit seinem mythischen Pendant verglichen, und genauso wie Isis als Zauberin ihren Sohn stets hat heilen können, so kann auch der gewöhnliche Mensch = Horus wieder genesen, seinen Dämonen oder rein menschlichen Widersachern entkommen.

Die Passage bei Ani macht aber auch grundsätzlich klar, dass Kinder ihren Eltern gegenüber Respekt zu zollen haben, angefangen bei der Mutter. Der Vater ist natürlich qua Stellung als pater familias leuchtendes Vorbild und soll im besten Falle auch beruflich beerbt werden.

Verglichen mit Ani verwundert eine Stelle in der um ca. 700 Jahre älteren Lehre des Cheti zunächst, wenn er seinem Schüler auf dessen Weg zur Schule (12. Dyn., 20. Jh. v. Chr.) u.a. verspricht:

„Ich lasse Dich die Schriften mehr lieben als Deine Mutter, ich lasse ihre Perfektion in Deinen Horizont eintreten." (Lehre des Cheti, 4,5; nach Helck 1970, 28 u. 33).

Abb. 5: Isis mit dem Horusknaben – Vorbild der Maria lactans
(aus: Schoske/ Wildung 1992, 122, Nr. 83).

Hier mag ja literarische Übertreibung mit im Spiel sein, nach meinem Verständnis ist sich der – männliche (!) – Sprecher der für gewöhnlich als sehr innig betrachteten Beziehung zwischen Mutter und Sohn durchaus bewusst.

Die Mutter trägt also – wie noch heutzutage – im wesentlichen die Last von Aufzucht und Gedeihen des Sprösslings. Sie gilt jedenfalls im Alten Ägypten als Garantin des leiblichen Wohls und als primäre Hüterin von dessen Wachstum. In einer typischen Beamtenbiographie wünschte man denn auch als Grabbesitzer sagen zu können: „(Ich war einer,) geliebt von seinem Vater, gelobt von seiner Mutter."

35

4 Das Ende der Kindheit und die Frage nach den Altersstufen

Auch wenn das altägyptische Lexikon eine stattliche Anzahl von Wörtern bereithält, die sämtlich im weitesten Sinne „Kind(heit); Jugend" bedeuten, so lässt sich im Einzelfall nicht eruieren, ob sie exakt festgelegte Altersgrenzen bezeichnen. Dieser Umstand erschwert denn auch die Ermittlung des Datums, an dem die Kinder oder Jugendlichen in die Welt der Erwachsenen übertraten bzw. in diese Welt initiiert wurden. Nur soviel ist sicher, dass es nicht ohne Ritus vonstatten ging. Was im einzelnen hierbei passiert und rezitiert worden ist, entgeht uns mangels Quellen. In jedem Falle endete die Kindheit mit dem Verschwinden der Jugendlocke (s. o.), ein Gürtel wurde umgebunden oder ein Kranz am Haupt befestigt. Ganz sicher lässt sich auch dies nicht sagen. Sehr wahrscheinlich ging aber der Übergang in den Erwachsenenstatus mit einer Beschneidung bei den Knaben einher, die laut sporadischen Mumienbefunden im 2. Lebensjahrzehnt durchgeführt wurde. Nicht einmal alle Könige waren beschnitten. Von Mädchenbeschneidung wissen wir nichts, auch nicht durch anthropologische Untersuchungen. Textliche Erwähnungen sind nicht sicher zu interpretieren. Eine solche Beschneidungsszene haben wir u. a. im Grab des Anchmahor in Saqqara aus der 6. Dynastie in mehreren Bildern dargestellt (siehe Abb. 6). Allerdings mag diese spezielle Beschneidung auch im Zusammenhang mit oder als Voraussetzung für Anchmahors Aufnahme in die Berufsgruppe der Totenpriester zusammenhängen, wie kürzlich vorgeschlagen wurde (Roth 1992, 62ff.).

Die oben genannten, in Privatgräbern zur Abbildung gebrachten Kinderspiele stehen teilweise im Verdacht, mehr als bloße Spiele zu sein. Es könnte sich im Einzelfall auch um Riten im Verlaufe einer Initiation handeln, wozu dann Geschicklichkeit und/ oder Schnelligkeit, auch Mutproben unter Beweis zu stellen bzw. zu absolvieren gewesen wären. Sicher werden solche Initiationen ihre eigenen „Drehbücher" gehabt haben, die uns aber leider fehlen.

Aus einigen Autobiographien wie derjenigen der Dame Taimhotep (s. o.) lässt sich bisweilen das Heiratsalter errechnen. In der hellenistischen Ära lag es zwischen 12 und 18 bei den Mädchen, etwas später bei den Jungen, in der Regel erst bei Amtsübernahme um die 20. Man sollte es also „erst mal zu was gebracht haben", bevor man das Recht zur Gründung einer Familie erhält und die Verantwortung für einen eigenen Haushalt übernehmen kann. Auch waren große Altersunterschiede zwischen Mann und Frau durchaus nicht ungewöhnlich.

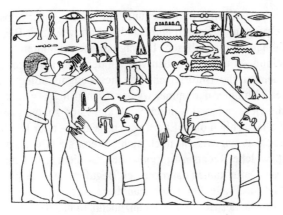

Abb. 6: Beschneidung des Anchmahor (aus seinem Grab in Saqqara; 6. Dyn., ca. 2200 v. Chr.; aus: Janssen/ Janssen 1990, 91, Fig. 35).

5 Zusammenfassung

Das Leben als Kind war im pharaonischen Ägypten im besten Fall eine Phase größtmöglicher Zuwendung und Fürsorge von Seiten der Eltern. Dieser Idealfall darf am ehesten in Kreisen der Oberschicht, also des Beamtentums, vermutet werden. Eine der Grundvoraussetzungen für ein solch behütetes Aufwachsen war aber zunächst das schiere Überleben des Säuglingsalters, das infolge mangelnder hygienischer Vorkehrungen die kritische Zeitspanne schlechthin im Leben eines jeden Ägypters gebildet hat. Auch die Zahl der Wöchnerinnen, die im Kindbett starben, wird sehr hoch gewesen sein. Eine weitere Voraussetzung war, dass die Eltern das Kind, insbesondere, wenn es sich um Zwillinge handelte, akzeptierten, ihm einen Namen gaben und damit eine familiäre und gesellschaftliche Identität. Nach einer Art „Narrenphase" von 10 Jahren begann der Ernst des Lebens. Die Jungen der Elite dürften in diesem Alter bereits Schreiben und Lesen gelernt haben, zumindest in seinen Grundzügen. Die Mädchen haben im Haushalt mitgeholfen, denn Kinderarbeit war alles andere als verpönt. Mit einem Anglizismus könnte man sagen, die jungen Ägypter haben nach Initiierung in Welt und Status der Erwachsenen noch als *teens* geheiratet. Diese junge Ehen schreiben sich vermutlich aus der Erfahrung her, dass die mittlere Lebenserwartung bei Männern und Frauen zwischen 30 und 40 Jahren lag. Auch die Eliteangehörigen bilden dazu keine Ausnahme, wie jüngste anthropologische Studien zeigen. Krankheiten wie Spondylitis, Arthritis, Skoliose und vor allem Tuberkulose forderten ständig ihre Opfer, unter Bauern und Handwerkern wie unter Beamten. Aber unabhängig von diesen Unwägbarkeiten konnten innerfamiliäre Zwiste, Scheidungen u. ä. das Leben von Kindern zur Hölle machen, wovon der zitierte demotische Bittbrief ein beredtes Zeugnis ablegt. Auch solche Kinder mögen sich unter den immer wieder inschriftlich erwähnten „Waisen" verbergen, die ziel- und rastlos durch Stadt und Land zogen, ganz abgesehen von jenen, die tatsächlich ohne Eltern waren. Waisen- oder Kinderheime gab es nach allem, was wir wissen, noch nicht. Wenn sie Glück hatten, wurden sie adoptiert, welche Rechtsinstitution durchaus nicht unbekannt und ungebräuchlich war. Dafür kamen dann speziell Begüterte aus der literaten Mittel- und Oberschicht in Frage, bei denen man diese gute Tat sogar öffentlich einfordern konnte, wie der Berliner Brief anzunehmen nahelegt.

Literatur:

Assmann, J. (1995): Die Unschuld des Kindes. Eine neue Deutung der Nachschrift von CT spell 228. In: DuQuesne, T. (Hg.): Hermes Aegyptiacus. Egyptological studies for BH Stricker (Discussions in Egyptology. Special Number 2). Oxford, 19–25.

Assmann, J. (2000): Der Tod als Thema der Kulturtheorie. Frankfurt/ M.

Baines, J. R. (1985): Egyptian Twins. In: Orientalia. Nova Series 54. Rom, 461–482.

Brunner-Traut, E. (1987[4]): Die Alten Ägypter. Verborgenes Leben unter den Pharaonen. Stuttgart.

Edwards, I. E. (1960): Hieratic Papyri in the British Museum. Fourth Series. Oracular Amuletic Decrees of the Late New Kingdom, 2 Bde. London.

Fecht, G. (1986): Cruces Interpretum in der Lehre des Ptahhotep (Maximen 7, 9, 13, 14) und das Alter der Lehre. In: Hommages à Francois Daumas. Montpellier, 227–251.

Feucht, E. (1995): Das Kind im alten Ägypten. Die Stellung des Kindes in Familie und Gesellschaft nach altägyptischen Texten und Darstellungen. Frankfurt/ M.

Fischer-Elfert, H.-W. (1997): Lesefunde im literarischen Steinbruch von Deir el-Medineh (Kleine Ägyptische Texte). Wiesbaden.

Helck, W. (1970): Die Lehre des Dwȝ-ḫtjj, I-II (Kleine Ägyptische Texte). Wiesbaden.

Jansen-Winkeln, K. (1985): Ägyptische Biographien der 22. und 23. Dynastie. In: Görg, M. (Hg.): Ägypten und Altes Testament. Studien zu Geschichte, Kultur und Religion Ägyptens und des Alten Tetstaments, 2 Bde. Wiesbaden.

Jansen-Winkeln, K. (1997): Die Hildesheimer Stele der Chereduanch. In: Mitteilungen des Deutschen Archäologischen Instituts. Abt. Kairo 53, Taf. 10–12, 91–100.

Janssen, J. J./ Janssen, R. (1990): Growing up in Ancient Egypt. London.

Migahid, A. el-G. (1986): Demotische Briefe an Götter von der Spät- bis zur Römerzeit. Ein Beitrag zur Kenntnis des religiösen Brauchtums im alten Ägypten, 2 Bde. Würzburg.

Otto, E. (1954): Die biographischen Inschriften der Ägyptischen Spätzeit. Ihre geistesgeschichtliche und literarische Bedeutung. Leiden.

Quack, J. F. (1994): Die Lehren des Ani. Ein neuägyptischer Weisheitstext in seinem kulturellen Umfeld. In: Keel, O./ Uehlinger, C. (Hg.): Orbis Biblicus et Orientalis 141. Freiburg/ Ch.

Roth, A. M. (1991): Egyptian Phyles in the Old Kingdom. The Evolution of a System of Social Organization. In: Holland, T. (Hg.): Studies in Ancient Oriental Civilisations No. 48. Chicago/ Ill.

Schoske, S./ Wildung, D. (1992): Gott und Götter im Alten Ägypten. Mainz am Rhein.

Schott, S. (1930): Die Bitte um ein Kind auf einer Grabfigur des frühen Mittleren Reiches. In: Journal of Egyptian Archaeology 16. London, 23, pl. X.4.

Thissen, H. J. (1991): Die Lehre des P. Insinger. In: Texte aus der Umwelt des Alten Testaments, III.2, Weisheitstexte II. Gütersloh, 280-319.

Thomas Frenz

Aspekte der Kindheit im Mittelalter und der Frühen Neuzeit

Der Leser stelle sich vor, man beauftragt einen heutigen Studenten mit einem Referat über dieses Thema. Wo schaut er als erstes nach? Selbstverständlich im Internet! Er versucht zuerst die Direkteingabe „www.kind.de": eine solche Seite gibt es; es handelt sich um eine Firma für Hörgeräte. Nächster Versuch „www.kindheit.de": auch diese Seite gibt es: eine Software-Firma, die besondere Effekte für Homepages anbietet, die im Augenblick sehr beliebt sein sollen. Die Adresse „www.mittelalter.de" schickt ihn automatisch auf eine Seite „www.rittertum.de", wo er jedoch nichts zu seinem Thema findet, nicht einmal etwas Unseriöses.[1]

Als nächstes bedient sich unser Student einer Suchmaschine und fragt nach „Kindheit" und „Mittelalter": das erbringt auf deutschen Seiten etwa 70 Treffer. Von diesen beziehen sich etwa ein Viertel auf Reklameseiten für Veranstaltungen, die das Mittelalter als Spektakel inszenieren, also Ritterspiele, mittelalterliche Märkte und dergleichen. Ein weiteres Viertel nennt Seiten, auf denen die beiden Begriffe zwar vorkommen, ohne jedoch aufeinander bezogen zu sein. Das nächste Viertel sind Verlagsreklamen, was nicht verwunderlich ist, denn die Suchmaschinen werden ja von den Online-Buchhandlungen gesponsert. Das letzte Viertel schließlich führt uns auf die Seiten zu Lehrveranstaltungen von Kollegen zu unserem Thema, teils von den Dozenten selbst, teils auch von studentischen Teilnehmern; dabei dreht sich die Diskussion fast ausschließlich um die Thesen eines französischen Autors, auf den nachher noch eingegangen wird.

So weit wird unser Student aber gar nicht erst kommen, denn wahrscheinlich gibt er nach den ersten 20 Treffern auf, zumal sie ihm bereits einige Dubletten erbracht haben. Er erscheint also eine Woche später wieder in der Sprechstunde und bittet um ein anderes Thema. Dann wird man ihn auf die konventionellen Methoden der Recherche verweisen, z. B. auf die Benutzung eines Lexikons. Im „Lexikon des Mittelalters" gibt es einen mehrspaltigen

Artikel (von Klaus Arnold, um den man bei diesem Thema nicht herum-kommt). Dieser Artikel bildet den Ausgangspunkt meiner Vorbereitungen[2] für dieses Referat. Ebenso findet man beispielsweise im Dictionnaire de l'ancien régime einen mehrseitigen Artikel „Enfance" (Gutton 1996).

1 Mittelalterliche Einteilung des Lebenslaufes

Auch in den mittelalterlichen Lexika findet man Angaben zum Thema Kind-heit. Die erste Adresse sind hier selbstverständlich die „Etymologiae" des Isidor von Sevilla.[3] Dort heißt es in Buch 11 „Über Menschen und Wunder-wesen" im 2. Kapitel „Über die Lebensalter des Menschen":

> „Es gibt sechs Altersstufen: infantia, pueritia, adolescentia, iuventus, gravitas und senectus. Das erste Lebensalter ist die Zeit des Kindes, das zur Welt kommt; es erstreckt sich bis zum siebten Jahr. Das zweite Lebensalter reicht bis zum 14. Jahr. Infans, d. h. ‚Nicht-Sprecher', wird das Baby genannt, weil es noch nicht sprechen kann (fari nescit). Solange es nämlich noch keine regelmäßigen Zähne hat, kann es noch nicht richtig reden."[4]

Die „adolescentia" dauert dann übrigens bis zum 28., die „iuventus" bis zum 50. Jahr; man sieht, vor welche Terminologieprobleme ein Übersetzer gestellt sein kann.

Neben dieser Einteilung in Siebenjahres-Schritte wird das menschliche Leben auch mit den vier Jahreszeiten oder den zwölf Monaten des Jahres verglichen und Ähnliches mehr.

2 Kindheit als eigener Lebensabschnitt?

Über dieser Systematisierungssucht des Mittelalters darf man aber eine Frage nicht vergessen: ob man nämlich damals die Kindheit überhaupt als einen vom Erwachsensein verschiedenen Lebensabschnitt empfunden hat. In den frühmittelalterlichen Abbildungen werden die Kinder als „verkleinerte Er-wachsene" dargestellt. Der minderjährige König galt als selbstregierend, auch wenn ihm andere sagten, was er zu tun hatte. Er machte eigenhändig auf den Urkunden seine Vollziehungsstriche – auch wenn diese nicht immer so aus-fielen, wie die Erwachsenen sich das vorstellten, wofür es schöne Beispiele des jungen Ottos III. gibt.[5] Wer die Person des Königs in seine Gewalt brach-te, machte sich faktisch zum Regenten; so stürzte Erzbischof Anno von Köln 1062 die Regentschaft der Kaiserin Agnes, indem er den 12-jährigen Hein-rich IV. in Kaiserswerth kurzerhand entführte. Ähnlich erging es dem jungen Friedrich II. in Palermo.

2.1 Die Theorie Philippe Ariès'

An dieser Stelle kommt nun Philippe Ariès ins Spiel, der oben angesprochene französische Autor. Er publizierte 1960 ein Buch mit dem Titel „L'enfant et la vie familiale sous l'ancien régime"[6]. Eine englische Übersetzung von 1962 soll in Amerika intensiv diskutiert worden sein. 1975 erschien eine deutsche Übersetzung[7] unter dem Titel „Geschichte der Kindheit" – eine Formulierung, in der das französische Original nur noch andeutungsweise zu erkennen ist; er verspricht aber stärkere Reklamewirkung. Demselben Zweck dient auch ein Zitat des Verlages auf der Rückseite des Schutzumschlags:

„Ariès' Buch ... verdient als eine Pioniertat all den Ruhm und die Beachtung, die ihm zuteil geworden sind. Es ist eines jener bahnbrechenden Bücher, wie sie kein traditioneller Historiker geschrieben haben könnte."

Die Wortwahl passt zu der verfälschten Wiedergabe des Titels;[8] dennoch ist es ein angenehm zu lesendes Buch, v. a. wenn man bei zweifelhaften Stellen zusätzlich zur deutschen Übersetzung das französische Original zu Rate zieht.[9] Ariès' These läuft darauf hinaus, dass die Kinder im Mittelalter und bis weit ins 16. Jahrhundert hinein ganz selbstverständlich in die Welt der Erwachsenen integriert waren, an allen Aktivitäten teilnahmen und ohne Bruch in die Erwachsenenrolle übergingen. Im Laufe des 17. Jahrhunderts habe sich das allmählich geändert, und die Kinder seien in einen besonderen Bereich abgedrängt worden – oder besser gesagt: die Welt der Erwachsenen, v. a. der erwachsenen Männer, sei aus der bisherigen gemeinsamen Lebensweise ausgeschieden. Dieser Sonderbereich der Kinder zeige sich in der Einführung von Schulen, v. a. Internaten (in Frankreich der „collèges") und führe zu einer Tabuisierung der kindlichen Sexualität, zur Herstellung gereinigter Texte zum Gebrauch der Kinder (die Bücher „ad usum Delphini") und sogar zu einer speziellen Kinderreligion in Form der Schutzengelverehrung.[10]

2.2 Die Schule Lloyd DeMauses

Ein ähnliches Schicksal wie Ariès ereilte Lloyd DeMause. Er veröffentlichte 1974 einen Sammelband „The History of Childhood". Die deutsche Übersetzung von 1977 trägt den melodramatischen Titel „Hört ihr die Kinder weinen.[11] Eine psychogenetische Geschichte der Kindheit". Auch diesem Buch steht ein Vorwort voran, in dem es William L. Langer gelingt, auf zwei Seiten sämtliche Missverständnisse und Diffamierungen gegenüber Historikern und Pädagogen unterzubringen, die derzeit im Schwange sind.[12] Nach DeMause, der keines von beidem, sondern Psychoanalytiker ist, wurde die

Kindheit ebenfalls nicht als eigenständiger Lebensabschnitt empfunden; allerdings gibt er die Begründung, man habe die Kinder damals schlichtweg nicht wahrgenommen und die ersten Lebensjahre allenfalls als lästige Durchgangsstation zum Erwachsenenleben angesehen.[13] Wieder andere Autoren behaupten, es habe damals eine Kindheit nicht gegeben, weil die mittelalterliche Gesellschaft aus Analphabeten bestanden habe; von einer eigenständigen Lebensphase „Kindheit" könne aber nur in literalen Gesellschaften die Rede sein.

Diese Autoren sind sich also relativ einig in der These, Kindheit als eigenständig empfundene Entwicklungsphase habe es im Mittelalter und zu Anfang der Frühen Neuzeit nicht gegeben. Nur die Begründung ist eine jeweils andere. Eine Gegenposition vertritt Shulamith Shahar in ihrem 1990[14] veröffentlichten Buch „Kindheit im Mittelalter", in dem das Pendel allerdings etwas zu weit in die Gegenrichtung ausschlägt; dennoch ist Shahar sowohl Ariès als auch DeMause an Ausgewogenheit der Darstellung und Quellenkritik eindeutig überlegen. Im übrigen seien diese Autoren nur stellvertretend für viele andere genannt; zum Thema sind ganze Bibliotheken geschrieben worden.[15]

2.3 Die Quellenlage

Was lässt sich nun zuverlässig über die Kindheit im Mittelalter erfahren? Die Quellenlage ist schwierig, da es zwar eine Fülle von Quellen gibt, diese aber nur mit rigoroser Quellenkritik nutzbar gemacht werden können, wobei sie sich dann häufig als nicht aussagekräftig erweisen. Auf die Terminologieprobleme bei Isidor wurde schon hingewiesen. Medizinische Abhandlungen und pädagogische Verhaltensanleitungen stammen häufig von Personen, die mit Kindern gar keinen dauernden Kontakt hatten, also entweder aus zweiter Hand berichten oder theoretisch spekulieren. Wenn in Heiligenviten oder Versromanen Kinder vorkommen, wird in der Regel der künftige Heilige oder der kommende Held geschildert, und nicht etwa ein wirkliches Kind. Ursula Gray hat die mittelhochdeutsche Dichtung unter diesem Aspekt untersucht[16]; von den mittelalterlichen Dichtern findet nur Wolfram von Eschenbach als Darsteller wirklich kindlicher Verhaltensweisen Gnade vor ihren Augen. Dasselbe Problem stellt sich bei der bildlichen Darstellung von Kindern. Hier kommt noch hinzu, dass man die Kinderabbildungen im Kontext der allgemeinen Entwicklung der Menschendarstellung sehen muss: solange auch bei Erwachsenen keine Porträtähnlichkeit beabsichtigt ist, sondern Typen gezeigt werden, kann man auch bei Kinderdarstellungen keine individuellen oder spezifisch kindlichen Züge erwarten. Wenn solche Züge zu einem Zeitpunkt sichtbar werden, zu dem auch die Erwachsenen erstmals als Individuen gesehen werden, kann man daraus nicht auf eine neue Einstellung zur Kindheit schließen.[17]

3 Aspekte der Kindheit

Im Folgenden sollen einige Aspekte der Kindheit angesprochen werden, wobei die genannte These im Hintergrund sichtbar bleiben soll, ohne indessen allbeherrschend zu sein. Die Darstellung folgt dabei ungefähr dem Lebenslauf des Kindes bis zum Datum seiner Mündigkeit.

3.1 Zeugung und Geburt, Kindesannahme und Kindesaussetzung

Zunächst einmal war es damals gar nicht so einfach, überhaupt zur Welt zu kommen. Das Leben des Menschen beginnt nach mittelalterlicher Auffassung am 40. Tag nach der Zeugung. Dahinter steckt eine missverstandene Stelle aus der Septuaginta.[18] Jedenfalls war man der Meinung, erst am 40. Tag, wenn sich bereits ein „corpus formatum" gebildet habe, nehme die Seele im Körper des Kindes Wohnung. Im 16. Jahrhundert wird daraus die Formulierung „ein Kind, das Leben und Gliedmaßen erhalten hat".[19] Die Unterscheidung hat Bedeutung, weil die gewaltsame Beseitigung eines Kindes vor und nach diesem Termin rechtlich unterschiedlich gewertet wird. Diese gewaltsame Beseitigung dürfte gar nicht so selten gewesen sein. Jedenfalls sind die mittelalterlichen Arzneibücher voll von Abtreibungsrezepten. Solche Rezepte findet man mitunter an Stellen, wo man sie gar nicht erwartet: der Passauer Domdekan Albert Behaim reiht im 13. Jahrhundert mitten unter hochpolitische Eintragungen über den Streit zwischen Kaiser und Papst ein Abortivum ein.[20]

Wenn Mutter und Kind die Geburt unversehrt überstanden hatten, was ebenfalls nicht selbstverständlich war, kam die nächste kritische Situation: ob das Kind in die Familie aufgenommen wurde. In der Antike hatten Vater und/ oder Mutter das Recht, ein neugeborenes Kind abzulehnen. Nach christlichen Regeln war das natürlich nicht zulässig, aber so leicht ließen sich die alten Auffassungen nicht beseitigen. Als die Isländer im 13. Jahrhundert das Christentum annahmen, behielten sie sich ausdrücklich vor, weiterhin ihre Kinder aussetzen zu dürfen.[21] In der kritischen Ernährungssituation des frühen Mittelalters dürfte sich die Wahl oft überhaupt nicht gestellt haben. Die

Rechtsbücher legen Regeln fest, wann ein Kind als angenommen gilt, etwa wenn der Vater es aufgehoben hat oder wenn es den ersten Schrei getan hat. Die Aussetzung traf in der Antike v. a. missgebildete Kinder. Auch nach der Christianisierung waren diese Kinder stärker gefährdet, denn der Defekt des Kindes konnte als Folge einer Sünde der Eltern gedeutet werden[22], die beispielsweise an einem Tag Geschlechtsverkehr gehabt hätten, an dem dies kirchlicherseits verboten gewesen sei. Unter Umständen wurde ein solches Kind auch als Wechselbalg angesehen, also als vom Teufel oder von Dämonen untergeschobenes Kind, das zu beseitigen ratsam war. Krankheit oder Behinderung des Kindes – wie ganz allgemein Krankheit – als göttliche Strafe zu deuten, war solange möglich, wie es sich um Einzelfälle handelte. Dies änderte sich in der Mitte des 14. Jahrhunderts mit der Pest, die das mittelalterliche Weltbild in den Grundfesten erschütterte. Die Pest traf Fromme und Sünder mit solcher Willkür, dass eine individuelle Erklärung nicht mehr möglich war. Einige Autoren deuten an, dass von diesem Zeitpunkt an die (überlebenden) Kinder von ihren Eltern mit größerer Zärtlichkeit und Zuneigung behandelt worden seien. Die Situation änderte sich erneut, als im späten 15. Jahrhundert in der Renaissance auch die antiken Vorstellungen von Astrologie und Hexerei rezipiert wurden. Der Hexenwahn traf Erwachsene und Kinder (übrigens auch Frauen und Männer) unterschiedslos und erneuerte den Glauben, dass abweichende Kinder auf eine abnorme Zeugung zurückgehen müssten.

Es wird nun behauptet, das Schicksal der Nicht-Annahme habe vor allem die weiblichen Kinder getroffen. Die These passt in bestimmte Vorstellungen, aber sie lässt sich kontrollieren, indem man Friedhöfe ausgräbt.[23] Die Befunde der Friedhofsgrabungen sind nicht ganz einfach zu interpretieren, weil die Kinderknochen sich schneller zersetzen als die Gerippe der Erwachsenen[24]; aber in nördlichen Gegenden, die für diesen Zweck klimatisch geeignet sind, z. B. in Västerhus in Jämtland[25], hat man festgestellt, dass die Zahl der männlichen und weiblichen Bestattungen auch bei Kindern praktisch gleich groß ist. Für diese Frage die Geschlechterverteilung unter den Erwachsenen heranzuziehen, wie es nicht selten geschieht, ist natürlich Unsinn.

3.2 Körperliche und geistliche Versorgung

Aus dem späten Mittelalter und der Neuzeit gibt es zahlreiche Ratgeber zu Fragen der Geburtshilfe und Säuglingspflege[26]. Sie stammen aber meistens von akademischen Ärzten, sind also theoretischer Natur und sagen nichts über die wirkliche Praxis aus. Einige Autoren berufen sich darauf, dass sie zuvor Hebammen konsultiert hätten. Erwähnenswert ist die Praxis, die Kinder von unten bis oben fest einzuwickeln. Die DeMause-Schule sieht darin eine Grausamkeit gegenüber den Kindern, die möglichst ruhig gestellt werden sollten, um die Erwachsenen nicht zu stören; dagegen wird eingewandt, die straffe Berührung durch die Wickelbänder erinnere die Kinder an den Körperkontakt zur Mutter und werde von ihnen als angenehm empfunden.

3.2.1 Taufe

Als wichtigste Dienstleistung der Eltern am Säugling galt allerdings die möglichst baldige Taufe. Das ungetaufte Kind unterlag noch der Erbsünde, konnte also, wenn es starb, nicht der Freuden des Himmels teilhaftig werden. Die Erbsünde ist v.a. ein juristisches Phänomen: nach der geltenden Rechtsauffassung erbte jedermann die Stellung seiner Eltern und damit auch ihr Vermögen und ihre Schulden, wobei es nicht wie heute möglich war, ein Erbe willkürlich auszuschlagen. Das Kind war also nicht etwas Sündhaftes oder Böses oder Schmutziges an sich, sondern es stand noch in der Erbfolge Adams, aus der es erst durch die Taufe erlöst wurde. Es hatte auch selbst kein Unrecht begangen, wozu es ja auch noch gar nicht fähig gewesen wäre; aber dass der Vorsatz die Voraussetzung für Schuld und damit für Strafe sei, ist eine Vorstellung, die sich auch für die Erwachsenen erst im Laufe der Neuzeit durchzusetzen begann. In den Himmel kam das ungetaufte Kind also nicht; was statt dessen mit ihm geschah, setzte die Theologen allerdings ein wenig in Verlegenheit, zumal im späteren Mittelalter und der Neuzeit.

3.2.2 Ernährung

Wer versorgte die Kinder in den ersten Lebensjahren? Die erwähnten medizinischen Ratgeber und darüber hinaus viele Predigten empfehlen mit Nachdruck, die Mutter solle ihr Kind selbst stillen. Die gegenteilige Praxis bestand darin, das Kind einer Amme anzuvertrauen. Es gibt keine zuverlässigen Statistiken darüber, welche der beiden Möglichkeiten zu bestimmten Zeiten bevorzugt wurden; es ist deshalb unzulässig zu behaupten, man habe die Babies regelmäßig außer Haus gegeben, weil sie den Eltern lästig gewesen seien. Die Beschäftigung einer Amme galt sogar als bedenklich, weil man befürchtete, mit der Milch könnten eventuelle schlechte Eigenschaften der Amme auf das Kind übertragen werden. Andererseits weisen die häufigen Mahnungen, selbst zu stillen, darauf hin, dass dies oft nicht geschah – sofern nicht ein Autor einfach vom anderen abgeschrieben hat. Detailinformationen zu diesen

Fragen besitzen wir in der Regel nur aus den fürstlichen Haushalten, die aber nicht als repräsentativ für die gesamte Gesellschaft gelten können. Künstliche Ernährung mit Kuh- oder Ziegenmilch galt als gefährlich und war ein Zeichen der Armut.

3.3 Kindersterblichkeit – Ursachen und Folgen

Die Kindersterblichkeit war enorm hoch – allein 30% im ersten Lebensjahr. Todesursache waren Krankheiten, aber auch Unfälle. Es soll häufig vorgekommen sein, dass die Kinder im Bett der Eltern im Schlaf erdrückt wurden; es gibt Konzilsbeschlüsse, die es verbieten, die Kinder im Bett der Eltern schlafen zu lassen. Es mag richtig sein, dass Kinder von ihren schlafenden Eltern erdrückt wurden; wahrscheinlicher handelte es sich dabei aber um den „plötzlichen Kindstod", gegen den die Medizin ja auch heute noch machtlos ist. Aus der hohen Kindersterblichkeit wird oft die Folgerung gezogen, die Eltern seien keine allzu enge emotionale Bindung zu ihren Kleinkindern eingegangen, weil sie ja stets hätten fürchten müssen, sie zu verlieren. Auch einige Äußerungen in dem Sinne: „Gott hat uns dieses Kind genommen; er wird uns statt dessen ein anderes schenken", werden so interpretiert. DeMause dreht das Argument um: weil die Eltern keine emotionale Beziehung zu den Kindern gefunden hätten, hätten sie diese vernachlässigt, und das sei die Ursache der hohen Kindersterblichkeit gewesen.

Als Beleg für die emotionale Ablehnung der Kinder durch die Eltern zitieren praktisch alle Arbeiten[27] das Buch Lothars von Segni „De miseria condicionis humane", das kurz vor 1200 verfasst wurde[28]. Dort heißt es u. a.:

> „Wir werden schreiend geboren, damit wir den Übelstand der Natur ausdrücken. Weinend, schwach, ungeschickt, kaum von den Tieren zu unterscheiden, eigentlich den Tieren sogar in vielem unterlegen! Denn kaum sind jene geboren, so können sie laufen. Wir aber laufen nicht nur nicht aufrecht auf unseren Füßen, sondern können nicht einmal zusammengekrümmt mit Hilfe unserer Hände kriechen. Glücklich jene, die sterben, bevor sie geboren werden! Einige nämlich kommen so missgestaltet und abnorm zur Welt, dass sie keine Menschen, sondern Entartungen zu sein scheinen und es für sie vielleicht besser gewesen wäre, wären sie niemals ans Licht getreten; denn sie zeigen sich als Ungeheuer und präsentieren sich als Scheusal.[29] Viele aber werden an Gliedern und Sinnen beeinträchtigt geboren: zur Trauer der Freunde, zur Schande der Eltern, zur Scham der Verwandten."[30]

Dieser Text ist ein klassisches Beispiel dafür, wie man eine mittelalterliche Quelle nicht interpretieren darf. Der Autor schreibt nämlich im Vorwort, das an einen Freund gerichtet ist, ausdrücklich, es handele sich um den ersten Teil eines zweibändigen Werkes. Der zweite Teil werde handeln „Über die Würde der menschlichen Existenz"[31]. Diesen zweiten Teil hat der Autor nicht mehr geschrieben; vielleicht, weil er inzwischen zum Papst gewählt worden war – es ist Innozenz III. –, aber Innozenz hat auch als Papst noch eine literarische Arbeit verfasst: einen Kommentar zu den sieben Bußpsalmen. Ob er über die „Würde des Menschen" nicht mehr schreiben konnte oder nicht mehr schreiben wollte, muss also dahingestellt bleiben. Der erste Teil hatte im Mittelalter eine enorme Verbreitung; aber wiederum muss man fragen: weil er den Nerv der Zeit traf oder weil er von einem Papst stammte?

Gegen beide Interpretationen der hohen Kindersterblichkeit und des angeblichen Desinteresses der Eltern lassen sich Gegenbeweise anführen, die Arnold und Shahar in größerer Zahl zusammengestellt haben. Ein Beispiel soll deshalb genügen, das noch aus dem ganz frühen Mittelalter kommt, aber den Vorteil hat, von einfachen Leuten zu stammen. Es ist der Grabstein für ein gestorbenes Kind aus fränkischer Zeit – schon allein das dürfte es ja nicht geben, wenn man sich so wenig um die Kinder gekümmert hätte:

> „In diesem Grab ruht in Frieden guten Angedenkens Rignedrudis. Ihren Eltern war sie teuer, aber trotz ihrer großen Liebe haben sie sie verloren. Sie lebte auf dieser Erde 15 Jahre und wanderte aus dieser Welt am 18. April."[32]

3.4 Erziehung außer Haus

In der zweiten Phase der Kindheit und Jugendzeit wurden die Kinder der adeligen Familien häufig zur Erziehung außer Haus gegeben. Dies konnte entweder die Erziehung in einem Kloster sein (als „puer oblatus") oder die Erziehung als Page an einem benachbarten Hof, im günstigsten Fall dem Königshof.

3.4.1 „Oblatio" an ein Kloster

Ob die Erziehung im Kloster automatisch zu einem lebenslangen Mönchtum führte, war dabei gar nicht so sicher, wie man üblicherweise meint. Es gibt Belege dafür, dass solche Kindermönche bei Eintritt der Mündigkeit das Kloster wieder verlassen haben. Ein schönes Beispiel bietet Poppo von Mundreiching, ein Oblate in Niederalteich. Er verließ das Kloster, aber keineswegs aus Ablehnung einer geistlichen Lebensweise; vielmehr blieb er Kleriker und wurde später sogar Passauer Domdekan.

Zunächst allerdings hatte das Kind nichts mitzureden. Wie buchstäblich über seinen Kopf hinweg entschieden wurde, zeigt in unnachahmlicher Weise eine Abbildung aus einer Handschrift der Benediktsregel aus Montecassino[33]; es fällt schwer, mit diesem kleinen Knaben kein Mitleid zu haben.[34]

Es gibt Nachrichten über das Alter der Kinder bei der „oblatio": Bonifatius 5 Jahre, Thomas von Aquin, der zunächst Benediktiner werden sollte, ebenfalls 5 Jahre, Beda Venerabilis und Hermannus Contractus 7 Jahre, Hugo von Lincoln († 1200) 8 Jahre, Hrabanus Maurus 9 Jahre.[35]

Im selben Alter dürfte die Pagenerziehung an einem anderen Hof begonnen haben. Als Begründung für diese Praxis wird angegeben, dass sich dadurch der Horizont der Kinder erweitere, dass sie gute Manieren erlernten und dass sie möglicherweise nützliche Beziehungen für ihre künftige Karriere knüpfen könnten; auch sei zu Hause die Gefahr größer, dass die Kinder von den Frauen allzu sehr verwöhnt würden. So wird bis weit in die Neuzeit hinein argumentiert; erst vom 17. Jahrhundert an begann man, wenn man Ariès glauben darf, zu fürchten, dass der Umgang mit fremden Gleichaltrigen die Kinder verderben könne. Wer von der emotionalen Kälte der Eltern gegenüber ihren Kindern ausgeht, sieht in der Erziehung außer Haus stattdessen die gezielte Befreiung von lästigen Pflichten; die fremden Kinder, die im Austausch ins Haus kamen, habe man leichter als Diener missbrauchen und ausbeuten können. Das ist aber nicht richtig, denn auch diese Kinder gehörten zur Familie; „familia" im mittelalterlichen Sinne umfasst alle im Hause lebenden Personen, waren sie nun blutsverwandt oder nicht.

3.5 Rechtsstellung des Kindes

3.5.1 Volljährigkeit

Diese zweite Phase der Kindheit endet mit der Volljährigkeit, also dem Zeitpunkt, von dem an der Mensch eigenverantwortlich rechtlich tätig werden kann. Dieser Übergang ins Erwachsenenleben war aber ein Stufenvorgang, der für verschiedene Lebensbereiche durchaus zu unterschiedlichen Zeitpunkten erfolgte.[36] Die Ehemündigkeit trat nach kirchlichem Recht für Mädchen mit dem 12., für Knaben mit dem 14. Lebensjahr ein. Wenn beim jungen Mann das Alter nicht eindeutig feststand, schreibt beispielsweise der Sachsenspiegel vor, die sekundären Geschlechtsmerkmale zu untersuchen, nämlich den Haarwuchs am Bart, unter den Achseln und „nidene" (unten), wie es diskret heißt. Ehen bereits in diesem Alter kamen aber eigentlich nur in hochfürstlichen Kreisen vor; der gewöhnliche Termin lag wesentlich später. In anderen Rechtsbereichen, etwa beim Lehenserwerb, beim Empfang kirchlicher Weihen usw., galten andere, teils auch regional verschiedene Zeitpunkte, so dass der Übergang in den Erwachsenenstatus allmählich erfolgte. Einen abrupten Phasenübergang, der etwa von ausdrücklichen Initiationsriten oder dergleichen begleitet war, gab es nicht. Allenfalls beim höchsten Adel könnte man die Schwertleite der Söhne – man denke an den Mainzer Hoftag von 1184 – in diesem Sinne deuten.

3.5.2 Uneheliche Kinder

Eine wichtige Rolle für die Rechtsstellung des Kindes spielte die Frage, ob es einer Ehe entstammte oder nicht. Uneheliche Kinder hatten häufig eine schlechtere Position, jedoch wechselten die Auffassungen dazu im Laufe der Zeit und hingen auch von der gesellschaftlichen Ebene ab. Man darf sich von der mittelalterlichen Ehe auch keine allzu großartige Vorstellung machen. Ihr Sakramentscharakter wurde erst allmählich anerkannt, kirchliche Mitwirkung bei der Eheschließung war bis zum Konzil von Trient im 16. Jahrhundert nicht obligatorisch. Es war schon ein großer Erfolg, dass es üblich wurde, die Zeremonie wenigstens an der Tür der Kirche durchzuführen. Heimliche Ehen waren häufig, Doppelehen nicht ungewöhnlich. Die Könige von Jerusalem beispielsweise waren manifeste Bigamisten, einer sogar ein Trigamist.[37] Bei den Leibeigenen auf dem Lande dürfte die formelle Ehe eher nebensächlich gewesen sein. Vom 13. Jahrhundert an begann man allmählich strengere Maßstäbe anzulegen, aber auch das mehr bei fürstlichen Ehen mit ihren politischen Implikationen.[38] Unehelich Geborene wurden nicht zu den höheren Weihen zugelassen, konnten sich aber problemlos vom Papst dispensieren lassen, so dass sich der „defectus natalium" auf ein finanzielles Problem reduzierte.[39] Interessant wurde die Frage eigentlich erst dort, wo es etwas zu erben gab: mit der Berufung auf die eigene eheliche Abstammung konnte man andere Bewerber ausschließen. In diesem Sinne – Ausschluss von Mitbewerbern – ist auch die Forderung nach legitimer Geburt der Handwerkslehrlinge zu verstehen, die vom 15./16. Jahrhundert an erhoben wird.[40] Eine Adoption war im Mittelalter und der Frühen Neuzeit sehr schwierig; sie galt als Eingriff in die Natur und war deshalb den höchsten Gewalten der Christenheit, Kaiser und Papst, vorbehalten.

3.5.3 Schule und weitere Aspekte

Als weiterer Aspekt der Kindheit in Mittelalter und Früher Neuzeit könnte man nun die Schule nennen. Darüber ist in dieser Publikationsreihe aber schon so oft gesprochen worden, dass nur wenige Bemerkungen erforderlich sind. Hier interessiert eigentlich nur der Aspekt der Wahrung der Disziplin. Die mittelalterliche Schule hat aus der Antike die Prügelpädagogik übernommen, so dass die Rute geradezu als Standessymbol des Schulmeisters galt. Mittelalterliche Ratgeber empfehlen die Anwendung dieses Erziehungsmittels auch schon für kleinere Kinder, bis hin zu 2- und 3-jährigen Kindern. Ob dies tatsächlich geschehen ist, lässt sich den Quellen nicht entnehmen, wenn man sich vor der Gefahr einer Rückprojektion aus der Schulzeit hütet. In der Schule wie auch in der Handwerkslehre waren die Rute und noch schärfere Mittel dagegen in täglichem, oft blutigem Gebrauch. Allerdings endete ihre Verwendung auch nicht mit der Volljährigkeit der Kinder. In den Universitäten gehörte sie ebenfalls zum Inventar, und sie dürfte auch dem Ehealltag nicht fremd gewesen sein.

Man könnte den rechtlichen Aspekt noch wesentlich weiter ausführen. Dabei müsste man fragen, ob Reformation und Gegenreformation zu geänderten Auffassungen führten. Und man müsste eigentlich das Gegenüber von Eltern und Kind zur Dreiecksbeziehung von Vater, Mutter und Kindern erweitern, was aber im Rahmen dieses Beitrags nicht möglich ist.

4   Kurze Zusammenfassung

Die Kindheit umfasste in der behandelten Epoche wegen der geringeren Lebenserwartung einen wesentlich größeren Anteil des Lebens als heute. Die Kinder nahmen ganz selbstverständlich am Leben der Erwachsenen teil. Eine Trennung zwischen Kinder- und Erwachsenenwelt gab es ebenso wenig wie eine Trennung zwischen Berufs- und Familienleben, privater und öffentlicher Sphäre oder religiösem und weltlichem Bereich. Die Oblation an ein Kloster, die Handwerkslehre oder die Pagenerziehung führten das Kind nicht aus dieser gemeinsamen Welt hinaus; es wechselte vielmehr lediglich die „familia", der nicht unbedingt die leiblichen Eltern vorstehen mussten. Dennoch wurde kindliche Eigenheit sehr wohl als solche erkannt und empfunden. Die emotionale Bindung zwischen Kindern und Eltern war stark, wenn auch, im Guten wie im Bösen, extremer ausgeprägt als heute. Den Verlust eines Kindes betrauerten die Eltern ehrlich und ohne zynische Leichtfertigkeit.

Anmerkungen

[1] Stand vom 29.9.2000.

[2] Auch hinsichtlich der Literaturrecherche. Bei zwei Zitaten (Boesch, Kinderleben in der deutschen Vergangenheit, und Hemmerle, Das Kind im Mittelalter) fragt man sich allerdings, wie sie zur Ehre eines Zitates im LexMA gekommen sind.

[3] Lindsay (1911) Bd. 2. Das Buch hat keine Seitenzählung.

[4] „Gradus aetatis sex sunt: infantia, pueritia, adolescentia, iuventus, gravitas atque senectus. Prima aetas infantia est pueri nascentis ad lucem, quae porrigitur in septem annis. Secunda ... tendens ad quartumdecimum annum. ... Infans dicitur homo primae aetatis; dictus autem infans, quia adhuc fari nescit ... Nondum enim bene ordinatis dentibus minus est sermonis expressio."

[5] Vgl. Gerhart B. Ladner, L'immagine dell'imperatore Ottone III, Rom 1968, Fig. 1 und 2.

[6] Kind und Familienleben unter dem Ancien Régime.

[7] Mit einem gräßlichen 40-seitigen Vorwort von Hartmut von Hentig.

[8] Als „traditioneller Historiker" kann ich sie nicht ganz ernst nehmen.

[9] S. 159 (der französischen Ausgabe): „expérience monastique" wird zu „Klostererziehung"; S. 172 „bouclier" wird „das (!) Schild"; S. 174: „où la pratique chrétienne n'est plus observée avec régularité" wird zu „wo nicht mehr regelmäßig praktiziert wird"; S. 175 „confirmation" (der Katholiken!) wird zu „Konfirmation" (statt Firmung); S. 178: „non sans regrets ni sans fascherie" wird zu „zwar nicht ohne Bedauern, aber doch ohne Verdruß".

[10] Ariès stützt sich, neben bildlichen Quellen, vorwiegend auf die Beschreibung der Kindheit Königs Ludwigs XIII., die sein Leibarzt hinterlassen hat. Die Beschreibung ist überaus detailreich und akribisch. Ausführlich gibt Ariès (und andere Autoren und Autorinnen, die wiederum ihn zitieren) die „Sexualerziehung" des jungen Thronfolgers wieder, wobei die Beschäftigung mit den Genitalien Ludwigs breiten Raum einnimmt. Wenn die Angaben zutreffen, müßte man, nach heutigen Maßstäben (!), den damaligen französischen Königshof als eine einzige Bande von Kinderschändern bezeichnen.

[11] Entnommen einem Belletristik-Zitat zu Beginn des Vorworts.

[12] Z.B. S. 9: „... es ist höchste Zeit, daß die Geschichte erzählt wird und nicht nur die Psychologen und Soziologen, sondern auch die Historiker aus ihr lernen."

[13] Die weiteren „psychoanalytischen" Theorien des Herausgebers sind zu absurd, als daß man darauf eingehen müßte. Auch Arnold (1980, S. 14) spricht von „ausgemachtem Unsinn".

[14] Deutsche Übersetzung 1991; leider ohne Bibliographie und mit gelegentlichen Übersetzungsfehlern (z.B. S. 185 „Britannien" statt Bretagne). Auf S. 170 sind die statistisch/ psychoanalytischen Autoren mit den Historikern verwechselt.

[15] Forschungsüberblick bei Arnold (1980) S. 9–16 und Beer (1990) S. 12–27.

[16] Allerdings leidet ihre Arbeit unter antiklerikaler Voreingenommenheit.

[17] Dies ist vor allem gegen Ariès einzuwenden.

[18] Exodus 21, 22.23.

[19] So in der Bamberger Halsgerichtsordnung, vgl. Arnold (1980) S. 169, und der darauf fußenden Peinlichen Gerichtordnung Kaiser Karls V.

[20] Übrigens auch ein Aphrodisiacum. Vgl. Frenz, Th./ Herde, P. (2000): Das Brief- und Memorialbuch des Albert Behaim. MGH Briefe des späten Mittelalters 1. München, S. 512, 547.

[21] Arnold (1980) S. 45.

[22] Vgl. Frenz, Th.: Mittelalterliche Auffassungen von Krankheit und Behinderungen und ihre Folgen für die Behandlung behinderter Schüler. In: Liedtke, M. (Hg.) (1996): Behinderung als pädagogische und politische Herausforderung. Schriftenreihe zum Bayerischen Schulmuseum Ichenhausen 14. Bad Heilbrunn, S. 151–158.

[23] Man kann natürlich fragen, ob man Friedhöfe überhaupt ausgraben soll und ob – zugespitzt gesagt – nicht auch Ötzi ein Recht auf Totenruhe hat; aber das kann hier nicht näher erörtert werden.

[24] Es ist also nicht nötig, mit Fuhrmann (1987) S. 40 anzunehmen, die Säuglinge seien „wegen ihrer großen Zahl" anderswo begraben worden.

[25] Arnold (1980) S. 35f. Jämtland liegt in Mittelschweden, ca. 300 km nördlich von Stockholm.

[26] Vgl. Löhmer (1989) passim.

[27] So auch Fuhrmann (1987) S. 40 und Shahar (1991) S. 19.

[28] Vgl. die zweisprachige Ausgabe von Lewis (1978).

[29] Diese Ausdrücke finden sich bei Isidor im Anschluß an das Kapitel über die menschlichen Lebensalter; siehe oben Anm. 4.

[30] Lewis (1978) S. 103 (= Buch 1 Kap. 6 und 5): „Omnes nascimur eiulantes, ut nature miseriam exprimamus. ... Flebiles, debiles, imbecilles, parum a brutis distantes, immo minus in multis habentes: nam illa, ut statim orta sunt, gradiuntur; nos autem non solum erecti pedibus non incedimus, verum eciam curvati manibus non reptamus. ... Felices illi, qui moriuntur, antequam oriantur. ... Quidam enim tam deformes et prodigiosi nascuntur, ut non homines, set abominaciones pocius videantur; quibus forte melius fuisset provisum, si nunquam prodiissent ad visum, quoniam ut monstra monstrantur et ostenduntur ostentui. Plurimique vero diminuti menbris et sensibus corrupti nascuntur, amicorum tristicia, parentum infamia, verecundia propinquorum."

[31] Lewis (1978) S. 93: „... dignitatem humane nature, Christo favente, describam."

[32] IN HVNC TOMOLO REQ(ui)ESCIT IN PACE BONE MEMORIE NOMENE RIGNEDRVDIS CARA PARENTEBVS SET NIMIVM RELICTA AMORE QVI VIXIT IN HVNC SAECOLO ANNOS XIIIII ET MIGRAVIT DE HVC MVNDO XV K(a)L(enda)S MADIAS. Aus Vochem, Kreis Köln. Siehe Herbert Jankuhn/ Hartmann Boockmann/ Wilhelm Treue (Hg.): Deutsche Geschichte in Bildern, von der Urzeit bis zur Gegenwart, Wiesbaden 1967, ND 1981, Taf. 84.

[33] Siehe Schiffler, H./ Winkler, R. (1991[3]): Tausend Jahre Schule. Eine Kulturgeschichte des Lernens in Bildern. Stuttgart, 32.

[34] Ich habe diese Zeichnung in einer Vorlesung gezeigt; daraufhin meldete sich eine Studentin und fragte, wo denn auf der Abbildung die Mutter sei ...

[35] Fuhrmann (1987) S. 42; Frenz (wie Anm. 21) S. 156.

[36] Vgl. Schwab (1978).

[37] Z.B. Konrad von Montferrat; vgl. H. H. Kaminsky in: Lexikon des Mittelalters V 1342.

[38] Vor allem durch die Tätigkeit Innozenz' III., für den Eherechtsfragen geradezu eine Art Hobby waren; vgl. Frenz, Th. (2000): Papst Innozenz III. – Weichensteller der Geschichte Europas? Stuttgart, S. 17f.

[39] Nämlich für die Expeditionskosten der Papsturkunde.

[40] Vgl. Frenz, Th.: Die Ausbildung in den ‚artes mechanicae' im Mittelalter. In: Liedtke, M. (Hg.) (1997): Berufliche Bildung – Geschichte, Gegenwart, Zukunft. Schriftenreihe zum Bayerischen Schulmuseum Ichenhausen 15. Bad Heilbrunn, S. 106f.

Literatur

Ariès, Ph. (1960): L'enfant et la vie familiale sous l'Ancien Régime. Paris 1. Aufl. 1960, 2. Aufl. 1973; deutsche Ausgabe: Geschichte der Kindheit. Mit einem Vorwort von H. von Hentig. Aus dem Französischen von Caroline Neubaur und Karin Kersten. München/ Wien 1975.

Arnold, K. (1980): Kind und Gesellschaft in Mittelalter und Renaissance. Beiträge und Texte zur Geschichte der Kindheit. Paderborn (Sammlung Zbera B 2).

Arnold, K. (1991): Kind. In: Lexikon des Mittelalters V Sp. 1142–1145.

Beer, M. (1990): Eltern und Kinder des späten Mittelalters in ihren Briefen. Familienleben in der Stadt des Spätmittelalters und der frühen Neuzeit mit besonderer Berücksichtigung Nürnbergs (1400 – 1550). Nürnberg (Nürnberger Werkstücke zur Stadt- und Landesgeschichte 44).

Boesch, H. (1900): Kinderleben in der deutschen Vergangenheit. Leipzig, ND Düsseldorf 1979 (siehe oben Anm. 2).

DeMause, L. (Hg.) (1974): The History of Childhood, New York. Deutsche Ausgabe: Hört ihr die Kinder weinen. Eine psychogenetische Geschichte der Kindheit. Frankfurt a. M. 1977, 2. Aufl. 1982.

Fuhrmann, H. (1987): Einladung ins Mittelalter. München.

Gilissen, J. (Hg.) (1976): L'enfant [Kongreßbericht der Société Jean Bodin 1972], Deuxième partie: Europe médiévale et moderne. Brüssel (Recueils de la Société Jean Bodin pour l'histoire comparative des institutions 36) (behandelt nur rechtliche Fragen).

Gray, U. (1974): Das Bild des Kindes im Spiegel der altdeutschen Dichtung und Literatur. Bern.

Gutton, Jean-Pierre (1996): Enfance. In: Dictionnaire de l'ancien régime, S. 487–490.

Hemmerle, P. (1915): Das Kind im Mittelalter. Breslau (siehe oben Anm. 2).

Lewis, R. E. (Hg.) (1978): Lotario dei Segni (Pope Innocent III). De miseria condicionis humane. Athens.

Lindsay, W. M. (Hg.) (1911): Isidori Hispalensis episcopi Etymologiarum sive originum libri XX, 2 Bde. Oxford.

Löhmer, C. (1989): Die Welt der Kinder im fünfzehnten Jahrhundert. Weinheim.

Nicholas, D. (1985): The Domestic Life of a Medieval City: Woman, Children, and the Familiy in Fourteenth-Century Ghent. Lincoln.

Orme, N. (1984): From Childhood to Chivalry. The education of the English kings and aristocracy, 1066 – 1530. London.

Schwab, D. (1978): Kind. In: Handwörterbuch der Deutschen Rechtsgeschichte II Sp. 717–725.

Shahar, S. (1991): Kindheit im Mittelalter. München.

Max Liedtke

125 Jahre Kindheit, dargestellt anhand der Zeitschrift „Jugendlust" (1876 – 2001)

1   Die „Jugendlust"

Die „Jugendlust" gehört zu den erfolgreichsten Kinder- und Jugendzeitschriften. Sie ist vermutlich weltweit die älteste noch existierende Zeitschrift dieser Art. Die Zeitschrift ist eine Gründung des Bayerischen Lehrervereins (BLV), des heutigen Bayerischen Lehrer- und Lehrerinnenverbandes (BLLV). Auf der Sitzung des Hauptausschusses des Vereins vom 26. und 27.12.1875 stellte der Vorsitzende des Vereins, Max Koppenstätter (1821-1889), den Antrag:

> „Es solle eine wöchentlich erscheinende Jugendschrift vom bayer. Lehrervereine in's Leben gerufen werden, welche die Aufgabe hat, Schule und Haus zu verbinden und auf die sittliche und intellektuelle Entwickelung der Jugend fördernd einzuwirken."[1]
>
> Das Sitzungsprotokoll vermerkte: „Beschluß: Einstimmige Annahme".[2]
>
> Über die inhaltliche Gliederung wurde beschlossen:
>
> „Sparten dieser Jugend-Zeitung sollen sein: 1) Unterhaltendes, 2) Belehrendes und zwar a) Geschichte, b) Geographie, c) Naturkunde. 3) Mannigfaltiges, als: Gedichte, Räthsel, Sinnsprüche, Anekdoten, Rechnungsaufgaben, Briefmappe etc."[3]

Wenngleich es im Laufe der Zeit inhaltliche Verschiebungen gab, die Grundstruktur des 1875 beschlossenen Themenkataloges ist bis mindestens 1977 im Wesentlichen beibehalten worden.

Die Zeitschrift, acht Seiten stark, ist erstmals am 6.4.1876 erschienen und bekannte sich im Sinne des Beschlusses des BLV auch in den Angaben in der Titelei als „Eine Wochenschrift für die Jugend zur Belehrung und Unterhaltung".

Die Zahl der Abonnenten betrug 1876 sicher wohl nicht mehr als 5.000, wuchs dann aber – mit leichten Schwankungen – kontinuierlich an. Im Jahre 1890 lag die Zahl bei ca. 12.000, 1905 bei ca. 30.000. Im Jahre 1929 näherte man sich der Auflagenzahl von ca. 100.000. Diese Zahl wurde nach den Wirren des Nationalsozialismus zunächst noch einmal Ende der 50er Jahre erreicht. Nach 1967 fiel die Auflagenzahl auf unter 50.000 ab.

Seit 1977/78 wird die Zeitschrift durch den Domino-Verlag, München, betreut, der der Zeitschrift eine neues Gesicht gab und sie schließlich in „Floh" (ab 1.10.1982) bzw. „Flohkiste" umtitelte, dabei aber im Impressum und durch variierende Hinweise auf der Titelseite ausdrücklich an der Tradition der „Jugendlust" fest hält. Weil der Verlag die Zeitschrift seither konsequent in allen Ländern der Bundesrepublik verbreitete, wurden auch die Spitzenwerte der früheren Auflagenzahlen deutlich übertroffen.

Preislich lag die „Jugendlust", die schon seit Ende des 19. Jahrhunderts den Vorzug hatte, in Sammelbestellungen über die Schulen bezogen werden zu können, eher günstiger als konkurrierende Blätter. Dies hing natürlich auch damit zusammen, dass die Zeitschrift bis zur Übernahme durch den Domino-Verlag ehrenamtlich von Lehrern redigiert worden ist, die kein Honorar, sondern lediglich eine Entschädigung für ihre Arbeit erhielten.[4] Auch die Autoren und Autorinnen kamen bis 1977 überwiegend aus dem Lehrerstand. Als Zeichner hat die „Jugendlust" allerdings fast ausschließlich professionelle Graphiker und Maler angeworben. Deswegen war die „Jugendlust", wenn man von den ersten Jahrgängen absieht, auch künstlerisch in der Regel anspruchsvoll gestaltet.

2 Kindheit, gespiegelt

Die „Jugendlust" und ihre Fortsetzungszeitschriften „Floh" und „Flohkiste" bieten in ihrer 125-jährigen Geschichte auf insgesamt etwa 40.000 Seiten eine Fülle an Materialien zur Geschichte der Kindheit zwischen 1876 und 2001. Jede Ausgabe der Zeitschrift hat mit Kindheit zu tun, aber immer gespiegelt, gelegentlich mehrfach gespiegelt. Sofern „Kindheit" unmittelbar thematisiert wird, spiegelt sie sich im Spiegel der Autoren oder der Redaktion. „Kindheit" erscheint immer nur, wie Redaktion und Autoren sie gesehen haben oder sie sehen wollten. Mehrfach gespiegelt ist die „Kindheit", wenn man aus den Texten und Abbildungen der Zeitschrift nur erschließt, wie die „Kindheit" wohl beschaffen war, in der man diesen oder jenen Text, diese oder jene Abbildung den Kindern meinte vermitteln zu sollen, bzw. wenn man erschließt, mit welchen Interessenslagen, mit welcher Lesebereitschaft man bei den Kindern rechnete, dass man ihnen die Zeitschrift in der jeweiligen Zeit so oder so darbot.

Für diesen Beitrag werden schwerpunktmäßig nur Abbildungen der Zeitschrift ausgewählt und von hier aus auf Konstanz und Varianz der Kindheit im Zeitablauf geschlossen. Eine gewisse Schwierigkeit bei dem Vergleich des Bildmaterials besteht allerdings darin, dass sich die Altersgruppe der Leserschaft im Laufe der 125 Jahre verschoben hat. In der Anfangsphase wollte man sich mit der Zeitschrift besonders an die „10-15jährigen Kinder" wenden (vgl. Liedtke 2001, Abschnitt I, 3), ab mindestens 1888 suchte man aber auch den Zugang zu den „Kleinen" (a.a.O., Abschnitt II, 2, 1), wenngleich sich bis zur erzwungenen Einstellung der Zeitschrift im Nationalsozialismus (1941) doch deutlich über 90% der Beiträge an die Gruppe der 10- bis 15-Jährigen wandten. Mit der Wiederaufnahme der Zeitschrift ab 1.1.1949 und insbesondere mit der zunehmenden Ausdünnung der Volksschuloberstufe ab den 60er Jahren des 20. Jh.s wandelte sich die „Jugendlust" aber mehr und mehr zu einer Zeitschrift der Unterstufe der Volksschule und hat ab ca. 1980 überwiegend nur diese Funktion.

Das zweite Problem besteht darin, dass die „Jugendlust" im Gründungsjahrgang 1876 noch gar nicht bebildert war. Zum ersten gab es innerhalb der Lehrerschaft durchaus auch grundsätzliche Bedenken gegen den „Bilderkultus" in allen Lesetexten. Aber ausschlaggebend waren für die Redaktion wohl pragmatische Gründe. Man war sich darin einig, dass Illustrationen in einer Zeitschrift zwar wünschenswert seien, aber man hielt sie nicht für zwingend notwendig. Durch Abbildungen könne zwar die Lektüre angenehmer gemacht werden, Illustrationen würden es auch erleichtern, den Text zu verstehen. Aber man befürchtete, man könne auf Dauer nicht die erforderliche Qualität der Bilder sichern. Wenn die Qualität der Bilder nicht gesichert sei, solle man lieber auf Abbildungen verzichten (vgl. Liedtke 2001, Abschnitt I, 3). Dass die „Jugendlust", die sich ab dem Jahrgang 1890 „Illustrierte Wochenzeitschrift" nannte, in ihrem ersten Jahrgang ohne jede Abbildung erschienen ist, entsprang auf Seiten der Redaktion also keiner bilderstürmerischen Einstellung, sondern war eine pragmatische Entscheidung. Die Redaktion war sich im klaren, dass durch eine anspruchsvolle Bebilderung die Produktionskosten für die Zeitschrift deutlich ansteigen würden. Deswegen verzichtete man zunächst auf eine Bebilderung. Weil die Abonnentenzahlen im ersten Jahrgang aber hinter den Erwartungen zurückblieben, entschloss man sich doch, die Attraktivität der Zeitschrift auch durch Abbildungen zu erhöhen. So tauchten ab dem Jahrgang 1877 in der „Jugendlust" gelegentlich Illustrationen auf. Die Anzahl der Abbildungen wuchs nur allmählich an, für den Jahrgang 1887 zählte man aber bereits 96 Illustrationen, im Durchschnitt also fast zwei Abbildungen pro Heft. Ab dem Jahrgang 1888 wurden einzelnen Ausgaben der

„Jugendlust" auch „Farbige Beilagen", aus denen sich später die „Kunstbeilagen" entwickelten, beigefügt. Die Tradition der „Kunstbeilagen" ist bis in die 60er Jahre des 20. Jh.s beibehalten worden. Sie entfiel schließlich, als die „Jugendlust" fast durchgängig farbig gedruckt wurde. Zwar hat sich die „Jugendlust" zwischen 1876 und 1977 stets in erster Linie als „Lesezeitschrift" verstanden, aber es blieb schon ab der Wende vom 19. zum 20. Jh. kaum eine Seite ohne Abbildungen. Bis sich zu Anfang des 20. Jh.s der Einfluss der reformpädagogischen Kunsterziehungsbewegung bemerkbar machte, war der künstlerische Anspruch der Abbildungen in der „Jugendlust", auch bei den „Farbigen Beilagen", aber eher bescheiden. Insbesondere unter der Redaktion von Georg Ostertag (1928-1941) und von Franz Bauer (1949-1969) hatte die „Jugendlust" sicher auch nach der künstlerischen Gestaltung eine führende Position unter den Jugendzeitschriften.

2.1 Zeitraum 1876 – 1977

2.1.1 Gemeinsamkeiten

Auch „Kindheit" ändert sich unter wechselnden geschichtlichen Bedingungen. Durch das Zurückdrängen der Kinderarbeit im 18. und 19. Jh. hat sich die Zeit der Kindheit mindestens im europäischen Bereich sicher verlängert. Mit wachsendem Wohlstand und durch bessere medizinische Betreuung ist „Kindheit" wohl auch unbeschwerter geworden. Aber auch unsere Sicht von „Kindheit" kann sich ändern, ebenso unsere Sicht des Kindes. Es liegt nahe, dass sich auch in der 125-jährigen Geschichte der „Jugendlust" die Sicht von „Kindheit" geändert hat. Allerdings zeigt sich, dass es auch Merkmale und thematische Aspekte gibt, die in der „Jugendlust" trotz der wechselnden Verhältnisse durch Jahrzehnte weitgehend identisch geblieben sind. Einige Beispiel seien aufgeführt:

2.1.1.1 Bild des Kindes

Sofern Kinder in Abbildungen erscheinen, sind sie während des gesamten 1. Jahrhunderts der „Jugendlust" in der Regel lieblich und liebenswürdig dargestellt, im 19. Jh. zumeist noch mit einer betont tugendhaften Attitüde. Die Redaktion fühlte sich besonders der bürgerlich-biedermeierlichen Tradition Ludwig Richters (1803-1884) verbunden. Ludwig Richter wurde im Jahrgang 1903/04 ein eigenes Heft gewidmet. Immer wieder finden sich seine Bilder in der „Jugendlust", besonders gedrängt im Jahrgang 1920/21. Später war es auch Hans Thoma (1839-1924), der in gewisser Weise stilbildend auf die „Jugendlust" einwirkte (vgl. Jg. 1918/19, Kunstbeilage; Jg. 1930/31). Aus dieser Tradition, die stets romantisierend schönt, ergibt sich auch, dass die Kinderbilder der „Jugendlust" stets den Eindruck vermitteln, die Kinder fühlen sich von ihrer Umwelt angenommen und sie bewegen sich mit großem Vertrauen in ihrer Welt.

Das wird schon gleich in der ersten Abbildung der „Jugendlust" (Heft vom 4.1.1877, S. 1ff.) deutlich, obgleich hier – vermutlich auch aus finanziellen Gründen – noch keine Richter- oder Thoma-Vorlagen auftauchen. Diese erste Abbildung in der „Jugendlust" ist ein vom Verlag Otto Spamer, Leipzig, für die Erzählung „Ueb' immer Treu' und Redlichkeit" zur Verfügung gestellter Holzstich (Jugendlust 4.1.1877, 2). Der Zeichner ist nicht genannt. Das Bild zeigt ein bürgerlich gekleidetes Kind, das sich vertrauensvoll einem alten Mann zuwendet und mit ihm spricht. Nach der sehr moralisierenden Erzählung von Lehrer Fr. W. Pfeifer handelt es sich bei dem alten Mann um einen erblindeten Schreiner, dem das Mädchen etwas zu essen bringt. Das Mädchen fragt den Schreiner, warum er so oft das Lied „Ueb' immer Treu' und Redlichkeit" singe. Klischeehaft erzählt dann der alte Schreiner, dass „ihm sein Vater auf dem Todtenbette" dieses Lied „als Vermächtniß für's ganze Leben eingeschärft" habe (Jugendlust 1877, 2).

Noch stärker geschönt sind die zwei „Kinder auf dem Schulwege" (Jugendlust 1888, 22), eine Abbildung, die ohne jeden Bezug zum konkreten Kontext, vielmehr lediglich als Auflockerung in die Zeitschrift aufgenommen worden ist (s.u. Abb. 1). Der ganzseitigen Abbildung ist auf der folgenden Seite nur eine kleine Anmerkung beigefügt:

„Unser heutiges Bild zeigt Euch, meine kleinen Freunde, nichts Unbekanntes. Brauche ich Euch da erst eine lange Erklärung zu geben? ‚Nein!' schwebt es von Euren Lippen, und so denke ich auch. Möge euch die sorgfältige Betrachtung des Bildes viele Freude gewähren und mannigfache Anregung zum Nachdenken über das Dargestellte geben." (Jugendlust 1888, 23)

Wenngleich das Maß der Tugendhaftigkeit der beiden Mädchen, die noch keinen spezifischen Schulranzen tragen, offenkundig hoch ist und insbesondere wohl auch der Anlass des empfohlenen „Nachdenkens" sein soll, wird man nicht bestreiten können, dass die Mädchen sympathisch und – allerdings wiederum in fast entrückter Weise – als vorbildhaft fleißig und zufrieden dargestellt sind.

Mit dem Aufkommen der Reformpädagogik werden die Kinderdarstellungen aber noch deutlich lieblicher, verspielter und unbeschwerter, wenngleich insbesondere das Umfeld des 1. und 2. Weltkrieges große Düsternis auch in die „Jugendlust" bringt. Das freundliche, unbeschwerte Kinderbild wird z.B. in der zwischen 1905 und 1949 unveränderten Titelei der „Jugendlust" tradiert (vgl. unten 2.1.1.2: Titelei), aber taucht auch an vielen anderen Stellen auf. Die Titelseite der jährlichen Sammelmappen für die „Jugendlust" zeigt für die Jahrgänge 1928/29 – 1933/34 fünf sicher noch nicht schulpflichtige Kinder, die mit ihren Spielgeräten einen fröhlichen Festzug bilden. In dieser Tradition stehen auch die sehr kindertümlichen Illustrationen von Else Wenz-Vietor, die einen bedeutenden Namen als Kinderbuchgestalterin hat. Else Wenz-Vietor geht es stets darum, möglichst die freundliche und liebenswerte Seite von Kindheit zu vermitteln (vgl. Jugendlust 1.7.1931, Titelblatt). In der „Jugendlust" der Zeit nach dem 2. Weltkrieg dominiert unter der Schriftleitung von Franz Bauer weiterhin diese freundliche und unbeschwerte Form der Darstellung von „Kindheit".

Die Abbildung „Gassenstreit" von 1892/93 (Jugendlust 1892/93, 229) ist im Kanon der Kindheitsbilder der „Jugendlust" allerdings eine Ausnahme. Nur selten bringt die „Jugendlust" Abbildungen, die keine nach den Vorstellungen der Schriftleitung vorbildhafte Situation zeigen. Zwar wird 1892/93 durch einen mahnenden Begleittext das Bild sogleich „entschärft", aber es ist doch ein deutliches Zugeständnis an realistische Situationen, dass zwei streitende Jungen – bei dem einen taucht in der „Jugendlust" hier erstmals ein Schulranzen auf – dargestellt werden. Es wird nicht thematisiert, dass eine solcher „Gassenstreit" eine geläufige Begleiterscheinung des „Schullebens" ist, aber die bloße Aufnahme des Themas wie aber auch der Begleittext zum Bild zeigen an, dass hier doch ein durch die Geschichte weitgehend stabiles Merkmal von „Kindheit" angesprochen – und getadelt – werden sollte.

2.1.1.2 Titeleien: Wie spricht man Kinder an?

Der Titel „Jugendlust" blieb im gesamten hier besprochenen Zeitraum (1876 – 1977), abgesehen von der Phase 1949 – 1954, erhalten.

Die Titelei der „Jugendlust" bestand zunächst nur aus der schlichten Überschrift „Jugend – Lust", wobei die Initialen mit einem Ornament, allerdings ohne jeden Bezug zum Thema oder zur Leserschaft der Zeitschrift, versehen waren. Mit diesem Erscheinungsbild der Zeitschrift war man offensichtlich unzufrieden. So erhielt die Titelseite mit der Nummer 1 des Jahrgangs 1879 eine attraktivere neue Aufmachung. Der schlichte Titeldruck wurde durch eine aufwendige Titelvignette ersetzt. Die Vignette zeigte vor der Stadtsilhouette Nürnbergs fünf Kinder, offensichtlich in ihrer Freizeit. Am linken Bildrand sind zwei lesende Kinder – ein Junge und ein Mädchen – zu sehen, am rechten Bildrand schaukelt ein Mädchen, ein Junge pflanzt offenbar einen Strauch, ein weiteres Kind jagt mit dem Käscher Schmetterlinge. Diese Titelaufmachung war gegenüber der ursprünglichen bloßen Textfassung in den Augen der jungen Leserschaft sicher ein großer Fortschritt, sie hielt sich aber nur drei Jahre. Dass man sich von dieser Titelvignette schon so bald getrennt hat, mag an dem überakzentuierten Bezug auf Nürnberg gelegen haben. Die Zeitschrift sollte ja mindestens bayernweit ihre Leser finden. Es kann aber auch sein, dass die Titelei von 1879 einigen Lesern und Mitarbeitern zu verspielt erschien. Mit Nummer 1 des Jahres 1882 erschien eine landschaftlich neutrale Titelornamentik, entworfen von Oberlehrer Schmeißer, Fürth (Jugendlust 1882, 1). Die Vignette zeigt im linken Teil des Rankenwerkes einen lesenden Jungen und im rechten Teil ein lesendes Mädchen. Obgleich sich der Inhalt der „Jugendlust" nicht wesentlich ändert, lässt die Erläuterung zum neuen Titelblatt doch erkennen, wie sehr man – mindestens programmatisch – stärker auf Belehrung und Erziehung setzte als auf Unterhaltung:

„Der Titel des Blattes befindet sich auf einem Spruchbande, das in Ornamente verschlungen ist, in deren Verzweigung Kindergestalten diejenige Jugendlust andeuten, welche gewiß, besonders für gereiftere Kinder, die edelste ist, indem sie nicht nur Unterhaltung gewährt, sondern auch das Wissen erweitert und gute Vorsätze erweckt." (Jugendlust 1882, 1)

Den hier sehr deutlich geäußerten Erziehungsanspruch hat die „Jugendlust" – mindestens bis 1977 – niemals aufgegeben, wenn die Titeleien auch in gewissem Umfang variierten.

Mit Heft 1 des Jahres 1889 erfuhr die Titelvignette eine weitere leichte Veränderung. Die Veränderung hing wohl damit zusammen, dass die „Jugendlust" seit 1888 intensiv bemüht war, auch die „kleinen Leser" für die „Jugendlust" zu gewinnen. Der jugendlich erscheinende Leser und die ebenso jugendlich erscheinende Leserin der Titelvignette von 1882 wurde durch kindlicher erscheinende Leser, die jeweils auch noch jüngere Kinder mit lesen ließen, ersetzt.

Die Titelvignette hat sich zwischen 1889 und 1905 noch dreimal geändert (1890; 1899/1900; 1903/04). Ein sehr dauerhafter Schritt erfolgte dann allerdings mit dem Jahrgang 1905/06. Die am 5.10.1905 erstmals gedruckte neue Titelvignette (s.u. Abb. 2) war ein gegenüber den bisherigen Titelvignetten künstlerisch sicher deutlich anspruchsvollerer Entwurf. Der Entwurf stammte von dem Professor für Ornamentik an der Kunstgewerbeschule in Nürnberg, Hermann Bek-Gran.[5] Auf der Vignette, die künftig dann und wann auch farbig unterlegt wurde, stürmen, eingerahmt von Strauchwerk, sieben Kinder, die noch kaum das Kindergartenalter erreicht haben – zwei davon unbekleidet –, offenbar unbeschwert in die Zukunft. Diese lebensfrohe Titelvignette von 1905, die „Jugendlust" offensichtlich nicht mehr nur als „Lust am Lesen und Lernen" vorgibt, bestimmte das Erscheinungsbild der „Jugendlust" durch den 1. Weltkrieg und die Weimarer Zeit bis zum Verbot der Zeitschrift im Nationalsozialismus 1941. Aber auch die ersten 6 Hefte der „Jugendlust" in der Zeit nach dem 2. Weltkrieg, Januar bis Juni 1949, hatten die Titelvignette von 1905 wieder aufgenommen. Das Signal, das von dieser Titelvignette ausging, wurde allerdings keineswegs durchgängig eingelöst. Insbesondere während des 1. Weltkrieges, aber auch während der Zeit des Nationalsozialismus waren die Inhalte der „Jugendlust" oft ein höchst widerspruchsvolles Kontrastprogramm zur Titelvignette.

Die „Jugendlust" hätte sich auch 1949 sicher noch nicht von ihrer traditionsreichen Titelvignette getrennt, wäre ihr die Nutzung der Vignette und auch des Titels „Jugendlust" wegen eines Verlagswechsels nicht untersagt worden (vgl. Liedtke 2001, Abschnitt II, 6.3.1). Zwischen 1949 und 1954 nahm die „Jugendlust" den Namen „Frohe Jugend" an. Erst 1954 durfte man wieder zum alten Titel „Jugendlust" zurückkehren. Nun aber erschien die frühere Titelvignette doch als zu antiquiert und man beließ es bei dem Schriftzug „Jugendlust". Der Schriftzug wurde in verschiedenen Varianten gestaltet und in das alsbald ganzseitige Titelbild eingebracht (s. u. Abb. 9).

2.1.1.3 Spiel

Spiel und Spielen sind zwar zu allen Phasen der Geschichte der „Jugendlust" auffindbar. Aber doch in unterschiedlicher Akzentuierung. Die frühe „Jugendlust" ist zu sehr auf „Belehrung" und „Erziehung" aus, als dass breiterer Raum für unbeschwertes „Spielen" bliebe. Im Bild taucht das „Spiel" erstmals mit dem schaukelnden Mädchen in der Titelvignette von 1879 auf. Ansonsten ist die „Jugendlust" das Lesen. Wieder erst in der Titelvignette von 1905/06 (s. u. Abb. 2) wird unbeschwert gespielt. Aber dieses unbeschwerte Spiel bleibt vorerst auf die Titelvignette beschränkt. Im Umfeld des 1. Weltkrieges gibt es allenfalls das „Soldaten-Spielen" (s. u. Abb. 3: Deckblatt zur Jahrgangssammelmappe 1915).

Ein unbeschwertes Spiel taucht geradezu unvermittelt nach den Jahrgängen 1914 – 1918, in denen sich die „Jugendlust" ausschließlich mit dem Kriegsgeschehen befasst, im Jahrgang 1918/19 auf (s. u. Abb. 4). Ab diesem Zeitpunkt, zu dem die „Jugendlust" kommentarlos von der oftmals politisch motivierten Erziehung des Kaiserreichs in gewisser Weise in unpolitische Belletristik und kindliche Idylle der Weimarer Zeit überwechselt, hat „Spielen" häufiger einen Raum in der „Jugendlust". Da kann selbst die Schulpause

– die „Freiviertelstunde" – Gelegenheit zu fröhlichem Spiel bieten (vgl. Jugendlust 1931/32, 209). Das Thema bleibt auch in der Zeit des Nationalismus erhalten (vgl. Jugendlust 1938, Nr. 7, 1. Januar: Winter). Gehäuft findet sich das Thema unter der Redaktion von Franz Bauer (1949 – 1969). Mehrfach werden ganze Szenerien an Kinderspielen angeboten (vgl. Jugendlust 1961, Nr. 9, Ausgabe Unterstufe, Titelseite). Aber auch unter Rolf Hobelsberger behält die „Jugendlust" ihr spielerisches Gesicht (s. u. Abb. 9).

2.1.1.4 Mutter

Zu den zentralen und häufig wiederkehrenden Themen der „Jugendlust" zählt auch das Thema „Mutter". Es gibt keine Phase in der Geschichte der „Jugendlust", in der insbesondere die Beziehung „Mutter-Kind" nicht immer wieder thematisiert worden ist. Seit dem Jahrgang 1929/30 hat die „Jugendlust" jeweils zum Muttertag, der 1905 in den USA angeregt, in Deutschland seit 1923 am 2. Sonntag im Mai übernommen, und zum ersten Mal wohl im Jahrgang 1927/28, (240), der „Jugendlust" angesprochen worden ist, ein Themenheft „Mutter" herausgebracht.

Neben den großen christlichen Feiertagen (Weihnachten, Ostern) ist der Muttertag das beständigste und auch aufwendigste Festthema der „Jugendlust". Es gibt eine Fülle an Mutter-Kind-Bildern, zumeist herzige Szenerien (s. u. Abb. 5: Jugendlust 1933, 15. Margret Ertl-Wolfinger: Mutter und Kind), oft allerdings auch mit sorgenvoll verharmten Müttergesichtern. Hier ist dann besonders interessant der Wandel des Mutterbildes Ende der 50er Jahre des 20. Jh.s Im Muttertagsheft 1959 (Ausgabe für die Oberstufe, Mai, Titelseite) hat die „Jugendlust" mit einer Zeichnung von Marianne Schneegans, Maulbronn, erstmals auf der Titelseite die Abkehr von der sorgenvollen, verharmten zu einer jugendlichen, fast mädchenhaften Mutter vollzogen. Im übrigen erscheint die Mutter hier aber weiterhin ausschließlich in völlig traditionellen Rollen.

2.1.1.5 Gemüt

Es ist ein dauerhaftes Anliegen der „Jugendlust" geblieben, ihre Leserschaft emotional anzusprechen. Dies lässt sich besonders an der Darstellung der christlichen Feiertage erkennen, in erster Linie an der Darstellung des Weihnachtsfestes. Das Weihnachtsfest ist niemals vergessen. In der Geschichte der „Jugendlust" gewinnt das Fest gestalterisch aber eine besondere Bedeutung, als man intensiver bebilderte und auch zu farbigen Illustrationen übergangen war. Das erste Beispiel ist das Weihnachtsheft von 1905 (Jugendlust 1905/06, Nr. 12, 89). Die Zeichnungen sind hier mit blauer und roter Farbe unterlegt. Sehr oft ist den Weihnachtsheften später kunstvoll gestaltetes Notenmaterial zu Weihnachtsliedern beigegeben.

Ab Mitte der 20er Jahre spielt sich die Tradition ein, in der Weihnachtsausgabe der „Jugendlust" auch jeweils ein Weihnachtsspiel zu bringen. Um dieses Spiel noch zum anstehenden Weihnachtsfest nutzen zu können, taucht das Weihnachtsthema, nachdem die Zeitschrift nur noch monatlich erschien, schließlich nicht erst im Dezemberheft auf, sondern bereits in der Novemberausgabe. Dabei ist dann auch diese frühe Ausgabe bereits weihnachtlich gestaltet (s. u. Abb. 6: Frohe Jugend 1949, 161). Die Weihnachtsausgaben der Zeitschrift gehörten jeweils zu den bei den Kindern beliebtesten Ausgaben. Bei einer größeren Umfrage zur Akzeptanz der „Jugendlust" im Jahr 1967 erhielten jeweils die Titelblätter der Weihnachtsnummern sowohl der Oberstufen- wie der Unterstufenausgabe die besten Bewertungen durch die Leserschaft.

Das Osterfest hatte bei der Heftfolge der „Jugendlust" zwar nie den Rang des Weihnachtsfestes, wurde aber auch niemals übergangen. Allerdings dominierte hier im Gegensatz zum Weihnachtsfest nicht die christliche Verkündigung, vielmehr nahezu ausschließlich das säkularisierte Brauchtum. Ostern war nach der „Jugendlust" das Fest des Osterhasen (vgl. Jugendlust 1933/34, 177. Hanna Forster: Häschenschule).

2.1.2 Zeitgeschichtliche Unterschiede

Neben den Gemeinsamkeiten gibt es aber auch eine ganze Anzahl Themen, die nur für eine bestimmte Epoche der Geschichte der „Jugendlust" charakteristisch sind und „Kindheit" nur innerhalb dieses ziemlich genau abgrenzbaren Zeitraumes inhaltlich mit bestimmen.

Das kann die Begegnung mit einer neuen Technik sein (z. B. Aufkommen des Autos, des Zeppelins, des Flugzeugs), die zeitspezifische Einschätzung fremder Völker und Kulturen, die Erfahrung neuer Freiheiten, von Reisemöglichkeiten, aber auch die Erfahrung von Kriegen, vom Wiederaufbau, von spezifischen Krankheiten usw. In der langen Geschichte der „Jugendlust" hat es viele solcher Situationen gegeben, wodurch „Kindheit" trotz übergreifender Gemeinsamkeiten jeweils doch zu einer generationsspezifischen Kindheit geworden ist. Das soll an einigen Beispielen gezeigt werden:

2.1.2.1 Ich habe keine Mutter mehr
(Thema des Zeitraums 1876 – Anfang 20. Jh.)

Obgleich zu diesem Abschnitt keine Abbildungen vorgelegt werden können, ist es für die Geschichte der Kindheit wichtig, auf diese Aussage einzugehen. Durchblättert man die „Jugendlust" des Zeitraums 1876 – 1914 fällt auf, wie häufig das Thema des verwaisten Kindes auftaucht. Dem Gedicht von Georg Geuder „Ich habe keine Mutter mehr" (Jugendlust 1883, 248) – die selbe Überschrift hat 1897 ein Gedicht von Lorenz Gradl (Jugendlust 1897, 204) – folgt 1883 gleich im nächsten Heft das Gedicht „Heimatlos", in dem Caroline Herrmannsdorfer ebenfalls die Situation des verwaisten Kindes schildert, das „kein liebendes Mütterlein" mehr hat (Jugendlust 1883, 252). Eine so dichte Abfolge dieses Themas wiederholt sich nicht, aber kaum ein Jahrgang ist ohne dieses Thema. Im Jahrgang 1884 ist das Gedicht von Franz Dittmar „Der Waisenknabe" abgedruckt (Jugendlust 1884, 80). 1885 folgte die Erzählung „Von den Kindern, die eine Mutter suchten" (Jugendlust 1885, 82f.). Es wird von verwaisten Zwillingen erzählt, die auf der Suche nach einer Mutter sich im tief verschneiten Wald ermüdet niederlegten und erfroren:

> „Die Erde, die Mutter aller Menschen, hatte sie mitleidsvoll in ihre Arme genommen, und an ihrem Herzen schlummerten sie ein, um mit der vorangegangenen Mutter in einer bessern Welt wieder vereinigt zu werden" (Jugendlust 1885, 83).

Im Jahrgang 1886 folgt das Gedicht „Meiner Mutter Grab" (Jugendlust 1886, 337), 1887 das Gedicht „An der Mutter Grab" (Jugendlust 1887, 348), außerdem wurde 1887 in dem Gedicht „Die Stiefmutter an der Wiege" die schwierige Situation des Waisenkindes durch die neue Mutter positiv aufgenommen: „Komm an mein Herz! Laß mich dich hüten, laß mich dir Mutter sein" (Jugendlust 1887, 12). In dem selben Jahr wird das Waisenkindthema auch noch in die Erzählung „Verlassen" aufgenommen (Jugendlust 1887, 337–338). Die Häufigkeit, in der das Thema in der „Jugendlust" dieses Zeitraums erscheint, könnte natürlich auch in einer Überzeichnung des Mutterbildes liegen. Es steht ja außer Frage, dass die Mutter in der „Jugendlust" außerordentlich positiv und stets mit starken Emotionen besetzt dargestellt wird. Andererseits spricht die Häufigkeit dieses Themas aber auch für die noch deutlich andere Erfahrungswelt der Kinder in jener Zeitspanne. Man muss davon ausgehen, dass wegen der noch ungünstigeren hygienischen Bedingungen und wegen der größeren Geburtenzahl die Lebenserwartung der Mütter im ausgehenden 19. und beginnenden 20. Jahrhundert noch deutlich niedriger war als in späterer Zeit. Nach 1914 verliert sich das Thema der verlorenen Mutter völlig.

2.1.2.2 Bindung an die bayerischen und preußischen Herrschaftshäuser (Thema des Zeitraums: 1876 – 1918)

Es gibt zwischen 1876 und 1818 kein Jahr, in dem die „Jugendlust" nicht die Geburtstage der bayerischen und preußischen Herrschaftshäuser gefeiert hätte. Ab 1877 sind diese Feiertage, die stets in hoher Verehrung begangen werden, jeweils mit Abbildungen versehen. Auch der „Sedanstag", der regelmäßig begangen wurde, ist häufig mit Abbildungen der Mitglieder der Herrscherhäuser verbunden (vgl. Jugendlust 1877, 281: Zum Sedanstage). Diese Abbildungen sind für die einzelnen Jahrgänge der „Jugendlust" bis zum Ende des 1. Weltkrieges durchaus prägnante Merkmale. Nach der Revolution von 1918 entfallen diese Feiertage, zu denen ansonsten die Leserschaft auf Kaiser und König eingeschworen wurde, abrupt und kommentarlos.

2.1.2.3 Kriegsverherrlichung; Aufbau von Feindbildern; Kriegsunterstützung und Kriegsverharmlosung

Es gibt keine andere Epoche der „Jugendlust", deren Lektüre so bedrückend ist, wie die Phase 1876 bis 1918, weil in keiner anderen Epoche so lang und so intensiv über Kriege berichtet und auf Kriegsbereitschaft hin erzogen worden ist.

Keineswegs ist dieses Thema vom Umfang her dominant. Es gibt in diesem Zeitraum eine Fülle informierender, aufklärender, kluger und anregender Beiträge, über die man die Kriegsthemen vergessen könnte, wenn man sie denn überblättert hat. Aber Themen, in denen an den Krieg erinnert, in denen Siege gefeiert, der Krieg gerechtfertigt, die Helden geehrt oder betrauert wurden, tauchen im Kanon der Inhalte so regelmäßig und gelegentlich so gehäuft auf, dass sie nicht zu übersehen waren. Die Erinnerung an den Krieg 1870/71 wird jährlich gefeiert, durch irgendwelche Jahrfeiern ließ sich immer wieder einmal auch an die Freiheitskriege usw. erinnern. Als 1914 der 1. Weltkrieg ausbrach, war man, so hart dies klingen mag, auch pädagogisch gerüstet. Die „Jugendlust" hat vom Beginn des Krieges bis zu dessen Ende fast in jeder Zeile vom Krieg gehandelt, weil die Redaktion „die welterschütternden Ereignisse für ihre jungen Leser e r z i e h l i c h (im Original gesperrt: A.d.V.) auszunützen" suchte (Jugendlust 1913/14, 416). Der Krieg war unübersehbar. Es war die ausdrückliche Absicht der Redaktion, ihren Lesern zu helfen, dass sie

„die Zeichen dieser großen Zeit mit offenem Sinn wahr- und aufnehmen, innerlich miterleben und edle Früchte für ihre ganze Lebenszeit daraus gewinnen: tiefgründigen Gottesglauben, frommes Gottvertrauen, glühende Vaterlandsliebe, opferfreudige Nächstenliebe. Sie will ihre Leser erleuchtet, gehoben, veredelt und gefestigt aus dieser Zeit hervorgehen helfen" (a. a. O.).

In der frühen Kriegszeit rief die „Jugendlust" über einen ihrer Autoren unverhohlen dann auch zur „Rache" auf (vgl. Jugendlust 1914/15, 391: Alfons Krämer: Rache). Es gibt Hunderte Abbildungen zu nahezu allen Kriegssituationen.

Auch das Kinderspiel war nun nur noch auf den Krieg bezogen (siehe unten, Abb. 3) oder wurde, selbst wenn es sich um freundliche kindliche Spiele im Schnee handelte, mit dem Krieg in Verbindung gebracht (Jugendlust 1914/15, 81). Kriegsverharmlosend ist es, wenn die „Jugendlust" darüber schreibt, dass „nicht alle Kugeln töten" und den Lesern den Auftrag erteilt, in einem schematischen Bild alle die Kugeln zu zählen, die durchschnittlich ihr Ziel verfehlen (s. u. Abb. 7: Jugendlust 1914/15, 311: Nicht alle Kugeln töten). Ebenso verharmlosend ist es, wenn die „Jugendlust" einen Beitrag unter dem Titel „Es gibt keine Krüppel mehr" abdruckt und diese Behauptung dann mit Abbildungen prothesentragender Arbeiter zu belegen sucht (vgl. Jugendlust 1914/15, 396).

Wie die verehrende Darstellung der Herrscherhäuser nach 1918 der „Jugendlust" als Thema verloren gegangen ist, entfiel ihr Ende 1918 ebenso abrupt und ähnlich kommentarlos auch das Kriegsthema. Dieses Thema tauchte erst im Nationalsozialismus wieder auf.

2.1.2.4 Nazizeit

Die „Jugendlust" hat sich den Einflüssen des Nationalsozialismus nicht entziehen können. Sie hat sich dem Nationalsozialismus sicher auch nicht angedient. Im Jahre 1941 musste sie ihr Erscheinen – vordergründig wegen Papiermangels – einstellen.

Da sich die Zeitschrift unter der Redaktion von Georg Ostertag (1928 – 1941) auf Themenhefte umgestellt hatte und dieses Prinzip auch im Nationalsozialismus durchhielt, gab es eine Vielzahl von Heften, denen man kaum anmerkt, dass sie in nationalsozialistischer Zeit entstanden sind. Eine Totalisierung der Zeitschrift auf den Nationalsozialismus ähnlich der Totalisierung der Zeitschrift auf den 1. Weltkrieg hat es sicher nicht gegeben. Aber durchblättert man die Jahrgänge der „Jugendlust" dieser Zeit, ist die Nähe des Nationalsozialismus unübersehbar. Bereits zum 16. Mai 1933 erschien ein mit elf Bildern illustriertes Themenheft „Adolf Hitler" und rückte – Biederkeit und Freundlichkeit vortäuschend – Kinder in Hitlers Nähe. Das Heft berichtete –

verehrend und natürlich ohne den Anflug einer Kritik – über Hitlers Kindheit, über dessen Schul- und Ausbildungszeit und über Hitler als Frontsoldat. Der Schriftleiter (Georg Ostertag; Kürzel: G. O.) begrüßte in einer Anmerkung die neue Entwicklung:

> Hitler „wird uns freimachen von allen Fesseln und uns herausführen aus Not und Schmach. Das ist unser Glaube und unsere Hoffnung" (Jugendlust 1932/33, 249).

Zum Schuljahrsbeginn 1936 war es längst selbstverständlich, dass der Nationalsozialismus auch das Schulleben wesentlich mit bestimmte und somit einen spezifischen Teil der Kindheit in dieser Zeit darstellte (s.u. Abb. 8: Jugendlust 1935/36, 194. Margret Wolfinger: Am ersten Schultag). Aber es blieb keineswegs bei Feiern und Ritualen. Schon ab 1933 wurde in der „Jugendlust" auch die militärisch bedrohliche Lage Deutschlands thematisiert und die Leserschaft so auf eine grundsätzliche Kriegsbereitschaft eingestimmt (vgl. Jugendlust 1933/34, 171: Luftschutz tut not).

Obgleich auch dieses Thema keineswegs die Dominanz erreicht wie in der „Jugendlust" 1914 – 1918, das Thema begleitet die „Jugendlust" dennoch – in einer Vielzahl an Textbeiträgen und in einer Fülle an Bildern – unübersehbar bis zur Einstellung der Zeitschrift im Jahre 1941. Kindheit wurde zu einer Kindheit unter den Bedingungen eines lockenden und fordernden totalitären Systems, sie wurde schließlich erneut zu einer Kindheit unter den Bedingungen eines Weltkrieges.

2.1.2.5 Contergan–Kinder

Es sind nicht immer nur weltpolitische Ereignisse, durch die „Kindheiten" gekennzeichnet sein können. Die spezifischen Ausprägungen einer Kindheit können auch von regionalen Ereignissen oder von regionalen Katastrophen her rühren. Auch Krankheiten können zeitgebundene generationsspezifische Merkmale von Kindheit sein.

Das ab Mitte der 50er Jahre des 20. Jh.s bis 1962 im Handel befindliche Schlaf- und Beruhigungsmittel Contergan (Handelsname für Thalidomid: Brockhaus Enzyklopädie) hatte an Embryos zu schweren Missbildungen geführt. Die davon betroffenen Kinder litten u.a. an starken Verkürzungen von Beinen und Armen. Diese Kinder waren ein charakteristisches Erscheinungsbild von „Kindheit" bis in die 70er Jahre des vergangenen Jahrhunderts. Die „Jugendlust" hat sich mit dieser Frage nicht in größerem Umfang befasst, aber das Thema taucht – wenn auch eher beiläufig – als Spezifikum einer Epoche auf. Else Engelmann-Baer hat 1970 in der „Jugendlust" darüber berichtet „Wie Kinder ihre Ferien verbringen ...". In dem Bericht, der von Ali

Migutsch, München, illustriert war, wurde schließlich in wenigen Zeilen auch von einem Kind erzählt, das „keine Arme, keine Hände und keine Finger" besitzt. Ali Migutsch hat auch die „Feriensituation" dieses Kindes skizziert und dadurch eine Besonderheit dieser Kindergeneration herausgestellt (Jugendlust 1970, 115: „Ich war daheim").

2.2 Zeitraum 1977 – 2001

Die überaus starke Abwanderung von der Volksschule zu den weiterführenden Schulen hatte in den 50er und 60er Jahren des vergangenen Jahrhunderts auf Seiten der Volksschule zu einem gravierenden Verlust an Schülern geführt. Von diesem Rückgang der Schülerzahlen war auch die „Jugendlust", die seit 1876 eine Volksschulzeitschrift war, betroffen. Die Auflagenhöhe der „Jugendlust" sank trotz aller journalistischen Anstrengungen bereits seit Beginn der 60er Jahre kontinuierlich ab. Der Abwärtstrend verstärkte sich noch in der Folge der studentischen Unruhen von 1968 (vgl. Liedtke 2001, Abschnitt II, 6.4.8). Der „Jugendlust" war es offensichtlich nicht mehr gelungen, die Sprache der Schüler zu sprechen und von der Schülerschaft beachtet zu werden. Im Jahre 1977 stand die „Jugendlust" faktisch vor dem Kollaps.

Es ist dem Domino-Verlag, der die „Jugendlust" zum Oktober-Heft 1977 übernahm, zu danken, dass die „Jugendlust" eine neue Zukunft erhielt. Gleich in der Aufmachung des ersten Heftes war anschaulich nachzuvollziehen, wie die „Jugendlust" – auf das moderne Rollbrett genommen – neue Dynamik erhielt und damit zugleich den Blick auf einen seinerzeit modernen Aspekt von Kindheit bzw. Jugendzeit frei gab (s. u. Abb. 9: Jugendlust: Oktober 1977, Titelseite).

Ab 1. Oktober 1982 verzichtete der Verlag allerdings darauf, den Titel „Jugendlust" als Haupttitel beizubehalten. Der Titel „Floh", daneben später auch für eine andere Altersgruppe der Schüler der Titel „Flohkiste", wurde zum Haupttitel der Zeitschrift. Der Name „Jugendlust" wurde bis zum 22. Oktober 1984 noch als deutlich sichtbarer Zweittitel beibehalten, verschwand am 5.11.1982 dann zunächst völlig von der Titelseite, wurde zum 1. Juli 1985 doch wieder als Zweittitel aufgeführt, rutschte dann aber ab 29. Juli 1985 in eine sehr kleingedruckte geschichtliche Anmerkung auf der Titelseite von „Floh" und „Flohkiste" ab. Im Impressum blieb der geschichtliche Bezug zwischen „Floh" bzw. „Flohkiste" und der „Jugendlust" aber durchgängig gewahrt. Mit Beginn des neuen Jahrtausends (2000) ist der Bezug zur „Jugendlust" auch auf der Titelseite optisch wieder deutlicher hergestellt.

Ohne Zweifel veränderte sich das Gesicht der „Jugendlust" durch den Übergang zur „Flohkiste" und zum „Floh" nach 1977 aber deutlich. Es war geradezu eine revolutionäre Wende. Die Zeitschrift wandte sich faktisch nur noch an Grundschulkinder und stellte dadurch natürlich auch ihre inhaltlichen Ansprüche um. Sie erschien unter dem Titel „Flohkiste" in zwei Ausgaben, eine Ausgabe für die Klasse 1, die 2. Ausgabe für die Klassen 2 und 3. Daneben gab es den „Floh", der für die anschließenden Jahrgänge gedacht ist. Die Zuordnung der Titel zu den Klassen variierte im Laufe der Zeit geringfügig. Gegenwärtig erscheinen insgesamt vier Ausgaben, die „Flohkiste" in einer Ausgabe für die 1. Klasse, in einer zweiten Ausgabe für die 2. Klasse. Der „Floh" wendet sich in einer Ausgabe an die Klassen 3 und 4, in einer weiteren Ausgabe an die Schüler ab der 5. Klasse.

In allen Ausgaben, am deutlichsten allerdings in der „Flohkiste" und im „Floh" (bis 4. Klasse) wurde die Zeitschrift zu einer bunten, poppig aufgemachten, mit Quiz-Spielen, Bastelbögen, Witzseiten und Fernsehhinweisen durchsetzten Kinderzeitschrift, die sich thematisch allerdings auch auf die altersspezifischen Aufgaben der Schule einstellt und diese Thematik seit dem Schuljahr 1990/91 durch „Schulbegleiter" für Eltern und durch „Didaktische Handreichungen" für die Lehrerschaft deutlich zu machen versucht. Der literarische und kunsterzieherische Anspruch, dem die „Jugendlust" sich mindestens seit der Zeit der Reformpädagogik immer auch verpflichtet sah, ist aufgegeben. Ein Abdruck „klassischer" Gedichte unterbleibt völlig. Eine regelmäßigere und breitere Erinnerung an die Dichter, Musiker und bildenden Künstler der europäischen Tradition findet in den Ausgaben für die 1. bis 4. Klasse nicht statt, während allerdings im „Floh" (Ausgabe ab der 5. Klasse) mit ziemlicher Regelmäßigkeit auf einer Doppelseite bedeutende Personen (Künstler, Wissenschaftler, Erfinder, Politiker usw.) aus der Geschichte vorgestellt werden (vgl. Jg. 1997).

Die früheren akzentuierten Bezüge zu Bayern, speziell auch die heimatkundlichen Themen fehlen wiederum völlig, ebenso der sich früher regelmäßig wiederholende intensive Rekurs auf die christlichen Hochfeste (Ostern, Weihnachten). Zwar gibt es weiterhin Weihnachts- und Osterausgaben, aber ohne jeden Bezug auf den christlichen Akzent dieser Feste und ohne die in der „Jugendlust" sonst übliche emotionale Ansprache. Auch die traditionelle alljährliche Erinnerung an den „Muttertag" unterbleibt gänzlich, desgleichen fehlt das in der „Jugendlust" sonst häufige „herzige" Kinderbild, es sei denn, es taucht – als Fotografie und wirklich als Ausnahme – in belehrender Funktion im „Floh" auf (Warum Säuglinge so goldig sind. Floh 24.3.1997, 46).

Aber eben dies war wohl eine notwendige Umstellung. Es liegt auf der Hand, „Kindheit" hat sich verändert.

Wie aber „Kindheit" sich nach 1977 alltäglich abspielt, lässt sich den Abbildungen der Nachfolgezeitschriften nur schwer entnehmen. Es bleibt eine Kindheit, in der gelernt wird, in der es Schule gibt. Die Zeitschrift bietet dazu unterhaltsam aufgemachtes reiches Material in Bild und Text. Es gibt auch Abbildungen, die „Kindheit" erkennen lassen, so im ersten Heft des Jahres 1979. Hier nimmt die „Jugendlust" auf das Jahr des Kindes 1979 Bezug und berichtet in Text und Bild über die vielfach bedrückende Situation von Kindern in Entwicklungsländern (s. u. Abb. 10: Jugendlust 1979, Nr. 1, 3: Zum Jahr des Kindes 1979). Dieses „Jahr des Kindes" ist dann im Dezemberheft noch einmal angesprochen worden, allerdings in sehr kritischer Form: „Außer Reden nichts gewesen" (Jugendlust 1979, Nr. 12, 5). Aber ansonsten dominiert eindeutig das Kinderbild des „Floh", des poppig gemalten lustigen und widerspenstigen Pumuckl, der Kinder aus der Serie Familie Feuerstein oder des ebenso poppig verfremdeten Jungen oder Mädchen (vgl. Flohkiste, Ausgabe 2, 21.9.1987, 7: Dreckspatz und Pumuckl).

Die Schriftleiter der Jahre 1876 – 1977 würden die „Jugendlust" in „Floh" und „Flohkiste" nicht mehr wiedererkennen. Vermutlich würden sie das Konzept auch kritisieren. Aber es steht außer Frage, die „Jugendlust" war noch nie so erfolgreich wie in ihren Nachfolgezeitschriften. Man mag auch manchen Verlust bedauern. Aber man muss ebenso zugestehen: Die heutige Kindheit erscheint lockerer, weniger ängstlich und nicht verehrend und überbetont emotional auf enge Verhaltensmuster eingestimmt (vgl. Flohkiste, Ausgabe 1, für die 1. Klasse: 8.1.2001: Titelblatt) Gleichwohl wird man darauf achten müssen, dass Kindheit thematisch und emotional nicht verarmt.

Kinder auf dem Schulwege.

Abb. 1: „Kinder auf dem Schulwege", Jugendlust 1888, 22.

Jugendlust
Illustrierte Wochenschrift

mit jährlich sechs Kunstbeilagen · herausgegeben vom Hauptausschuß d' bayer · Lehrervereins, geleitet von Sebastian Düll › Nürnberg-St-Jobst ›

Jährlich 2.60 ℳ, im Buchhandel 2.80 ℳ, vierteljährlich 65 ₰, Einzelnummer 5 ₰, 12 Monatshefte à 20 ₰.
Zur Anschaffung für Schülerbibliotheken ministeriell genehmigt.

Nr. 1. u. 2.   **XXXI. Jahrgang.**   **5. Oktober 1905.**

Inhalt: Herbstsegen. — Das klagende Lied. — Schip, schip, schip! — Oktober. — Schönheit. — Vaterländische Volkssagen. Herbst. — Frische Kartoffeln. — Buntes. — An unsere Leser.

Herbstsegen.

Wohl ist der Herbst ein Ehrenmann;
Er bringt uns große Freude:
Nas', Aug' und Gaumen lockt er an
Und überspinnt talab, bergan
Das Feld mit bunter Seide.

Schon lange lüstert' uns der Gaum',
Aus seinem Korb zu naschen:
»Wann reift doch Apfel, Pfirsich, Pflaum?«
Oft sehn und hören wir im Traum,
Wie's niederraufcht, und haschen.

Schaut auf und jubelt hoch im Tanz,
Wie sich die Bäume färben:
Gelb, rot und blau im bunten Glanz!
Er kommt, er kommt im Asterkranz,
Der Herbst mit vollen Körben.

Der Baum dort mit gestütztem Ast,
Er will so gerne geben.
Den Apfelbrecher her in Hast,
Und nehmt behend ihm seine Last,
Im Winter hoch zu leben!

Was rauscht und klappert dort und kracht?
Da hagelt's welsche Nüsse!
Frisch abgehülst und aufgemacht!
Wie euch der Kern entgegenlacht,
Milchweiß und mandelsüße!

Komm, Winterwind, und stürme du
Das Laub der Bäume nieder!
Wir machen dir das Pförtchen zu
Und naschen Nuß und Obst in Ruh
Und singen frohe Lieder.   J. H. Voß.

Abb. 2: Titelvignette, Jugendlust Nr. 1 und 2, Oktober 1905.

75

Abb. 3: Kriegsspiel, Deckblatt der Sammelmappe des Jahrgangs 1915.

Was lacht der Winter vom Dach?

Schnee deckt nun Straße, Turm und Haus;
über Nacht sieht die Welt ganz anders aus.
Hu! hu! hu! lacht der Winter vom Dach.

Die Katze hüpft im Hof herum,
weiß nicht wohin und stellt sich so dumm.
Hi! hi! hi! lacht der Winter vom Dach.

Nun kommen die muntern Buben, juchhe!
Sie waten so tief in den weichen Schnee.
Ha! ha! ha! lacht der Winter vom Dach.

Macht einer einen Purzelbaum
und deckt ihn der Schneestaub, der weiße Flaum:
Ho! ho! ho! lacht der Winter vom Dach.

Frit Böllein.

Abb. 4: „Was lacht der Winter vom Dach?", Jugendlust 1918/19, 74.

Abb. 5: Margret Ertl-Wolfinger: Mutter und Kind, Jugendlust Nr. 15, 1933.

Abb. 6: Die „Jugendlust" unter dem Titel „Frohe Jugend", Ausgabe 1. November 1949, 161.

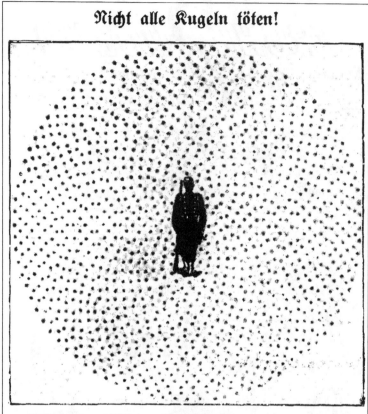

Nicht alle Kugeln töten!

Soviel Kugeln — (zählt sie!) — wurden im Feldzug 1870/71 verschossen, bis ein feindlicher Soldat getötet wurde. Ein französischer Generalstabsoffizier hat berechnet, daß im deutsch-französischen Kriege auf den Tod eines Soldaten eine Kriegskostensumme von 105000 Mark entfiel. Im russisch-japanischen Feldzug 1905 kostete die Tötung eines Soldaten 100750 Mark. Man nimmt an, daß dasselbe Verhältnis auch im gegenwärtigen Kriege zutreffen wird.

Abb. 7: „Nicht alle Kugeln töten", Jugendlust 1914/15, 311.

Jugendlust

Halbmonatsschrift mit Kunstbeilagen

Herausgeber: „Abteilung Wirtschaft und Recht im NSLB (Bayerischer Lehrerverein e. V.)".
Für Schülerbüchereien in Bayern ministeriell empfohlen.

Nr. 13	Nürnberg 1. April 1936	61. Jahrgang

Abb. 8: Margret Wolfinger: Am ersten Schultag, Jugendlust 1935/ 36, 194.

Abb. 9: Titelblatt der „Jugendlust" Oktober 1977.

Aber, aber, meine Herren!

Wir hatten es zwar nicht für möglich gehalten, aber die Frage an 2440 Schülerinnen und Schüler hat eindeutig ergeben: Buben haben beim Helfen zwei linke Hände!

Die Zeitschrift »Eltern« hat gefragt: »Wer muß bei der Hausarbeit mehr helfen – Jungen oder Mädchen?«
Der zehnjährige Dieter meinte dazu: »...ich mache keine Arbeit, die für Mädchen ist. Ich mache das, wo man viel Kraft braucht und denken muß.«
Der zwölfjährige Hartmut sagte: »Kochen, Spülen, Putzen würde ich nie machen.«

Kein Wunder, wenn sich die neunjährige Gabi ärgert: »Wenn mein Bruder in der Küche was tun soll, macht er Blödsinn. Er spritzt mit Wasser und setzt die Teller in den falschen Schrank, dann wird es Mutter leid, und er kann gehen. Das ist sein Trick.«
Die zwölfjährige Nina stellt fest: »Meine Mutter hat eine Ansicht von vorgestern. Sie meint, Jungen wären für manche Arbeiten ungeeignet und

würden dadurch verblöden, sie müßten sich auf ihren Beruf vorbereiten. Da ich als Mädchen später auch einen Beruf haben will, sehe ich nicht ein, warum ich immer die blöden Arbeiten wie Fensterputzen, Abwaschen, Staubsaugen tun soll.«
Der zehnjährige Peter faßt die Meinung der Buben zusammen: »Für Dreckarbeiten eignen sich Mädchen besser.«

Aber, aber, meine Herren! Wo bleibt denn da die Gleichberechtigung!

Der Bub auf dem Bild da ist vielleicht genauso alt wie du, oder sogar noch jünger. Er spielt nicht Soldat mit Vaters Gewehr – er ist einer. Bevor es Krieg gab in seinem Land, ging er genauso zur Schule wie du. Aber die Schule steht nicht mehr. Bomben haben sie zerschlagen.
Du selbst weißt nicht, was Krieg ist. Du kennst nur das Wort. Deine Eltern werden sagen »Gott sei Dank«. Aber als sie selbst noch Kinder waren, da war gerade ein großer leidvoller Krieg zu Ende gegangen, der nicht nur irgendwo auf der Welt stattfand, sondern die ganze Welt in Angst, Schrecken und Kummer stürzte. Deine Großeltern und deine Eltern gehörten mit zu den Leidtragenden. Vielleicht hast du schon einmal im Fernsehen etwas vom 2. Weltkrieg gesehen. Du wirst dich beim Durchblättern des Heftes nun fragen, was dieses nachdenkliche Thema mit der Geschichte und den lustigen Bildern auf den nächsten Seiten zu tun hat. Doch – einiges! Erich Kästner hat sich diese Geschichte ausgedacht. Gleich nach dem Ende des großen Krieges bei uns. Es sollte ab jetzt nämlich nur mehr Friede sein. Und wenn es schon die Menschen nicht schaffen konnten, untereinander Frieden zu halten, dann sollten die Tiere es ihnen beibringen. Nur der Kinder wegen, wie der Löwe Alois und der Eisbär Paul erklärten. Denn die Kinder sind die schwächsten Menschen.

Nicht überall auf der Welt gibt es Krieg. Gott sei Dank. Viele, viele Länder der Erde leben in bitterer Armut. Aber auch in diesen Ländern gibt es Kinder! Kinder, denen niemand Lesen und Schreiben zeigt, die kein Arzt betreut, wenn sie krank sind.

Um auf die Situation der Kinder in aller Welt aufmerksam zu machen, haben die Vereinten Nationen – also 150 Länder dieser Erde – das neue Jahr 1979 zum »Jahr des Kindes« erklärt. Unser Thema des Monats ist also für die Staaten der Erde »Thema des Jahres«!

Abb. 10: Zum Jahr des Kindes, Jugendlust 1979, 3.

Anmerkungen

[1] Bayerische Lehrerzeitung (BLZ) 1876, 9.
[2] a. a. O.
[3] a. a. O.
[4] Johann Breuning (Redakteur von 1876 – 1888); Franz Dittmar, (kommissarischer Redakteur: Januar 1888); Sebastian Düll (Redakteur von Ende Januar 1888 – 31.12.1915); Hans Wildensinn (Redakteur von 1.1.1916 – 31.12.1927); Georg Ostertag (Redakteur vom 1.1.1928 – 16.7.1941); Franz Bauer (Schriftleiter vom 1.1.1949 – 8.12.1969); Rolf Hobelsberger (Schriftleiter seit 1969, zunächst nur der Oberstufenausgabe, ab 1970 alleiniger Schriftleiter, ab 1975 Schriftleiter in Kooperation mit weiteren Redakteuren).
[5] Hermann Bek-Gran ist am 20.9.1869 in Mainz geboren, studierte an der Kunstgewerbeschule Nürnberg und an der Kunstakademie in München. Er gilt als hervorragender „Gebrauchsgrafiker" und hat eine Fülle an Vignetten, Exlibri usw. geschaffen. Er ist am 9.7.1909 in Nürnberg gestorben.

Literatur

Brockhaus Enzyklopädie (1986ff.). 24 Bände. Mannheim

Liedtke, Max (2001): Jugendlust – Die Geschichte einer Zeitschrift 1876 – 2001. Mit einem Nachwort von Ludwig Eckinger. München.

II. Phylogenetische und ethnologische Aspekte der Kindheit

Margret Schleidt

Kindheit aus humanethologischer Sicht

1 Stammesgeschichte und Kindheit

Die Humanethologie, die Verhaltensbiologie des Menschen, geht von der Arbeitshypothese aus, dass menschliches Verhalten nur unter gedanklicher Einbeziehung seiner Phylogenese richtig verstanden werden kann; Einflüsse also auch auf die heutige Kindheit aus Zeiten als die Pharaonen noch lange nicht in Sicht waren. Der Mensch ist zwar „von Natur aus ein Kulturwesen" (Gehlen 1940), aber er ist auch von Natur aus ein Naturwesen, d. h. nicht nur in seiner Anatomie und Physiologie sondern auch in seinem Verhalten ist er von der Biologie beeinflusst. Solange man Natur und Kultur als unvereinbare Gegensätze ansieht, ist man zu der Polarität des Entweder-Oder gezwungen, entweder die Gene oder das Lernen. Die Humanethologie hat in ihrem Denken und in ihren Forschungsansätzen diese Polarität überwunden. Wir Menschen sind unseren angeborenen Anlagen nicht ausgeliefert, auch wenn sie unseren Neigungen eine deutliche Richtung vorgeben. Wir tragen andererseits unsere angeborenen Vorlieben und Bedürfnisse als Basis in unsere Kulturwelt hinein, die dadurch mitbestimmt und gestaltet wird.

Im Zuwendungs- und Betreuungsverhalten gegenüber Säuglingen und Kleinkindern dürfen wir besonders viele stammesgeschichtliche Anpassungen erwarten, da – evolutionsbiologisch gedacht – ein Überleben von menschlichen Nachkommen über Millionen von Jahren nur dann gesichert erschien, wenn kein „Ausprobieren" notwendig, sondern im Gegenteil schädlich war. Die Eltern mussten sich auf ein angeborenes Vorwissen verlassen können, das jeweils vervollständigt wurde durch traditionales Wissen in jeder Ethnie. Auch heute finden wir diesen Grundstock von angeborenem Vorwissen noch, denn wir leben ja erst seit verhältnismäßig kurzer Zeit in technischen Zivilisationen. Trotz dieser Steuerung durch stammesgeschichtlich alte Programme ist wie gesagt die Übernahme kultureller Traditionen ebenso wie individuelles Lernen in der Eltern-Kind-Beziehung äußerst wichtig. Die Bedingung aber war und ist, dass solches Lernen nicht im Gegensatz zu den stammesgeschichtlichen Vorgaben steht, sondern mit ihnen im Einklang ist. Anderenfalls erwächst daraus Schaden für die Kinder.

Eltern profitieren von ihrem „intuitive parenting", also von ihrem stammesgeschichtlich überkommenen Wissen im Umgang mit ihren Kindern. Das bestätigt sich, wenn man Eltern-Kind-Verhalten kulturenvergleichend untersucht und dabei immer wieder auf grundsätzlich gleiche Muster im Verhalten stößt (Papousek/ Papousek 1987; Schiefenhövel 1989; Eibl-Eibesfeldt 1989). Eine wichtige Frage ist, wie jede Kultur diese Grundmuster variiert und an ihre speziellen ökologischen, ökonomischen und sozio-kulturellen Bedingungen anpasst. Auch der Tier-Mensch Vergleich ist erhellend, besonders wenn man unsere nächsten Verwandten die nichtmenschlichen Primaten, speziell die Menschenaffen, beobachtet (Goodall 1986; de Waal 1996; de Waal/ Lanting 1998).

Früher dachte man, dass in der Interaktion mit dem kleinen Säugling ausschließlich die Eltern, besonders die Mutter, die aktive Rolle spielt. Heute weiß man, dass auch das Baby Kontakt sucht und die Mutter dadurch stimuliert. Der Mensch ist von Beginn seines Lebens an kommunikations- und bindungsfähig. So ist das Neugeborene gleich nach der Geburt besonders wach, orientiert sein Gesichtchen zum Gesicht der Mutter hin, und es ist auch motiviert zum Saugen. Mutter und Kind bilden von Anfang an eine Interaktions-Gemeinschaft, in der beide zur Kommunikation beitragen. Sie verhalten sich spiegelbildlich zueinander und bilden in ihren Wünschen und ihrem Verhalten eine Einheit.

Bis jetzt war immer nur von der Mutter als dem Gegenüber des Kindes die Rede. Sie ist selbstverständlich die wichtigste Person, da die Muttermilch natürliche Voraussetzung dafür ist, dass der Säugling ernährt werden und damit (über)leben kann. Das ist auch heute noch überall dort so, wo man keine künstliche Säuglingsernährung kennt oder sie nicht zu haben ist. Es zeigt sich aber, dass auch andere Personen (beispielsweise Ammen, Pflegemütter), die einen Säugling betreuen, gleich gut „begabt" für diese Aufgabe sind wie die leibliche Mutter, d.h. auch sie haben alle angeborenen Interaktionsprogramme zur Verfügung. Das gilt auch für Männer, besonders die Väter. Grundsätzlich ist also die leibliche Mutter durch eine andere Person ersetzbar, wenn auch zu vermuten ist, dass die biologischen Vorgänge während der Schwangerschaft und bei der Geburt Auswirkungen auf die Entwicklung von „Mütterlichkeit" haben. Wenn nachfolgend meistens von der „Mutter"-Kind-Beziehung die Rede ist, dann deshalb, weil sie der Regelfall ist, an dem die Prinzipien erläutert werden können. Die Rolle des Vaters ergänzt die Rolle der Mutter und er hat eine ganz eigene Bedeutung für das Kind. Selbstverständlich gibt es in Bezug auf die Neigung und das Geschick mit kleinen Kindern umzugehen, individuelle Unterschiede. Sie entstehen durch die verschiedenen Lebenserfahrungen und Lebenssituationen.

Da die ersten Lebensjahre eines Kindes sehr wichtig und prägend für das ganze Leben sind (Schleidt 1994), werden sie in diesem Text relativ ausführlicher behandelt als die späteren Jahre der Kindheit. Es kann auch nur ansatzweise auf die vielfältigen Schwierigkeiten eingegangen werden, die zwischen Eltern und Kind in jeder Phase der Entwicklung auftreten können, und die neben äußeren Umständen auf der psychischen Befindlichkeit und der Persönlichkeit der Eltern oder auch des Kindes beruhen mögen. Ausgehend vom Normalfall werden die adaptiven Verhaltensprädispositionen und die daraus sich entwickelnden Beziehungen zwischen „kompetenten Eltern" und „kompetenten Säuglingen" (Keller 1989) geschildert.

2 Persönliche Bindung zwischen Mutter und Kind

Eine persönliche Bindung zwischen Mutter und Kind, die mit Gefühlen der Liebe und Zuneigung einhergeht, ist weltweit in allen Kulturen zu finden. Die Bindung an eine bestimmte Person kann für das Kind zur Trennungsangst führen. Ihr Kennzeichen ist der Protest des Säuglings und Kleinkindes bei einer Trennung von der Mutter, der sich in lautem Weinen äußert. Selbst bei Kindern in traditionalen Kulturen, die gewöhnlich vielfältige Beziehungen zu Personen der Familie und Gruppe haben, ist dieser Trennungsprotest erkennbar (Freeman 1983). Das widerspricht der Annahme einiger Ethnologen, dass die Kinder bei Naturvölkern keine sehr enge Mutter-Kind-Bindung entwickelten, da sie im Kollektiv aufgezogen würden und zu allen Personen eine gleich starke Beziehung hätten.

Im Tierreich gibt es die persönliche Bindung zwischen Mutter und Jungtier auch bei Arten, die dem Menschen fern stehen wie z. B. Enten und Gänsen oder Huftieren; auch hier protestiert das Jungtier bei einer Trennung. Bei unseren nächsten tierischen Verwandten, den Affen und Menschenaffen, findet sich durchgehend eine persönliche und enge Beziehung zwischen der Mutter und ihrem Kind. Die persönliche Mutter-Kind-Bindung scheint also eine stammesgeschichtliche Anpassung zu sein, die das Überleben des Kindes sichert. Die Mutter-Kind-Bindung stellt nicht nur die Ernährung des Säuglings sicher und bietet ihm Wärme und Schutz, sondern ermöglicht vor allem auch soziales Lernen. Auf Seiten des Kindes baut sie sich nach der Geburt langsam auf, besonders intensiv vom dritten Monat an und ist mit ungefähr sieben Monaten fest etabliert.

Wie sehr ein Kind auf eine Bindung an eine ihm dauerhaft zur Verfügung stehende Person angewiesen ist, hat René Spitz (1950) bei Kindern in Waisenhäusern beobachtet und als erster beschrieben. Er stellte fest, dass Kinder, deren Pflegerinnen ständig wechselten, mit der Zeit ganz unansprechbar und tief depressiv wurden, manche von ihnen starben sogar. Diese Beobachtungen am sogenannten Syndrom des „Hospitalismus" belegten als erste eindeutig die fundamentale Wichtigkeit einer verlässlichen und stetigen Bindung des Kindes an eine Bezugsperson. Diese Befunde hatten unter anderem zur Folge, dass man sich in Waisenhäusern fortan darum bemühte, die Pflegerinnen so selten wie möglich auszuwechseln.

Zum Aufbau der Bindung trägt bei, dass das Neugeborene und seine Mutter in der ersten Zeit ganz aufeinander bezogen sind. In vielen Stammeskulturen ist es üblich, dass sich die Mutter nach der Geburt mit ihrem Kind eine zeitlang von der Gruppe isoliert. Schiefenhövel (1988) meint, dass dadurch das gegenseitige Kennenlernen und der Bindungsprozess wahrscheinlich besonders gefördert werden. Auch bei uns entspricht das „Wochenbett" wohl dem seelischen Bedürfnis von Mutter und Kind. Die körperliche und oft auch räumliche Trennung des Neugeborenen von seiner Mutter in der Klinik erschwert sicherlich den Prozess der Bindung. Hier hat sich in den letzten Jahren glücklicherweise viel gebessert. Die Idee des „rooming-in" hat sich durchgesetzt, nicht zu vergessen die Rückbesinnung auf die Hausgeburt.

Im Folgenden werden einige typische Kommunikationsmuster besprochen, die das Zusammenspiel zwischen Mutter und Kind regeln und die Bindung zwischen ihnen aufbauen und festigen.

2.1 Stillen

Die Verhaltensweisen des Stillens (von Seiten der Mutter) und des Saugens (von Seiten des Kindes) sind einander entsprechende, sehr basale Interaktionsformen zwischen beiden Partnern. Ein hungriger Säugling sucht die Brust der Mutter indem er seitlich pendelnde Kopfbewegungen macht. Wenn seine Wange irgend etwas berührt, dann dreht er seinen Mund in diese Richtung, versucht das „Etwas" in den Mund zu nehmen und beginnt zu saugen, z.B. auch an dem Finger, den man ihm hinhält. Mit diesem angeborenen Bewegungsmuster, das in der Evolution herausgebildet wurde, findet der Säugling normalerweise Brust und Brustwarze. Die Mutter ihrerseits reagiert auf das hungrige Baby indem sie ihm „die Brust gibt", d.h. seinen Bemühungen entgegen- und zuvorkommt.

Bei Säugetieren scheidet die Brustdrüse des Muttertieres einen bestimmten Geruchsstoff (Pheromon) aus, auf den das Jungtier angeborenermaßen reagiert. Untersuchungen machen es wahrscheinlich, dass auch die menschliche Mutter ein Brustpheromon hat, auf das ein Baby ohne es lernen zu müssen reagiert. Bereits Neugeborene „wissen" offenbar vor aller Erfahrung wie eine Milch spendende Mutterbrust riecht. Darüber hinaus lernen sie sehr schnell, wie die Brust ihrer eigenen Mutter riecht. Schon knapp eine Woche nach der Geburt können sie die Brust ihrer eigenen Mutter geruchlich von der einer fremden stillenden Frau unterscheiden. Übrigens können Babies auch schon mit einer Woche andere typische Gerüche ihrer Mutter erkennen, so z.B. den Geruch ihrer Achsel oder den Geruch ihres Parfums (Schleidt/ Genzel 1990).

Neben der Ernährung hat das Stillen eine weitere sehr wichtige Funktion, nämlich die der Beruhigung. Die deutsche Sprache drückt das sehr deutlich aus: das Kind wird „gestillt". Stillen nach Bedarf bedeutet, dass auch dieser Beruhigungsfunktion Rechnung getragen wird, denn der „Bedarf" des Kindes ist oft nicht allein der Hunger, sondern auch die Bewältigung von Angstgefühlen. Das gilt insbesondere für ältere Säuglinge und Krabbelkinder. Kinder aus traditionalen Kulturen flüchten bei Beunruhigung regelmäßig an die Brust der Mutter. Aber auch ohne die leibliche Nähe der Mutter wirkt Saugen allein schon beruhigend. Das zeigt das in unserer Gesellschaft verbreitete Lutschen am Daumen oder an einem Gegenstand, in der Regel dem speziell dafür hergestellten Schnuller. Bei Naturvölkern, wo die Kinder beliebig oft an der mütterlichen Brust saugen können, gibt es kaum Daumenlutschen. Der Tiervergleich macht die alte stammesgeschichtliche Anpassung deutlich: Junge Äffchen nehmen, wenn sie Angst haben, die mütterliche Zitze in den Mund und saugen, wobei sie nicht immer auch zugleich Milch trinken. Im Labor ohne Mutter aufgezogene junge Affen lutschen am Daumen!

Das Abstillen findet in nicht-industrialisierten Gesellschaften meist im Alter von zwei bis drei Jahren statt. Die Kinder sind zu diesem Zeitpunkt schon unabhängig von der Muttermilch als Nahrung. Das Trinken an der Brust ist ihnen nur noch „eine liebe Gewohnheit" und wie gesagt mit Angstreduktion verbunden. In der Regel protestiert das Kind, wenn die Mutter ihm eines Tages die Brust ganz entzieht. Sowohl bei Menschen wie bei nichtmenschlichen Primaten müssen die Mütter sich häufig gegen ihr widerstrebendes Kind durchsetzen. Oft sind sie dann bereits erneut schwanger und brauchen ihre Kraft für das neue Leben. Interessenkonflikte wie dieser zwischen Mutter und Kind beim Abstillen sind untrennbar mit einzelnen Entwicklungsphasen des Kindes und Jugendlichen verbunden. Ihre Bewältigung als Eintritt in die nächste Phase ist eine von der Entwicklung vorprogrammierte Aufgabe.

2.2 Körperkontakt

Die Zoologen teilen ganz allgemein Jungtiere in Nestflüchter und Nesthocker ein: in der ersten Gruppe, in die z.B. die Huftiere gehören, sind die Jungen schon gleich nach der Geburt in der Lage, dem Muttertier nachzulaufen. In der zweiten Gruppe, zu ihr gehören manche Vogelarten, sind die Jungen nach der Geburt noch sehr unterentwickelt und werden zunächst in einem Nest von den Eltern versorgt, bis sie soweit sind, dass sie sich selbständig fortbewegen können.

Menschen und Affen passen in keine dieser zwei Gruppen und wurden deshalb von Hassenstein (1973) als „Traglinge" bezeichnet. Dieser Begriff bezieht sich auf die Tatsache, dass das noch unselbständige Kind/ Jungtier ständig von der Mutter getragen wird. Die meisten Affenbabies können sich schon von Geburt an aus eigener Kraft im Fell der Mutter festhalten Manche Menschenaffen dagegen sind zunächst dazu nicht fähig. Sie müssen wie menschliche Säuglinge von der Mutter getragen werden.

Diese phylogenetisch alte Verhaltensinteraktion – zu tragen und getragen zu werden – entspricht ursprünglichen Notwendigkeiten: ohne die Mutter wäre das Kind verloren gewesen. Eine phylogenetisch betrachtet noch junge Methode ist es dagegen, das Neugeborene in einem Bettchen abzulegen. Sie ist wenig an die Bedürfnisse eines Säuglings angepasst, der auch oft genug dagegen protestiert. Die Mutter hat aber auch das Bedürfnis, ihr Baby aufzunehmen und es an sich zu drücken. Heute tragen zunehmend mehr junge Mütter – und Väter – ihr Kind in einem Tragetuch dicht am Körper. Für das Baby ist dieser Körperkontakt beruhigend, es fühlt sich sicher, denn die Mutter ist ja fühlbar da. Eine ausgeglichene Stimmungslage geht beim wachen Säugling meist mit Körperkontakt einher, und ein weinendes oder ängstliches Kind kann man in der Regel dadurch beruhigen, dass man es auf den Arm oder auf den Schoß nimmt.

In allen Stammeskulturen wird der Säugling ständig am Körper der Mutter getragen. Säuglinge, aber auch Kleinkinder bekommen so in einem für uns unglaublich hohen Ausmaß Körperkontakt am Tag und in der Nacht (Schiefenhövel 1989). Das Bedürfnis, ein Säugling oder ein Kleinkind auf den Arm zunehmen, kann man auch bei anderen Personen als nur der Mutter beobachten. Familien- und Gruppenmitglieder wetteifern oft darum, wer das Baby halten darf. Das ist bei Naturvölkern und auch bei uns so.

Man kann sich vorstellen, und es ist durch Untersuchungen erhärtet, dass Kinder, die der ersten Zeit ihres Lebens viel Körperkontakt hatten, ihre Mutter wirklich als körperliche „Basis" erfahren haben – mit entsprechend positiven Auswirkungen auf ihre Grundbefindlichkeit und die Ausbildung ihres „Urvertrauens". Diesen Begriff verwendet Erikson (1950), um damit ein grundsätzliches Vertrauen in die Welt und das Leben zu bezeichnen, das der Mensch in seiner frühen Kindheit durch eine verlässliche Beziehung zu einer oder auch mehreren Hauptbezugspersonen erwirbt.

Die beruhigende Wirkung von Körperkontakt kann selbst noch bei Erwachsenen beobachtet werden. Bei starken Gefühlen wie Freude und Trauer neigen Menschen in allen Kulturen dazu, einander zu berühren und zu umarmen. Auch erwachsene Menschenaffen klammern sich aneinander, wenn sie Angst haben und können sich so gegenseitig beruhigen. Wie sich aus Versuchen mit depressiven Patienten ergab, ziehen liebevolle Berührungen sogar messbare physiologische Veränderungen nach sich: die Werte von Cortisol, Herzschlag oder Blutdruck gehen in positive Bereiche. Bei Affen wurde nachgewiesen, dass bei Körperkontakt die Beta-Endorphin Werte steigen, also Lustgefühle entstehen.

Als Fazit ergibt sich: Körperkontakt mit Bezugspersonen, vor allem der Mutter, ist eine Voraussetzung dafür, dass sich ein Mensch seelisch gesund entwickeln kann. Außerdem behält Berührung zwischen vertrauten Menschen während des ganzen Lebens ihre positive Qualität hat, indem sie Zuneigung und Sicherheit signalisiert.

2.3 Weinen

Weinen ist ein auch im Tierreich weit verbreitetes Signal, das in erster Linie ausgelöst wird, wenn Jungtiere von der Mutter getrennt worden sind. So stoßen Enten- oder Gänseküken, die ihre Mutter nicht mehr sehen oder hören, das von Lorenz (1935) untersuchte „Pfeifen des Verlassenseins" aus. Es veranlasst die Ente bzw. Gans, aktiv nach den Jungen zu suchen und sich ihnen zuzuwenden. Die jungen Entchen oder Gänschen weinen auch, wenn ihnen kalt ist. Das ist dann für die Mutter das Zeichen, ihr Gefieder zu spreizen, so dass die Jungen darunter kriechen können. Auch junge Affen geben besondere Laute von sich, die als „Weinen" interpretiert werden können, weil sie in Notsituationen auftreten und die Mutter mit verstärkter Zuwendung darauf reagiert. Das Weinen eines menschlichen Säuglings hat eine starke Signalwirkung und löst emotionale Zuwendung selbst bei Personen aus, die keine persönliche Beziehung zu dem Kind haben. Entsprechend stark reagieren die Bezugspersonen mit Zuwendung und Kontaktverhalten: sie nehmen das weinende Kind auf den Arm, drücken es an sich, schaukeln das Kind und sprechen beruhigend mit ihm oder stillen bzw. füttern es. Diese und ähnliche Aktivitäten werden so lange fortgesetzt und variiert, bis der Säugling zu weinen aufhört.

In unserer Gesellschaft sind die Mütter oft unsicher, wie sie auf ihren weinenden Säugling reagieren sollen. So nehmen sie ihn manchmal nicht sofort auf, weil sie fürchten, das Kind damit zu verwöhnen. In solchen Fällen wird oft die spontane Zuwendung durch rationales Handeln ersetzt, und die Mütter folgen Ratschlägen, denen falsche Verallgemeinerungen von Ergebnissen aus Lernversuchen zugrunde liegen. Nach den Regeln der Lerntheorie – und so wissen wir es aus dem Alltag – wird Verhalten durch Erfolg verstärkt: erreiche ich durch ein bestimmtes Verhalten einen subjektiv positiven Effekt, dann setze ich dieses Verhalten in einer ähnlichen Situation wieder ein. Diese Schlussfolgerung gilt allerdings nicht für das Weinen des jungen Säuglings: Es ist immer ein Notsignal! Ein Baby weint nicht häufiger, wenn es sofort getröstet wurde, es weint im Gegenteil am Ende des ersten Lebensjahres weniger (Bell/ Ainsworth 1972). Die Zeit, die Mütter verstreichen lassen, bevor sie sich ihrem weinenden Baby zuwenden, ist deutlich verschieden bei Naturvölkern und in Industrienationen. Bei Naturvölkern hört man sehr selten ein Baby weinen.

Das eben Gesagte gilt allerdings nicht für ältere Kinder, die nicht nur aus Schmerz, Angst oder anderen Nöten heraus weinen, sondern auch aus Trotz, um etwas ganz Bestimmtes durchzusetzen oder um gegen Erziehungsmaßnahmen zu protestieren. In solchen Fällen wäre es natürlich falsch, sofort einzulenken, nur um das unangenehme Weinen zu stoppen. Hier treten die erwähnten Lerneffekte ein, denn das Kind stellt (bewusst oder unbewusst) sehr schnell fest: „Aha, ich kann mit meinem Weinen meine Wünsche durchsetzen. Ich werde es also öfter tun".

2.4 Dialoge

Es gibt bestimmte Kommunikationsmuster zwischen Eltern und Kind, die einen Dialog bilden, weil sie von beiden Seiten ausgehen und jeder Partner dazu beiträgt. Im Zusammenspiel zwischen Mutter und Säugling ist zu Beginn die Mutter die aktivere Seite, indem sie sensibel auf die spontanen Verhaltensäußerungen ihres Kindes eingeht und ihre Antworten diesen zeitlich und formal anpasst, so dass es in der ersten Lebenszeit des Kindes zu einer Art „Pseudo"-Dialog kommt.

Beim Stillen z. B. richtet die Mutter ihr Verhalten nach den Saugschüben des Kindes. Ein Säugling trinkt ja nicht gleichmäßig über längere Zeit, sondern hält zwischendurch immer wieder inne. Die Mutter schweigt, wenn das Kind trinkt und redet und lächelt es an, wenn es eine kurze Pause macht. Wenn die Mutter mit ihrem Baby spricht, dann macht sie nach jeder ihrer Äußerungen eine Pause, die genauso lang ist, wie für eine Antwort gebraucht würde. Dadurch wird das Kind von Anfang an mit der zeitlichen Form eines sprachlichen Dialoges vertraut, noch ehe es sich selbst mit seinen Brabbellauten daran beteiligt. Solche und andere Verhaltensweisen der Mütter (und ebenso anderer Erwachsener) gegenüber einem Säugling werden nicht bewusst gesteuert, und man bezeichnet sie deshalb auch als „intuitives Elternverhalten" (Papousek/ Papousek 1987).

Dieses spontan richtige Verhalten kann bei manchen Eltern gehindert oder in seinem Ablauf gestört sein. Die Ursachen dafür sind in vielfältiger Weise mit der augenblicklichen Situation der Eltern und ihrer Persönlichkeit verknüpft. So kann in Krisen- oder Überlastungssituationen Fehlverhalten auftreten, oder – und das ist der häufigere Fall – die Eltern haben in ihrer eigenen Kindheit vieles von dem vermissen müssen, was einer gesunden Entwicklung dient, und sie haben diesen Mangel bisher nicht aufgearbeitet und verschmerzt. Es kann also z. B. zu Störungen im Dialog kommen, wenn manche Mütter oder Väter den zeitlichen Dialograhmen nicht einhalten. Sie neigen zu „pausenlosem" Verhalten ihrem Kind gegenüber. Der Säugling wird durch die Redeflut und die durchgängige Aktion überstimuliert. Um dieser Überreizung zu entgehen, wendet er sich ab. Eine andere Störung des Dialogs entsteht durch eine zeitlich zu sehr verzögerte Antwort. Bleibt die Reaktion länger als eine Sekunde aus, kann das Baby keinen Zusammenhang mehr zwischen Ursache und Wirkung entdecken. Deshalb reagieren Mütter normalerweise ganz prompt. Die vielfältigen Interaktionen zwischen Mutter und Kind (z. B. die kleinen Spiele, die beide miteinander machen) werden nicht nur zeitlich, sondern auch inhaltlich durch die Mutter gesteuert. Die Mutter spiegelt das Verhalten des Kindes und richtet ihr eigenes Tun nach seinen augenblicklichen Bedürfnissen und seiner emotionalen Lage. Auch hier können wieder Störungen vorkommen: Manche Mütter verhalten sich unangemessen, indem sie z. B. lachen, wenn ihr Kind quengelt oder sie gehen nicht auf die Stimmungen des Kindes ein, sondern ignorieren seine Äußerungen. Bei Kindern, die einem solch problematischen Verhalten von Bezugspersonen ausgesetzt waren, stellt man noch im Schulalter gegenüber einer Vergleichsgruppe Entwicklungsverzögerungen und Verhaltensabweichungen fest (Keller 1989).

Obwohl die Mutter in den ersten Lebensmonaten die Wegbereiterin in den Interaktionen ist, so ist doch auch der Säugling nicht nur zur Kommunikation bereit, sondern auch so „kompetent", dass er den Partner fesseln und an sich binden kann. Wichtig für viele Dialogformen zwischen Mutter und Kind ist, dass sie sich gegenseitig ins Gesicht schauen, denn von dort gehen die meisten sozialen Signale aus. Schon ein Neugeborenes ist zu solch einer Gesicht-zu-Gesicht Interaktion fähig, indem es sein Gesicht der Stimme und damit dem Gesicht der Mutter zuwendet, bevor ihm exaktes Sehen überhaupt möglich ist. Sogar blindgeborene Kinder führen diese Fixierbewegung aus. Mütter interpretieren eine solche Kopfzuwendung als einen Kommunikationsversuch ihres Säuglings und antworten entsprechend mit Streicheln, Lächeln, Küssen usw. Wie unbewusst und auf einer biologischen Vorgabe beruhend solche elterlichen Verhaltensformen sind, wird z.B. dann deutlich, wenn Mütter aktiv versuchen, Blickkontakt mit ihrem Baby herzustellen, indem sie z.B. „schau mich doch an", „guck der Mama in die Augen" und Ähnliches sagen, obwohl sie auf Nachfrage die Meinung äußern, dass Säuglinge in diesem Alter noch gar nicht richtig sehen können (Grossmann 1978). Auch in vielen anderen Zusammenhängen kann man solche Diskrepanzen zwischen den Ansichten von Eltern und ihrem Verhalten gegenüber ihren Kindern feststellen. Damit zeigt sich, wie wenig rational Eltern-Kind Verhalten gesteuert wird.

In den Dialogen nehmen Augenkontakt, Vokalisation und Lächeln eine bevorzugte Stelle ein. Dabei beeinflussen sich diese Signale wechselseitig und sind in einem feinen Zusammenspiel miteinander verbunden. In verschiedenen Kulturen konnte in z.B. gleicher Weise gezeigt werden (Keller et al. 1988), dass Babies bei Augenkontakt Laute äußern, die Ausdruck einer guten Stimmung sind, hingegen wenn der Augenkontakt fehlt, mehr zu Lauten neigen, die einer negativen Stimmung entsprechen. Babies äußern keine Laute, wenn die Eltern zu ihnen sprechen, produzieren aber viele Laute, wenn die Eltern schweigen. Im Alter von ungefähr zwei Monaten kann der Säugling sein Lächeln als soziale Antwort einsetzen, aber auch schon vor diesem Zeitpunkt lächelt er spontan (sogar wenn er taub-blind geboren ist), und die Eltern nehmen auch dieses Lächeln als Ausdruck einer positiven und gewollten Kommunikation wahr. So sagte etwa eine Mutter eines drei Tage alten Babies: „Wie niedlich es mich jetzt anlächelt."

Mit zunehmendem Alter des Kindes werden die spielerischen Interaktionen wirkliche Dialoge. Die Spiele der beiden entsprechen jeweils der Altersstufe des Kindes, wobei die Mutter das Kind zu Spiel und Dialog ermutigt und es herausfordert, sich komplizierteren Interaktionsmustern zuzuwenden. Spürt sie aber, dass das Baby damit überfordert ist (es wendet sich z.B. ab) dann geht sie mit ihren Spielaufforderungen wieder auf eine einfachere Stufe zurück Um es noch einmal zu betonen: All das geschieht normalerweise unbewusst, ohne dass die Mutter darüber nachdenken müsste.

Von einigen Spielen zwischen Mutter und Kind weiß man, dass sie überall auf der Welt gespielt werden. Diese Spiele thematisieren tief verwurzelte menschliche Bedürfnisse. Eines davon soll exemplarisch vorgestellt werden: Weltweit verbreitet sind Versteckspiele, die „Kuckuck-Dada"-Spiele. Wenn das Gesicht der Mutter hinter einem Gegenstand verschwindet und plötzlich wieder auftaucht, dann ist dieser Augenblick von höchster Lust für das Kind, hat es doch vorher, wenn auch spielerisch den Abbruch des Kontaktes erlebt. Ein Thema in Spielen dieser Art sind Realität und Schein: Das Kind erlebt wie das sein könnte, wenn die Mutter wirklich nicht mehr da ist, zugleich aber weiß es aus der Spielerfahrung, dass sie gleich wieder auftauchen wird. Abschiedsschmerz und Wiederkehr, diese beiden urmenschlichen Themen werden zwischen Mutter und Kind in diesem Spiel geübt und bewältigt.

Es ist offensichtlich, dass das dialogische Spielen neben seinen Auswirkungen auf die persönliche Bindung auch dem Erwerb sozialer Kompetenzen im Umgang mit Mitmenschen dient. Außerdem kann der Inhalt der Dialoge auf spezielle soziale Fähigkeiten abzielen.

3 Wirkung der Mutter-Bindung auf das Kind

Die enge Bindung an eine Hauptbezugsperson – in der Regel die Mutter – gibt dem Kind Schutz: den physischen, der in früherer Zeit wichtiger war als heute und den psychischen, der heute so wichtig ist wie früher. Wie tief verankert in uns diese Bedeutung der Mutter als Zufluchtstätte ist, soll an einem paradoxen Beispiel klargemacht werden.

Man kann Jungtiere auf eine Mutter-Attrappe, also auf eine künstliche Mutter prägen, der sie in ähnlicher Weise wie einer natürlichen Mutter anhängen, ihr nachlaufen, sich an sie klammern usw. Das wurde bei Vögeln, Hunden, Affen untersucht. Rajecki et al. (1978) ließen von einer solchen künstlichen Mutter schmerzhafte Strafreize ausgehen, was erstaunlicherweise die Bereitschaft der Jungtiere zu dieser „bösen" Mutter zu flüchten, nicht verringerte, sondern sie im Gegenteil noch erhöhte. Es schien so, als ob die Jungen gegen alle Erfahrungen überzeugt seien, dass ihre eigene Mutter diesen Schmerz nicht hervorrufen könne, sondern sie im Gegenteil davor beschützen werde. Gleiches scheint für Menschenkinder zu gelten. Beobachtungen zeigen immer wieder, dass von der Mutter misshandelte Kinder trotzdem eine Bindung zu ihr aufbauen, die oft besonders eng ist.

Wie ist das zu erklären? Angst und Schmerz verstärken ganz allgemein das Bindungsverhalten. Deshalb suchen Tier- und Menschenkinder besonders in einer solchen Situation Zuflucht bei ihrem Schutz und Sicherheit versprechenden „Bindungsobjekt", in der Regel also bei ihrer Mutter. Dass die Gefahr von dort ausgeht, ist offenbar so unwahrscheinlich, dass sich dafür im Laufe der Evolution keine besonderen Erkennungsmechanismen herausgebildet haben. Eine ihr Kind misshandelnde und vernachlässigende Mutter war wohl immer die Ausnahme. Auch die Tatsache, dass bei Tieren und Menschen manchmal Infantizid (Kindstötung) vorkommt, spricht nicht gegen diese Aussage, denn Infantizid erfolgt fast immer gleich nach der Geburt, noch bevor sich eine Bindung ausgebildet hat. Außerdem kümmert sich z.B. in Papua Neuguinea eine Mutter nach einem Infantizid in normaler „sorgender" Art und Weise um ihre anderen Kinder (Schiefenhövel 1988). Es ist davon auszugehen, dass Mütter, die ihre Kinder vernachlässigen und misshandeln, im Verlauf der Stammesgeschichte ihr Genmaterial nicht erfolgreich weitergeben konnten, weil ihre Kinder/ Jungtiere an mangelnder mütterlicher Fürsorge starben. Der Normalfall ist also eine fürsorgliche Mutter und so konnte sich für Jungtiere und Kinder die klare Devise herausbilden: „Bei Schmerz und Angst suche engen Kontakt mit deiner Mutter!"

Noch einen weiteren wichtigen Aspekt der Mutter-Kind-Bindung will ich erwähnen. Nur eine feste und verlässliche Bindung ermöglicht es einem Säugling und Kleinkind, neugierig zu sein, zu spielen und zu lernen. Anderenfalls überwiegt die Angst so sehr, dass die Lust auf neue Erfahrungen minimal wird. Die Nähe und Verfügbarkeit der Bezugsperson/en während der ersten Lebenszeit bilden den Grundstock des Urvertrauens, dessen Vorhandensein oder Fehlen sich auf das gesamte Leben auswirkt. Um als Kind, aber auch später als Erwachsener unabhängig und neugierig die Welt erobern zu können, braucht man in der frühen Kindheit die Erfahrung, sich in eine Geborgenheit zurückziehen zu können, wenn die „Welt draußen" zu gefährlich wird.

Gleiches Verhalten können wir bei unseren nahen Affenverwandten sehen. Die Geborgenheit in der persönlichen Bindung ist also auch eine Voraussetzung für Explorieren und Lernen. Es hängt vom Alter ab, ob das Bindungsobjekt körperlich vorhanden sein muss oder ob die Bindung bereits verinner-licht wurde.

In industrialisierten Kulturen, wo die Mütter ihre Kinder nicht ständig tragen und überhaupt weniger Körperkontakt zum Kind besteht, finden wir oft „Mutter-Ersatz"-Objekte. Das sind Kuscheltiere, weiche Lappen oder Schmuse-Objekte, an die die Kinder sich gewöhnt haben, die sie sehr lieben und die sie oft mit sich herumtragen. Ganz besonders verlangen die Kinder nach ihnen, wenn sie (z.B. abends im Bettchen) allein sind oder wenn sie Angst haben. Man kann sagen, dass die Kinder eine Bindung an diese Objekte aufgebaut haben, die ihnen hilft, eine zeitweilige Trennung von der Mutter zu überwinden. In traditionalen Kulturen gibt es keine derartigen Mutter-Ersatz-Objekte, die Kinder dort bedürfen ihrer offenbar nicht. Der Gebrauch von Sicherheitsobjekten zeigt aber auch, wie anpassungsfähig Kleinkinder sind!

3.1 Das Fremdeln

Ungefähr im Alter von acht Monaten, oft auch schon früher, entwickeln Kinder Angst vor fremden Menschen, ohne dass sie negative Erfahrungen mit Unbekannten gemacht haben müssen. Diese „Achtmonatsangst" (Spitz 1965) tritt bei den einzelnen Kindern in unterschiedlicher Stärke auf und ist keine Besonderheit unserer Kultur, sondern überall zu finden. Sie ist dadurch gekennzeichnet, dass sich das Kind furchtsam abwendet und bei einer vertrauten Person Schutz sucht, sich dann aber in diesem Schutz neugierig dem Fremden zuwendet.

Wie kann man das Fremdeln erklären? In diesem Alter entwickeln Kinder ein stärkeres soziales Interesse. Diese starke soziale Neugier kommt, wie Bischof (1985) annimmt, mit dem Bestreben nach Sicherheit in vertrauten Beziehungen in Konflikt. Von diesen beiden Antrieben, dem Sicherheitsbedürfnis und der sozialen Neugier, überwiegt je nach Situation einmal der eine und einmal der andere. So kann sich z.B. das Kind, wenn sein Sicherheitsbedürfnis auf dem Arm der Mutter befriedigt ist, interessiert der fremden Person zuwenden. Wenn aber nun der fremde Mensch seinerseits sich dem Kind nähert und vielleicht sogar versucht, es anzufassen, dann wird das Neugierverhalten durch aufkommende Angst zurückgedrängt und das Sicherheitsstreben ist vorrangig, das Kind wendet sich ab. Mit zunehmendem Alter verschieben sich die Schwerpunkte in diesem System, das Kind ist sicherer geworden und die Neugier wird immer wichtiger.

Scheu vor Fremden ist eine menschliche Eigenschaft, die während des ganzen Lebens mehr oder weniger erhalten bleibt. Auch Erwachsene erleben in ähnlicher Weise wie das Kleinkind im Fremdelalter Gefühle von Scheu und Angst gemischt mit Neugier und der Tendenz zur freundlichen Zuwendung. Auch hier überwiegt je nach Stimmungslage, Persönlichkeit und individuellen Erfahrungen das eine oder das andere.

Um es noch einmal zu betonen: Im Fremdelalter, in der Phase der „Achtmonatsangst", tritt erkundende Neugier gegenüber sozialen Objekten als starke Motivation auf und gefährdet damit das bis dahin in solchen Situationen stabile psychische Gleichgewicht. Das Kind ist in diesem Alter ja auch an der Schwelle der selbständigen Fortbewegung. Es muss nun aus dem engen sicheren Rahmen heraus, seine Entwicklung geht weiter und macht im Alter von sieben bis neun Monaten stürmische Veränderungen durch (Sameroff/ Cavanagh 1979). Wie immer gibt es an solchen Schnittstellen der Entwicklung auch erhebliche Unsicherheiten.

4   Bindung an weitere Personen

Genauso wenig wie die Jungtiere nichtmenschlicher Primaten sind Menschenkinder ausschließlich auf eine duale Mutter-Kind-Beziehung angelegt, sondern auf vielfältige Beziehungen zu Mitgliedern der Familie bzw. der Gruppe. Nur in der ersten Lebenszeit ist die Bindung an die Mutter das Wichtigste, sehr bald treten weitere Bindungen hinzu. Das wird durch die starke Neigung der Familien- und Gruppenmitglieder, sich einem Säugling zuzuwenden, erleichtert. Die neugierige und wohlwollende Zuwendung zu einem Baby und Kleinkind ist in allen Kulturen zu finden, wir können sie sogar bei Menschenaffen beobachten.

Was uns sogar bei einem fremden Kind derartig anzieht, ist das sogenannte Kindchenschema (Lorenz 1943). Auf bestimmte Merkmale, die für Kleinkinder typisch sind – wie die dicken Backen, die relativ großen Augen, die hohe Stirn – reagieren wir mit Zuwendung und Kontaktversuchen (Schleidt et al. 1980). Dazu kommt das tollpatschige Verhalten der Kleinkinder und ihre Hilfsbedürftigkeit, die uns auch anziehen. Das Kindchenschema ist vom Krabbelalter an, wenn die Kinder erstmalig selbständig mit anderen Menschen in Kontakt kommen können, ganz besonders ausgeprägt. So schaffen es diese niedlichen Kleinen, sich ihre Mitmenschen gewogen zu halten. Was lässt man sich nicht alles von ihnen gefallen! Säuglinge und Kleinkinder wachsen also normalerweise in einem sozialen Umfeld auf, das von Zuneigung und Hilfsbereitschaft geprägt ist.

Personen, die sich mit dem Kind besonders oft beschäftigen, werden zu weiteren Bezugspersonen, auf die sich das Kind einstellt. In unserer Kultur wie bei Naturvölkern sind das in erster Linie der Vater und die Geschwister, häufig auch die Großmütter. Für diese Bindung gibt es auch wieder Beispiele bei Menschenaffen, die zeigen, wie tief manche soziale Strukturen in unserem Erbe verwurzelt sind.

Die Bindung zwischen Vater und Kind ist typisch menschlich, bei Affen finden wir sie sehr selten. Sowohl in Stammeskulturen wie in Industrienationen haben Väter zärtliche und intensive Beziehungen schon zu ihren Säuglingen, auch wenn es sich um aggressive und kriegsliebende Männer wie z.B. südamerikanische Indianer oder Papuas aus Neuguinea handelt. Väter haben das gleiche Repertoire an Betreuungs- und Zuwendungshandlungen wie Mütter. Sie unterscheiden sich aber in der Art des Spielens mit dem Kind, Väter machen mehr Bewegungsspiele und stimulieren die Kinder mehr als die Mütter. Schon Neugeborene werden vom Vater stärker geschaukelt und mehr herausgefordert.

Auch das Geschlecht des Kindes wirkt sich auf das elterliche Verhalten aus: Das gegengeschlechtliche Kind erhält mehr emotionale Zuwendung. So drücken Mütter ihre kleinen Buben öfter und länger an sich als ihre kleinen Töchter, mit denen die Väter wiederum mehr schmusen als mit ihren kleinen Söhnen. Hingegen geben die Eltern dem gleichgeschlechtlichen Kind mehr Anregung und Spiel. Das könnte eine der Ursachen dafür sein, dass die älteren Jungen, ihren Vater als Interaktionspartner für all ihre Aktivitäten bevorzugen, ältere Mädchen hingegen ihre Mutter. Durch den Umgang mit Vater und Mutter und ermutigt durch ihre Umgebung wachsen die Kinder in die Rolle des gleichgeschlechtlichen Elternteils hinein, um sich schließlich mit dieser Rolle zu identifizieren. Dieses Muster der Rollenidentifikation ist in unseren industrialisierten Gesellschaften nicht mehr ganz so deutlich wie in vorindustriellen, aber doch immer noch vorhanden und wichtig.

Die Bindung zu den Geschwistern sowie anderen Kindern nimmt zu, wenn das Kind laufen kann. Dann beginnt es bei traditionalen Kulturen in die Kinderspielgruppe hineinzuwachsen. Dabei ist es zuerst noch Zuschauer, betreut von älteren Kindern, später nimmt es aktiv teil. Da diese Kinderspielgruppen – anders als in unseren Kindergärten – aus Kindern vieler Altersstufen bestehen, kann sich jedes Kind an älteren Kindern orientieren, von ihnen lernen und wird von ihnen auch unterwiesen. So lernen die Kinder „spielerisch" die Regeln des Zusammenlebens. Auch bei uns gab es früher häufig solche altersgeschichteten Spielgruppen, jetzt sind sie durch die geringe Kinderzahl in den Familien und durch die Lebensumstände in den Städten selten geworden.

Wenn man sieht, wie sehr gerne Kinder mit anderen Kindern spielen, wie leicht sie sich von anderen, wenig älteren, leiten lassen, und wie auch bei nichtmenschlichen Primaten das Herumtoben mit Gleichaltrigen zum Tagesablauf gehört, dann muss man der Peer-Gruppe, also der Gruppe der Altersgenossen, eine große Bedeutung zumessen. Sie ermöglicht wichtige und besondere Lernerfahrungen (Attili 1986), die in der Erwachsenen-Kind-Beziehung schwer gemacht werden können, weil diese auf Grund der Macht- und Kompetenzunterschiede asymmetrisch ist. Die Beziehungen zwischen Kindern sind ausgewogener, Abhängigkeit und Unselbständigkeit wird nicht so stark erlebt, das Kind kann sich gemeinsam mit Freunden um Problemlösungen bemühen, und durch den Erwerb von sozialem und technischem Geschick steigt es langsam in der Rangordnung der Kindergruppe auf und kann mehr und mehr mitreden.

Auch für ältere Kinder und Jugendliche ist die Identifikation mit einer Gruppe von Freunden äußerst wichtig. Die Spielregeln in einer solchen Gruppe werden übernommen und eingehalten, was allerdings dann problematisch werden kann, wenn grundsätzlich andere Regeln aufgestellt werden, als sie in der Welt der Erwachsenen gelten. Das ist ein typisches Problem unserer Gesellschaft, wo Traditionen oft abreißen und eine Protesthaltung sehr lange beibehalten wird. In traditionalen Kulturen werden die Verhaltensregeln der Elterngeneration leichter übernommen, weil sich die Kinder mit ihren Eltern identifizieren und weil die soziale Kontrolle in einer Gruppe, wo jeder jeden kennt, groß ist. Außerdem hat man dort kaum Gelegenheit, andere Möglichkeiten kennen zu lernen und dann zu wählen.

Interessant ist, wie früh Kinder sich auf verschiedene Persönlichkeiten einstellen und ihre Beziehungen dementsprechend gestalten können. Ihre Bindungen zu verschiedenen Menschen sind graduell abgestuft und qualitativ verschieden. So können Kinder z. B. eine sichere Bindung an ihren Vater und eine unsichere an ihre Mutter haben oder umgekehrt (was man durch einen Test im Alter von einem Jahr feststellen kann). Die Beziehungen zu anderen Menschen als der Mutter bewähren sich auch dann, wenn das Kind besonders irritiert oder trostbedürftig ist. So kann es sich z. B. im Fall der Abwesenheit der Mutter oder nach der Geburt eines Geschwisterchens verstärkt Zuwendung bei anderen holen. Die wichtigste Funktion scheint aber die zu sein, dass Interaktionen mit vielen verschiedenen Menschen die soziale Kompetenz des Kindes erhöht, was ihm während seines ganzen Lebens zugute kommt.

5   Lockerung der Bindung

Die feste und enge Bindung des Kindes an seine Hauptbezugsperson die Mutter lockert sich im Laufe der Zeit mit der zunehmenden freien Beweglichkeit und Selbständigkeit des Kindes. Das verändert aber keineswegs die Intensität der Gefühle sowohl der Mutter als auch des Kindes. Dieser Prozess der Lockerung verläuft sukzessive über Jahre, allerdings mit Phasen, in denen er sich beschleunigt.

Im Alter von zwei bis drei Jahren ist ein solcher Selbständigkeits-Schub zu bemerken, der sicher auf Grund alter biologischer Zusammenhänge entstanden ist. Er fällt nämlich mit dem Zeitpunkt des Abstillens zusammen, der bei Naturvölkern – und früher auch bei uns – zwischen zwei und drei Jahren liegt, oft verbunden mit einer erneuten Schwangerschaft der Mutter. Zu dieser Zeit ist das Kind neugierig auf Erweiterung seines Bekanntenkreises, es strebt z.B. in die Kinderspielgruppe und ist jetzt auch bereit, sich für längere Zeit von der Mutter zu trennen.

Die Selbständigkeitsbestrebungen des Kindes in diesem Alter äußern sich in vielen Bereichen. So will es jetzt absolut alles allein machen, und es will auch den Erwachsenen bei ihren Tätigkeiten helfen. Dass die Sauberkeitserziehung in diesem Alter der beginnenden Autonomie besonders leicht glückt, ist nicht verwunderlich. Die öfters auftretenden „Trotzreaktionen" – man spricht ja auch vom Trotzalter – gehören in dieses Bild. Mit eigensinnigen Verweigerungen testet das Kind die Grenzen seiner Macht; es prüft, wie groß sein Durchsetzungsvermögen gegenüber seinen Eltern ist. Anders als durch solches Ausprobieren, ist es ihm nicht möglich, Grenzen wirklich abzustecken, da ein Kind in diesem Alter nur sehr bedingt zu den dafür erforderlichen vernünftigen Verhandlungen fähig ist. Für die Ordnung des Systems ist es notwendig, dass die Eltern diese Grenzen klar aufzeigen und die Machtverhältnisse offengelegt werden: das Kind erfährt so, dass die Eltern zwar letztlich entscheiden, aber ihm in diesem Rahmen Freiraum zubilligen und seine Selbständigkeit fördern. Für das Kind sind Eltern, die Grenzen bestimmen können, gleichzeitig auch stark. Von starken Eltern beschützt zu sein, ist etwas sehr Wichtiges gerade auch in der Phase der beginnenden Eroberung der Welt. Autorität ist also notwendig: Eltern, die „sich alles gefallen lassen", verunsichern ihr Kind, das außerdem dann nicht lernen kann, warten zu können und sich anzupassen. Antiautoritäre Erziehung im Sinne einer „Laissez-faire"-Erziehung hat keine glücklichen Kinder hervorgebracht, sondern kleine, unglückliche Tyrannen (Prekop 1988).

An die Dynamik der Eltern-Kind-Beziehung, besonders der Mutter-Kind-Beziehung, werden in dieser Phase der beginnenden Autonomie und der Lockerung der Bindung hohe Anforderungen gestellt. Das ist selbst in Stammeskulturen zu sehen, wo das Kind mehr als bei uns gleichzeitig in die Gruppe eingebunden ist. Beide Partner müssen (und wollen) zu dieser Zeit den anderen freigeben, beide müssen (und wollen) sich in ihren Verhaltensweisen umstellen. All das ist aber offenbar für Menschen von Kind an schwierig. Man stellt sich nicht gerne um, es ist bequem, im Alten zu verharren, während das Neue zwar sehr attraktiv ist, aber gleichzeitig auch Angst bereitet. Aus den widerstrebenden Impulsen können sich Spannungen ergeben.

Aber nicht nur bei Menschen finden wir Ablösungsschwierigkeiten, wir können sie auch schon bei Affen feststellen. Dort protestieren die Jungen manchmal heftig, wenn die Mutter sie nicht mehr säugen will oder anderweitig abweist, sie z. B. nicht mehr auf dem Rücken tragen will, weil ein zweites Baby da ist. Junge Äffchen können dann aus Zorn regelrechte „Tobsuchtsanfälle" bekommen, oder sie können auch für eine gewisse Zeit weinerlich und depressiv sein. Bei Menschen geht zuweilen das „Sich-Anklammern" auch von der Mutter aus. Diese Konstellation findet man bei Affen selten.

Die Lockerung der Bindung zwischen Mutter und Kleinkind scheint paradoxerweise leichter zu gelingen, wenn die Bindung sehr eng und sicher ist. Das sieht man sowohl im individuellen Fall, also bei einzelnen Kindern, als auch beim Vergleich zwischen Kulturen. So beobachtete Konner (1977) bei den Kalahari-Buschleuten, dass zwei bis fünf Jahre alte Kinder weniger Nähe zu ihrer Mutter und weniger Interaktionen mit ihr, hingegen mehr Interaktionen mit anderen Kindern zeigten als gleich alte Kinder in London. Die Buschmann Kinder hatten als Babies alle eine sehr enge Bindung an ihre Mutter gehabt, wurden im Gegensatz zu den englischen Kindern immer im Körperkontakt gehalten und nach Belieben gestillt. Gleiches berichtet Schiefenhövel (1984) von Papuas aus Neuguinea. Auch dort gehen eine enge Bindung als Säugling und frühe Selbständigkeit mit drei Jahren parallel.

Die geglückte Lockerung der engen Bindung ist von entscheidender Bedeutung für das weitere psychische Wohlergehen von Mutter und Kind. Ihr Misslingen beeinträchtigt das seelische Reifen des Kindes. Gleiches gilt für die andere große Abnabelung während der Ontogenese, die Pubertät. Hier wird das Band zu den Eltern endgültig gelockert, weil die kindliche Sozialisation weitgehend beendet ist und der Jugendliche zum Erwachsenen wird. Auch in dieser Phase wird manchmal geklammert, besonders in unseren hochzivilisierten Gesellschaften. Wenn der Jugendliche sich nicht loslösen will, so könnte man meinen, dass es Vorteile brächte, so lange wie möglich von den Eltern zu „zehren". Die Kosten-Nutzen Rechnung ergibt auf den ersten Blick starke Vorteile für den Jugendlichen, wenn er die Unterstützung der Eltern möglichst lange verlangt. Da damit aber zugleich seine Selbständigkeit unterbunden und seine Abhängigkeit gefördert wird, ist ein solches Verhalten für eine störungsfreie Entwicklung, die letztlich zur vollständigen Autonomie führen soll, sicher schädlich und nicht adaptiv.

6 Bedeutung der langen Kindheit und Jugend

Bedingt durch das Ausmaß des Lernens, das er zu bewältigen hat, bevor er als erwachsenes Mitglied seiner Gruppe „selbständig" sein kann, hat der Mensch von allen Lebewesen die längste Kindheit und Jugend. Man kann in diesem Zusammenhang manchmal hören, dass der große Unterschied zwischen Naturvölkern und modernen technisch-industrialisierten Kulturen gerade im kulturspezifischen Lernen läge und deshalb die Kindererziehung der Naturvölker nicht mit unserer Gesellschaft verglichen werden könne. Bei uns müsse viel umfänglicher und vielseitiger gelernt werden, unsere Kinder und jungen Leute gingen auf Schulen, auf Universitäten, sie müssten sich in der modernen Technologie und Wirtschaft zurechtfinden. Deshalb müssten sie, so lautet der Einwand, schon als kleine Kinder auf all dies vorbereitet werden, damit sie sich später als Erwachsene erfolgreich in unserer Welt bewähren könnten.

Worin aber kann denn die spezielle Vorbereitung der Kleinkinder auf dieses kulturspezifische Lernen bestehen? Immer doch darin, dass die Kinder in den ersten Lebensjahren „Sicherheit tanken". Wie bereits gesagt, sind Neugier- und Explorationsverhalten – die Grundlagen von Wissenserwerb – an Sicherheit und Selbstvertrauen gekoppelt. Diese werden in der ersten Lebenszeit dadurch erworben, dass Bezugspersonen verlässlich zur Verfügung stehen und die Kinder in diesem Lebensabschnitt nicht zu viel Angst und Unsicherheit erfahren müssen. Neben Begabung ist diese Grundlage der Lernfähigkeit somit eine humanethologische Konstante, die nichts mit den Inhalten des späteren kulturspezifischen Lernens zu tun hat.

Das Lernen in der Kindheit beschränkt sich nun nicht allein auf Wissen über Objekte und den Umgang mit ihnen, sondern ist vor allem ein Lernen im sozialen Bereich. In der frühen Kindheit bezieht sich das soziale Lernen vor allem auf die Eltern. Man kann hier von prägungsähnlichen Lernformen sprechen, denn früh erworbene Verhaltensweisen und -regeln haften zeitlebens sehr fest. Das wird besonders dann deutlich, wenn es sich um Verhalten handelt, das sich später, im Umgang mit anderen Menschen, als nutzlos und eher schädlich erweist, weil es nur im speziellen Rahmen der Beziehung zu Bezugspersonen der Kleinkinderzeit Erfolg gebracht hat. Es ist sehr oft schwer bis nahezu unmöglich, ein derartig unangepasstes Verhalten abzustellen oder zu verändern, in manchen Fällen gelingt es nur mit psychotherapeutischer Hilfe.

Es ist gut und ausgleichend, wenn das Kind Bindungen auch an weitere, anders strukturierte Menschen als die Eltern hat, damit ein ausgleichendes Lernen anderer Interaktionsformen möglich wird. Die Art und Weise der Beziehungen zu den Hauptbezugspersonen ist aber für das Kind trotzdem richtungweisend was soziale Kommunikation betrifft. Die Qualität dieser ersten Beziehungen bestimmt entscheidend auch die späteren (Main et al. 1985; Grossmann et al. 1997). Grob vereinfacht ausgedrückt liegt dahinter die phylogenetische Anweisung: „Die Eltern haben überlebt, also lerne von ihnen wie man es macht". Dieses „wie" kann natürlich besser oder schlechter sein. So ist es langfristig gesehen besser, wenn ein Kind „sicher" gebunden ist, denn es zeigt sich, dass es im Schulalter deutlich positivere Erfahrungen mit Lehrpersonal und Mitschülern macht als ein „unsicher" gebundenes Kind (Sroufe et al. 1990). Zwar können die spezifischen Interaktionsmuster des unsicher gebundenen Kindes als gute Strategie in der Beziehung zu seiner Mutter aufgefasst werden. Es verhält sich spiegelbildlich zu ihr, und beide können so miteinander kommunizieren. Nur ist eine solche spezielle Interaktionsstrategie, die an eine ganz bestimmte soziale Situation angepasst ist, schwer mit Erfolg auf andere Situationen zu übertragen.

Die Verhaltensregeln und Wertvorstellungen der eigenen Familie und der Gruppe, in der man lebt, werden im Laufe der Kindheit und Jugend verinnerlicht. Der Unterschied, der zwischen verschiedenen Kulturen in Verhalten, Sitten und Gebräuchen besteht, muss auf solch ein soziales Lernen zurückgeführt werden. So gibt es kriegerische und friedliebende Kulturen, und dieser Unterschied ist nicht etwa auf eine unterschiedliche Behandlung der Kleinkinder zurückzuführen. Humanethologische Beobachtungen haben gezeigt, dass in allen traditionalen Kulturen die Säuglinge und Kleinkinder Bezugspersonen haben, die sie mit viel Liebe betreuen. Verhaltensunterschiede zwischen den Kulturen kommen also nicht dadurch zustande, dass kriegerische Völker ihre Säuglinge härter behandeln als friedliebende, sondern dadurch, dass sich die Kinder mit ihren Eltern identifizieren und ihr Verhalten und ihre Verhaltensregeln übernehmen. Das können sie offenbar leichter, wenn sie als Säuglinge eine starke Bindung zu ihnen aufbauen konnten. Neben dem Lernen durch Identifikation werden die Kinder natürlich auch durch Erziehung in die von der Kultur gewünschte Richtung geleitet. So wird eine Mutter der friedliebenden Buschleute in Südafrika ihrem Kind den Stock wegnehmen, mit dem es einen Spielgefährten bedroht und wird das Kind ablenken, während im gleichen Fall eine Mutter der aggressiven Yanomami Indianer in Südamerika ihr Kind ermutigen wird, sich mit dem Stock zu verteidigen. Genauso unterschiedlich können die Verhaltensnormen und die Sozialisation in einzelnen Familien unserer Kultur sein. Immer aber ist die emotionale Bindung an die Bezugspersonen die Voraussetzung zur Übernahme kulturspezifischer Verhaltensweisen.

Literatur

Attili, G. (1986): The Development of preferred Reletionships in Preschool Children: Child-Child and Child-Adult Relationships. In: Gilmour R./ Duck S. (Hg): Key Issues in interpersonal Relationships. Hillsdale, 41–53.

Bell, S. M./ Ainsworth M. D. S. (1972): Infant crying and maternal Responsiveness. In: Child Development 43, 1171–90.

Bischof, N. (1985): Das Rätsel Ödipus. München.

Eibl-Eibesfeldt, I. (1984/ 1989): Biologie des menschlichen Verhaltens. München.

Erikson, E. H. (1950): Childhood and Society. New York.

Freeman, D. (1983): Liebe ohne Aggression. Margaret Meads Legende von der Friedfertigkeit der Naturvölker. München.

Gehlen, A. (1940/ 48): Der Mensch, seine Natur und seine Stellung in der Welt. Berlin.

Goodall, J. (1986): The Chimpanzees of Gombe. Cambridge.

Grossmann, K. (1978): Die Wirkung des Augenöffnens von Neugeborenen auf das Verhalten ihrer Mütter. Geburtshilfe und Frauenheilkunde 38, 629–635.

Grossmann, K. E./ Becker-Stoll, F./ Grossmann, K./ Kindler, H./ Schieche, M./ Spangler, G./ Wensauer, M./ Zimmermann, P. (1997): Die Bindungstheorie. Modell, entwicklungspsychologische Forschung und Ergebnisse. In: Keller, H. (Hg.): Handbuch der Kleinkindforschung, Zweite Aufl. Göttingen, 51–96.

Hassenstein, B. (1973/ 1987): Verhaltensbiologie des Kindes. München.

Keller, H. (1989): Entwicklungspathologie. Das Entstehen von Verhaltensauffälligkeiten in der frühesten Kindheit. In: Keller, H. (Ed.): Handbuch der Kleinkindforschung. Berlin, 527–543.

Keller, H./ Schölmerich, A./ Eibl-Eibesfeldt I. (1988): Communication Patterns in Adult-Infant-Interaction in western and non-western Cultures. In: Journal of Cross-Cultural Psychology 19, 427–445.

Konner, M. (1977): Infancy among the Kalahari Desert San. In: Leiderman, P. H./ Tulkin, S. R./ Rosenfeld, A. (Hg.): Culture and Infancy. New York, 287–328.

Lorenz, K. (1935): Der Kumpan in der Umwelt des Vogels. In: J. f. Ornithologie 83, 137–213, 289–413.

Lorenz, K. (1943): Die angeborenen Formen möglicher Erfahrung. In: Zeitschrift für Tierpsychologie 5, 235–409.

Main, M./ Kaplan, N./ Cassidy J. (1985): Security in Infancy, Childhood and Adulthood: A Move to the Level of Representation. In: Bretherton I./ Waters W. (Hg.): Growing Points of Attachment Theory and Research. In: Monography Social Research Child Development 50, 66–106.

Papousek, H./ Papousek, M. (1987): Intuitive parenting: A dialectic Counterpart to the Infant`s integrative Competence. In: Osofsky, J. D. (Hg.): Handbook of infant development. New York, 669–720.

Prekop, J. (1988): Der kleine Tyrann. München.

Rajecki, D. W./ Lamb, M. W./ Obmascher, P. (1978): Towards a General Theory of Infantile Attachment: A comparative Review of Aspects of the Social Bond. The Behavioural and Brain Sciences 3, 417–464.

Sameroff, A. J./ Cavanagh, P. J. (1979): Learning in Infancy: A Developmental Perspective. In: Osofsky, J. D. (Hg): Handboook of Infant Development. New York, 344–392.

Schiefenhövel, W. (1984.): Bindung und Lösung. Sozialpraktiken im Hochland von Neuguinea. In: Eggers, C. (Hg.): Bindung und Besitzdenken beim Kleinkind. München, 51–80.

Schiefenhövel, W. (1988): Geburtsverhalten und reproduktive Strategien der Eipo. Ergebnisse humanethologischer und ethnomedizinischer Untersuchungen im zentralen Bergland von Irian Jaya (West-Neuguinea, Indonesien). Berlin.

Schiefenhövel, W. (1989): Ethnologisch-humanethologische Feldbeobachtungen zur Interaktion mit Säuglingen. In: Pachler. J. M./ Strassburg, H.-M. (Hg.): Der unruhige Säugling, Lübeck, 25–46.

Schleidt, M. (1994): Kind und Eltern. In: Schiefenhövel, W./ Vogel, C./ Vollmer G./ Opolka, U. (Hg.): Zwischen Natur und Kultur. Stuttgart, 69-93.

Schleidt, M./ Schiefenhövel, W./ Stanjek, K./ Krell, R. (1980): „Caring for a Baby"-Behavior: Reactions of Passersby to a Mother and Baby. Man-Environment Systems 10, 73–82.

Schleidt, M./ Genzel, C. (1990): The Significance of Mother's Perfume for Infants in the first Weeks of their Life. Ethology and Sociobiology 11, 145–154.

Spitz, R. (1950): Anxiety in Infancy. International Journal of Psychoanalysis 31, 138–143.

Spitz, R. (1965): The First Year of Life. New York.

Sroufe, L. A./ Egeland, B./ Kreutzer, T. (1990): The Fate of early Experience following Developmental Change: Longitudinal Approaches to Individual Adaptation on Childhood. In: Child Development 61, 1363–1373.

Waal, F. De (1996): Good Natured. The Origins of Right and Wrong in Humans and Other Animals. Harvard, Cambridge.

Waal, F. De/ Lanting, F. (1998): Bonobos. Die zärtlichen Menschenaffen. Basel.

Uwe Krebs

Warum Kindheit?
Anmerkungen zur naturgeschichtlichen
Entwicklung eines Kulturphänomens

1 Einleitung:
Überkommene Vorstellungen als Erkenntnishindernis

Die wissenschaftlichen Disziplinen Pädagogik und Biologie gehören im universitären Alltag verschiedenen Fakultäten an. Dies hat neben sachlichen auch zwei historische Gründe, die hier nur schlagwortartig gestreift werden können: Die abendländisch-christlichen Fehlvorstellungen einer prinzipiellen Trennung von Leib und Seele zum einen, und die Vorstellung, der Mensch sei wesentlich nicht Teil der Welt der Organismen zum anderen (vgl. Immelmann/ Scherer et al. 1988, Vorwort).

Die Überwindung dieser Sichtweisen macht – zumindest in einigen einschlägigen wissenschaftlichen Disziplinen – Fortschritte: In der Psychologie, in der Evolutionären Psychologie, die Verhaltensforschung und Fragen der Stammesgeschichte in ihren Gegenstand integrieren, aber auch in der Sozialanthropologie. Marvin Harris z. B., ein führender US-Anthropologe, schreibt:

> „Wenn ich für eine menschheitsübergreifende, biosoziale und evolutionäre Sichtweise plädiere, so will ich damit nicht von der Bedeutung des traditionellen lokalen und partikularen Wissens ablenken. Wir leben und handeln in lokalen und partikularen Zusammenhängen, und uns bleibt gar nichts anderes übrig, als Kenntnisse über die Welt von innen heraus zu erwerben. Aber wenn das Partikulare überhand nimmt, wenn man es versäumt, die Welt auch von außen in Augenschein zu nehmen, macht man sich einer Ignoranz schuldig, die genauso gefährlich sein kann, wie die Unkenntnis lokaler Gesetzmäßigkeiten" (Harris 1991, 10).

Im Folgenden wird – nach Explikation eines allgemeineren Kindheitsbegriffes – inhaltlich in drei Schritten vorgegangen:

1. Subhumane Beispiele von Typen der „Kindheit" dienen zur Illustration der stammesgeschichtlichen Entwicklung von Kindheit. Sie bilden darüber hinaus einen Bezugsrahmen für die Beurteilung der Kindheit des Menschen unter vergleichenden allgemeinen Gesichtspunkten.

2. Es werden knapp jene Kindheitsumstände des Menschen dargestellt, die ihn die längste Zeit seiner Kulturgeschichte begleitet haben: Kindheiten in Traditionalen Kulturen, sog. Stammesgesellschaften.

3. Die beiden vorgenannten Zulieferschritte sollen zum Ende einige Schlussfolgerungen zur Frage „Warum Kindheit?" ermöglichen.

2 Zum Begriff „Kindheit"

Umgangssprachlich bezeichnet der Begriff „Kindheit" den Lebensabschnitt von der Geburt bis zur Pubertät.

In den hier einschlägigen Wissenschaften werden hingegen präzisierende Unterbegriffe von Kindheit (z.B. frühe Kindheit, Schulkindheit) benötigt und verwendet. Wiederum anders ist die Situation, wenn dieser Ontogenese-Abschnitt bei unterschiedlichen Lebewesen verglichen werden soll: Nur ein möglichst allgemeiner Begriff würde erlauben, „Kindheiten" human wie subhuman hier zu subsumieren. Eine solche pauschale Explikation fasst dann Kindheit als die „Zeitspanne vom Schlupf bzw. von der Geburt bis zum fortpflanzungsfähigen bzw. ausgewachsenen, adulten Lebewesen".

Diese Explikation ist weder besonders exakt, noch die einzig denkbare für diesen Zweck. Man könnte diesen Ontogeneseabschnitt auch – biologisch zutreffender – von der Befruchtung der Eizelle bis zur biologischen Fortpflanzungsreife fassen. Dies wäre aber dann in der Gegenüberstellung zum menschlichen Kindheitsbegriff irreführend, denn es ist unüblich, die embryonale Entwicklung zur Kindheit zu rechnen. Die Embryonalentwicklung gilt als eigener – übrigens wenig erforschter – Ontogeneseabschnitt. Da nicht bei allen Tieren mit Erreichen der Fortpflanzungsfähigkeit auch das Wachstum abgeschlossen ist, wird dieser Sachverhalt in den Fällen, wo dies bekannt und unterscheidbar ist, auch genannt.

3 Bezugsrahmen I (subhumane Beispiele)

Was ergibt der Blick auf diesen Abschnitt in der Tierwelt? Der englische Zoologe Chalmers Mitchell hat bereits 1913 (S. 4ff.) Tiere unter dem Gesichtspunkt „Kindheit" in drei Gruppen unterteilt:

1. Tiere ohne juveniles Stadium (z.B. Amöben), die sich durch Zellteilung vermehren.

2. Tiere mit juvenilen Stadien, die von den Adultformen so verschieden sind, dass man als Laie die Adultform nicht erkennt. Insekten wie z.B. Käfer und Schmetterlinge mit ihren Raupen- und Puppenstadien sind hier zu subsumieren. Aber auch manche Wirbellose – Seetiere wie Seesterne oder Garnelen – haben vergleichbare juvenile Stadien, in denen man sie für andere Lebewesen halten könnte. Solche Entwicklungen gibt es also in vielfältigster Form bei den viele Tierklassen umfassenden sog. Wirbellosen.
   Die Funktion dieser lediglich kindheitsanalogen Zeitspanne ist nicht Lernen sondern Fressen und Wachsen. Im oft kurzen Erwachsenenstadium, z.B. nach der Metamorphose zum Schmetterling, ist dann nicht mehr das Fressen, sondern die Fortpflanzung zentral (vgl. Mitchell 1913, 62); bei manchen Arten von Schmetterlingen fehlt daher dann sogar ein Verdauungstrakt, die kurze Lebenszeit erübrigt ihn.
   Doch auch in jüngeren Tierklassen, z.B. bei naturgeschichtlich älteren Wirbeltieren, etwa bei uns vertrauten Fröschen, gibt es noch lediglich kindheitsanaloge Zeitspannen: Die Kaulquappe hat keine Ähnlichkeit mit dem späteren Frosch. Andererseits wächst der Frosch im Gegensatz z.B. zu Schmetterlingen nach seiner Metamorphose.

3. Tiere mit juvenilem Stadium, das bereits große Ähnlichkeit mit der späteren Adultform hat. Dies sind die auch dem Laien wohlbekannten Jungtiere aus den Tierklassen der Wirbeltiere, die ja bekanntlich von den Fischen bis zu den Vögeln und Säugetieren reichen.

Offensichtlich ist die Unterteilung, wie sie Chalmers Mitchell vornahm, auch gegenwärtig zutreffend und für die Zwecke des Themas geeignet. Zusammengefasst lässt sich festhalten: Manche Tiere kennen überhaupt keine kindheitsanaloge Ontogenesespanne (z.B. Amöben). Die meisten Tierarten, die aber eine solche kindheitsanaloge Zeitspanne durchlaufen, bewegen sich in so abweichenden Entwicklungsstadien, dass man sie für andere Lebewesen halten könnte (Stichworte: Raupe, Schmetterling, Kaulquappe, Frosch).

Nur die letzte Gruppe und dort die Vögel und insbesondere die Säugetiere sind wegen ihres juvenilen Ontogeneseabschnittes für die Vergleichszwecke des Themas von Interesse.

In der Tierklasse der Vögel, die bezüglich des Gewichts (vom federleichten Kolibri bis zum schweren Straußenhahn) und bezüglich des Lebensalters (von wenigen Jahren bei vielen kleineren Singvögeln bis zu 60 Jahren bei einigen Raben- und Papageienarten) streut, ist gleichwohl die kindheitsanaloge Phase relativ kurz und mit Spannen von einem bis zu vier Jahren (Chalmers Mitchell 1913, 53ff.) weniger variabel, als die Varianz des Lebensalters verschiedener Vogelarten nahe legen würde.

Unter den Säugetieren streut die Dauer der Zeitspanne zwischen Geburt und Geschlechtsreife, bzw. dem Ausgewachsensein weitaus breiter, nämlich von einigen Wochen bis zu vielen Jahren, sodass im Vergleich zu den Vögeln bei Säugetieren von einer sehr starken Streuung gesprochen werden kann. Hier folgen einige Beispiele, nach Dauer geordnet (Tab. 1). Dort, wo zwei Angaben gemacht werden, betrifft die erste die Geschlechtsreife (F = Fortpflanzungsfähigkeit) und die zweite Angabe das Ausgewachsensein (= A).

Mäuse	6 Wochen (F) bis 4 Monate (A)
Meerschweinchen	3 Mon (F) bis 6 Monate (A)
Wiesel	9 Mon (F) bis 18 Monate (A)
Dachs	1 Jahr (F) bis 1,5 Jahre (A)
Rind	2 Jahre
Elch	2 bis 3 Jahre
Biber	2 Jahre (F) bis 3 Jahre (A)
Bison	3 Jahre
Löwe + Tiger	3 Jahre (F) bis 5 Jahre (A)
Bär	6 Jahre
Seidenäffchen	2 Jahre (F) bis 3 Jahre (A)
Pavian	8 Jahre (F) bis 12 Jahre (A)

Tab. 1: Kindheitsdauer bei ausgewählten Tierarten, gereiht nach Dauer;
(F) = Fortpflanzungsfähigkeit, (A) = körperlicher Adultstatus;
alle Angaben sind ungefähre Zeitangaben.
Angaben ohne (F) und (A) bezeichnen nur allgemein die Dauer bis zum Adultstatus.
Quellen: C. Mitchell 1913; Grzimeks Tierleben 1966, Bde. I-XII.

Womit steht nun diese Streuung in Zusammenhang? Es ist nicht ein Faktor allein für die Streuung verantwortlich, sondern mehrere Einflussgrößen wirken mit:

Leichte Beziehungen bestehen zum Gewicht einer Tierart. Es wird einleuchten, dass das 20-gr-Nagetier „Hausmaus" schneller erwachsen ist als das 20-kg-Nagetier „Biber". Allerdings ist im Umkehrschluss die 20–24 Jahre dauernde Jugendentwicklung der Elefanten nicht ausschließlich durch ihre Masse zu erklären, sondern die Art der Nahrung tritt zeitverlängernd hinzu. Die rein pflanzliche Ernährung der Elefanten führt die benötigten Nährstoffe dem Körper nur erschwert zu, was das Wachstum verlangsamt. Es wird unmittelbar einleuchten, dass diese physiologische Gesetzlichkeit sich beim Aufbau des durchschnittlichen Gewichts eines Elefanten von 2–3t (entspricht ca. 50 Menschen) und rein pflanzlicher Ernährung besonders auswirkt.

Deutlichere Beziehungen bestehen zwischen der naturgeschichtlichen Entwicklungshöhe einer Tierart und der Dauer von Kindheit und Jugend. In gewissen Grenzen wird dies bereits erkennbar am relativen Hirnvolumen. So z.B. ist die Kindheit des Dachses, eines stammesgeschichtlich älteren Säugetieres als es Primaten sind, etwa halb so lang wie die des Seidenäffchens, das schon zu den Primaten zählt. Diese doppelt so lange Kindheit beim Seidenäffchen im Vergleich zum Dachs wirkt noch eindrucksvoller, wenn man bedenkt, dass der Dachs ein Vielfaches des etwa eichhörnchengroßen Krallenäffchens wiegt. Ein Affe mit dem Gewicht eines Dachses – ein Pavian z.B. – hat eine achtfach längere Kindheit.

Bei etwa gleich schweren Tierarten aus unterschiedlich alten Tierklassen, etwa aus der alten Tierklasse der Reptilien der Kommodo-Waran, aus der jüngeren Tierklasse der Vögel der Straußenhahn und aus der jüngsten Tierklasse der Säuger das Wildschwein, lässt sich aus dem Hirnvolumen einigermaßen verlässlich die längere oder kürzere kindheitsanaloge Zeitspanne vorhersagen, da das relative Hirnvolumen mit Abnahme des Alters der Tierklasse zunimmt. Ein größeres Hirnvolumen bei ähnlichem Körpergewicht ist seinerseits ein guter Indikator für längere kindheitsanaloge Zeitspannen.

Beim Vergleich sehr unterschiedlich großer Tierarten schieben sich aber neben die Entwicklungshöhe einer Spezies noch Systemzwänge und verstellen ein wenig den Zusammenhang. Zwei unterschiedliche und jeweils sehr folgenreiche Systemzwänge sollen kurz erwähnt werden: Eine nur wenige Gramm schwere Zwergspitzmaus z.B. würde in Intelligenz und Entwicklungshöhe überschätzt, ginge man allein von ihrem relativen Hirnvolumen aus, denn sie hat relativ zum Körpervolumen ein größeres Hirn als es bei ihrer Entwicklungshöhe typisch wäre, da Nervenzellen als Grundbausteine des

Hirns nicht beliebig zu verkleinern sind und sich das Spitzmaushirn – wie auch die Spitzmaus – an der gewichts- und größenmäßigen Untergrenze des Systems „Säuger", das ja für ein umrissenes Bauplanniveau steht, befindet. Ein Systemzwang ganz anderen Typs erwächst z.B. bei Walen und Delphinen aus den Taucherfordernissen und den damit verbundenen Druckverhältnissen und in deren Folge der Sauerstoffversorgung der empfindlichen Nervenzellen des Hirns. Erst die Feinstruktur ihres Hirns zeigt, dass ihr Hirn abweichend aufgebaut ist und weniger Nervenzellen, aber mehr ‚Versorgungsleitungen' für die Hirnzellen mit der Folge eines größeres Hirnvolumens besitzt. Dieses größere Volumen – ins Verhältnis gesetzt zum Körpervolumen und im Vergleich zu anderen Säugern betrachtet – würde zu einer Überschätzung der Hirnleistungen dieser Tiere führen (Güntürkün/ v. Fersen 1998; Mägdefrau 2000).

Bei höheren Primaten (Menschenaffen) erhöhen sich die Zeitspannen, wie aufgrund des jungen Entwicklungsalters als ‚modernste Säuger' zu erwarten, abermals. Zugleich aber ist es sinnvoll, weil deutlich unterscheidbar, das Kriterium zu verfeinern.

Statt als Kriterium nur die Zeitspanne zwischen Geburt und Geschlechtsreife zur Verfügung zu haben, ermöglicht die erhebliche Ähnlichkeit mit uns Menschen eine feinere innere Unterscheidung dieser Zeitspanne in frühe Kindheit, Kindheit und Jugend und erlaubt damit eine Gegenüberstellung dieser Teilabschnitte.

Kriterium für die vergleichende biologische Anthropologie ist das Auftreten der Dauerzähne. Der erste Dauerzahn (ca. 6 Jahre) markiert das Ende der frühen Kindheit, der letzte Dauerzahn (ca. 20 Jahre) das Ende der Jugendphase, das Erwachsenenalter.

Die Pubertät, insbesondere die faktische weibliche Fortpflanzung, setzt also mehrere Jahre vor dem Ende der Jugendphase ein. Anders ausgedrückt: die Entwicklung der Fortpflanzungsfähigkeit wird zwar bereits mit ca. 12–15 Jahren erreicht (das alte, etwas gröbere Kriterium), doch ist dann nicht einmal die körperliche Entwicklung abgeschlossen, ganz zu schweigen von der geistigen Entwicklung.

Die folgende Tabelle stellt einige wesentliche Abschnitte bei Schimpansen – unseren nächsten zoologischen Verwandten unter allen Tieren – jenen der menschlichen Ontogenese gegenüber (vgl. Tab. 2).

	Schimpanse	Mensch
Frühe Kindheit (bis erster Dauerzahn)	ca. 3 Jahre Dauer	ca. 6 Jahre Dauer
Späte Kindheit + Jugend (bis letzter Dauerzahn)	ca. 8 Jahre Dauer	ca. 15 Jahre Dauer
Geschlechtsreife, weibl. (Menarche)	mit ca. 7 Jahren	mit ca. 13 Jahren
Erwachsen (somat. ausgewachsen)	mit ca. 11 Jahren	mit ca. 21 Jahren

Tab. 2: nach Vogel 1974, 28; Knußmann 1980, 240; verändert.

Die Gegenüberstellung des durchschnittlichen Lebensalters und der Dauer von Kindheit und Jugend bei Menschenaffen und Menschen weist in die gleiche Richtung:

Eine ca. 21 Jahre lange Entwicklung von Kindheit und Jugend wirkt noch eindrucksvoller, wenn sie der durchschnittlichen Lebenserwartung des Menschen gegenübergestellt wird. Denn bei dieser statistischen Betrachtung befand sich der Mensch sogar die längste Zeit seiner Kulturgeschichte, nämlich fast die Hälfte der durchschnittlichen Lebenszeit, in Kindheit und Jugend. Im Deutschen Reich 1870/71 z. B. lag die durchschnittliche Lebenserwartung bei nur gut 40 Jahren und in den 60er Jahren dieses Jahrhunderts z. B. in Nigeria und Zaire noch zwischen 35 und 45 Jahren (vgl. Knußmann 1980). Natürlich sind immer schon Menschen 70, 80 Jahre und älter geworden, doch haben die diversen Risiken (von der Säuglings- und Müttersterblichkeit bis zu den vielen Krankheiten) den Durchschnitt so drastisch gesenkt.

Man sollte diesen rechnerischen Wert nicht gleich als statistischen Artefakt beiseite schieben, denn, kaufmännisch gesprochen, zeigt er etwas naturgeschichtlich Neues: Eine lange „Investitionsphase" – die Zeitspanne der Kindheit und Jugend nämlich – rechnet sich nicht nur naturgeschichtlich, sondern sogar kulturgeschichtlich in der Überlebensbilanz selbst dann, wenn die Lebensdauer durchschnittlich die Hälfte derjenigen von Menschen in modernen heutigen Gesellschaften ausmacht. Säuger von der Größe des Menschen, Wildschweine z. B., leben in der Regel ca. 20 Jahre (Knußmann 1980, 239). Das Lebensalter der Menschenaffenarten liegt aber bereits bei ca. 40 Jahren (Knußmann 1980).

Zusammengefasst ist festzuhalten: Bei Vögeln und Säugetieren besteht eine besonders deutlich erkennbare Kindheitsphase im explizierten breiten Verständnis von Kindheit: Die Zeitspanne von der Geburt/Schlupf bis zum adulten Lebewesen. Diese Zeitspanne streut zwischen den Tierarten. Mehrere Einflussgrößen sind hierfür verantwortlich. Besonders deutlich ist der Einfluss der Entwicklungshöhe. Mit zunehmender Entwicklungshöhe steigt die Dauer dieser Zeitspanne. Affen als modernste Säuger zeigen dies deutlich. Ein Pavian hat bei etwa gleichem Gewicht die ca. 8-fache Kindheitsdauer eines Dachses.

Dieser Trend steigert sich bei Menschenaffen nochmals. Sie haben im Verhältnis zur Lebenserwartung und zum Körpergewicht die längsten Kindheiten. Bei gleichen Kriterien benötigen Menschenaffen ca. 10–11 Jahre bis zum körperlichen Adultstatus, Menschen 21 Jahre.

4 Phylogentische Hirnentwicklung

Als letzter Aspekt des naturgeschichtlichen Rahmens der Kindheit soll die Hirnentwicklung bei den höheren Primaten gestreift werden. Bei höheren Primaten, also Menschen und Menschenaffen, weist nämlich ein Blick auf die Hirnentwicklung zu den möglichen Ursachen der langen Kindheit und Jugend des Menschen. Nur beim Menschen ist die Hirnentwicklung in der Stammesgeschichte quasi explosionsartig seinen zoologisch nächsten Verwandten davongeeilt. Unser Hirnvolumen beträgt etwa das Dreifache desjenigen der Menschenaffen (Vogel 1974, 25; Knußmann 1980, 29).

Diese stammesgeschichtlich junge und rasante Hirnentwicklung hat auch erziehungswissenschaftlich bedeutende Konsequenzen: Der menschliche Säugling muss bezüglich des Reifegrades seines Hirns ein Jahr ‚zu früh' geboren werden, damit der Geburtsschädel noch durch das – im Vergleich zu Menschenaffen bereits deutlich breitere – Innenbecken der Frau passt (Knußmann 1980, 258).

Nach der Geburt wächst dann kein Primatenschädel so schnell wie der menschliche. Die sehr langen Schlafzeiten pro Tag bei menschlichen Säuglingen müssen also auch im Zusammenhang mit diesen physiologischen Spitzenleistungen gesehen werden. Der schlafende Säugling ist alles andere als untätig: Er reift und wächst rasant. Menschenaffen werden mit wesentlich kleinerem Schädel geboren und der Reifegrad ihres Hirns ist bei ihnen zum Zeitpunkt der Geburt bereits soweit wie beim Menschen erst im Alter von ca. einem Jahr (vgl. Knußmann 1980). Die Hilflosigkeit des menschlichen Säuglings würde jede Schimpansin überfordern und zeigt dadurch einen bemerkenswerten Sachverhalt: Diese Hilflosigkeit des menschlichen Säuglings antizipiert die differenzierten Pflegemöglichkeiten der menschlichen Mutter bereits, vergleichbar etwa einem Schlüssel-Schloss-Prinzip.

Aus wahrscheinlich stammesgeschichtlich vorprogrammierter Pflegebereitschaft und beiderseitigen Bindungsmechanismen zwischen Mutter und Säugling wird in der Regel eine Pflegegewissheit, die man mit dem Begriff ‚Mutterliebe' sprachlich treffend von anderen Zuwendungsformen abgrenzt.

In den ersten zwei Jahren handelt es sich um eine Zweierbeziehung „Mutter : Kind", in die additiv, nicht als Ersatz, weitere soziale Beziehungen eingebaut werden (Grossmann/ Grossmann 1982). Auf die reiche Literatur zur Bindung und Bindungsstörung (Bowlby 1975; Ainsworth 1978; Grossmann/ Grossmann 1986) sei hier nur verwiesen.

5   Bezugsrahmen II (Kindheit im Kulturvergleich)

Der zweite Bezugsrahmen versucht darzulegen, wieso trotz der biologischen Fakten die Kindheit des Menschen als *Kulturphänomen* zu bezeichnen, gerechtfertigt erscheint. Wenn man allein die Dauer der Kindheit und Jugend des Menschen vergleichend erfassen will, also rein quantitativ vorgeht, dann mag die biologische, respektive die neurologische Entwicklung ausreichen. Diese Sichtweise würde aber ganz wesentliche weitere Informationen zum Verständnis von Kindheit vorenthalten: Die quantitative biologisch-neurologische Vergleichsebene liefert gewissermaßen nur die Bausteine. Sie zeigt deren Zunahme. Erst der qualitative Zugang – gewissermaßen der Blick auf die ‚Bauwerke' aus den Bausteinen – zeigt, welche Vorzüge in der Tatsache der Zunahme an Bausteinen stecken. Diese Vorzüge reichen über die Wirkung der Zunahme selbst hinaus, insofern, als nicht allein ein Mehr an Zeit und ein Mehr an Speichermöglichkeit gegeben war, sondern auch ein Mehr an Freiheit, aus gleichen Bausteinen unterschiedliche Bauwerke zu errichten.

Wenn man also die Inhalte dessen, was in dieser Zeitspanne gelernt wird, würdigen will, dann wird offensichtlich, dass es sich hier im Konkreten stets um kulturspezifische Leistungen und im Abstrakten stets um Generalia wie Aneignung von Wissen und Fertigkeiten, Normen und Werten handelt.

Betrachtet man die lateinische Wurzel des Begriffs „Kultur", „colere" = beackern, bebauen, wie sie sich auch heute in Begriffen wie etwa ‚Bodenkultur' oder ‚Forstkultur' in der Alltagssprache erhalten hat (vgl. Duden 1966 Bd. 5, 393), dann wird klar, dass alle menschlichen Populationen Kulturen ausbilden. Denn sie alle verändern die vorgefundenen Bedingungen in für sie vorteilhafter Weise, sei es durch das Errichten von Behausungen und das Anbauen von Feldfrüchten oder durch das Herstellen von Windschirmen und das Errichten von Fallen zur Jagd auf Wild.

In dieser Perspektive ist auch der verbreitete Begriff ‚Naturvolk' für Traditionale Kulturen irreführend. Er suggeriert das Fehlen von Kultur in diesen Völkern, insbesondere dann, wenn ihm der Begriff ‚Kulturvolk' gegenübergestellt wird. Diese Kulturen mögen denkbar verschieden sein, so verschieden wie z.B. die Kultur eines traditionellen Inuit (sog. Eskimo) und die Kultur eines Mitteleuropäers der Gegenwart, doch beide Kulturen stimmen im Grundsätzlichen überein: Sie nutzen die Natur nach Maßgabe der lokalen Bedingungen. Zu diesen lokalen Bedingungen mag inzwischen bei uns gehören, dass die Naturnutzung sich so optimiert hat, dass im primären und sekundären Sektor moderner Gesellschaften, also in Landwirtschaft und Industrie, nur noch eine geringe Zahl von Menschen Arbeit findet und das Erbringen von Dienstleistungen den größten Anteil an Tätigkeiten umfasst.

Schon auf der Basis des bisherigen Gedankenganges ist zu folgern, dass die Inhalte der Kindheit und Jugendphase den veränderten Ansprüchen folgen werden. Schulpflicht und berufliche Differenzierung haben die Kindheit und die Jugend in den modernen nordamerikanisch – europäischen Gesellschaften in den letzten 250 Jahren sehr stark verändert. Insbesondere haben sich die Formen, Inhalte und Rahmenbedingungen des zu Erlernenden gewandelt.

Für die Kindheit in Traditionalen Kulturen – sogenannten Stammesgesellschaften (wie z.B. Massai, Navahos, Dajak) – gilt oder galt dies weit weniger, weil diese Kulturen weit weniger komplex und dynamisch sind, obgleich ihre Menschen biologisch-naturgeschichtlich nicht älter sind als wir. Solche relativ statischen Kulturen geringerer Komplexität liefern daher mit hoher Wahrscheinlichkeit bessere Hinweise über die allgemeinen Strukturen und Inhalte von Kindheit in der längsten Zeit unserer Kulturgeschichte, wenngleich sie in Detailfragen örtlicher und zeitlicher Prägung abweichen werden.

Die hier zu findenden Hinweise erscheinen deshalb von pädagogischem Gewicht, da Bedürfnisse von Kindern und Jugendlichen sich – sollten sie wenig veränderbare Grundkomponenten haben – nur in diesen seit sehr langer Zeit wirkenden allgemeinen Rahmenbedingungen erkennen lassen. Dafür, dass die Bedürfnisse von Kindern und Jugendlichen neben allen konkreten, kulturspezifischen und individuellen Unterschieden wenig veränderbare Grundkomponenten besitzen, sprechen neben den Erkenntnissen der Entwicklungspsychologie und Pädagogik, die *Kinder* vergleichen, auch Ergebnisse aus kulturvergleichenden Studien, die *Kindheiten* vergleichen. Allgemeine und übereinstimmende Merkmale solcher Kindheiten erscheinen für pädagogische Erkenntnisziele auch deshalb von Nutzen, weil sie über eine lange zeitliche Entfernung und eine große räumliche Verbreitung gültig sein werden und Varianz und Konstanz von Erziehung gemeinsam wahrscheinlicher umgreifen, als aktuelle und umgrenztere Betrachtungsfelder. Fasst man die hier einschlägigen Daten aus dem Vergleich von ca. 40 Traditionalen Kulturen aller Klimazonen und Kontinente (ohne Europa) zusammen (Krebs 2001), so ist für Traditionale Kulturen zu konstatieren:

1. Kinder sind sehr beliebt und häufig, aber auch Säuglingssterblichkeit und Krankheiten sind verbreitet. Hinzu tritt in manchen Kulturen Infantizid aus magischen wie aus realen Gründen (ebd.).

2. Säuglinge haben in der Regel bis zum Laufenlernen einen sehr engen Kontakt zur Mutter und werden durchschnittlich 2 Jahre, in einigen Kulturen auch deutlich länger gestillt (ebd.).

3. Die soziale Transparenz der maximal dörflichen Verhältnisse in diesen Kulturen bringt es mit sich, dass Kinder ab dem Laufalter sich vergleichsweise selbständig im Dorf bewegen und praktisch nie allein sind. Die Kinder verbringen zunehmend mehr Zeit in altersheterogenen Kinderspielgruppen, die Kinder etwa vom zweiten Lebensjahr bis zur Pubertät umfassen. Diese Kinderspielgruppen bestehen ohne Erwachsene, eventuell werden sie mit einem gelegentlichen Seitenblick der Großelterngeneration kontrolliert (ebd.).

4. Spiele nehmen einen großen Teil der Zeit in Anspruch. Die Spiele sind global in den Grundzügen recht ähnlich. Wolfgang Einsiedlers Typisierung in ‚Psychomotorische Spiele', ‚Phantasie und Rollenspiele', ‚Bau- und Regelspiele' greift auch hier und zeigt die Universalität des Kinderspiels (Einsiedler 1991).

    Das Spielen in Traditionalen Kulturen beginnt gemischtgeschlechtlich und wandelt sich – je nach Kultur stark oder schwach gefördert – in der späten Kindheit zu geschlechtsspezifischen Spielen mit entsprechenden Inhalten. Spiele beider Geschlechter (z.B. „Vater-Mutter-Kind") bestehen aber daneben (ebd.).

5. Soziales Lernen im Sinne von Höflichkeit und Etikette beginnt früh und intensiv (vgl. Raum 1980).

6. Viele Tätigkeiten der Erwachsenen wie etwa Viehhüten oder Ackerbau sind für die Kinder beobachtbar und Gegenstand ihrer spielerischen Nachahmung. Diese geht vergleichsweise früh in Eigentätigkeit

über, die Eltern oft z. B. mit kleinen Gärtchen und kleinen Gerätschaften oder mit jungen harmlosen Weidetieren (z. B. Ziege) fördern (vgl. Westermann 1935). Etwa im Alter um die Pubertät herum sind die Kenntnisse zur Subsistenz weitgehend vorhanden (Raum 1980).

7. Die Gruppe älterer Kinder und Jugendlicher besitzt in vielen Kulturen ein großes Maß an Autonomie, wie z. B. bei den Bhils in Indien (Naik 1956) oder Kikuju in Afrika (Kenyatta 1938), die eigene Jugendhäuser oder Dörfer betreiben, in denen sie leben. Oft sind diese älteren Kinder und Jugendlichen weitgehend Selbstversorger.

8. Das Erlernen der Fähigkeiten und Kenntnisse erfolgt nur zum geringeren Teil durch intentionale Erziehung, sondern überwiegend implizit auf anderen Wegen, wobei Imitation, Versuch und Irrtum beteiligt sind.
   Allerdings gibt es in manchen Kulturen, zumeist um die Pubertät herum, Initiationen, innerhalb derer − neben den eigentlichen Prüfungen auf Härte, Selbstkontrolle etc. − oft Unterricht erteilt wird. Gegenstand dieser intentionalen Unterweisung sind zumeist sakrale, soziale und historische, nicht aber berufliche Sachverhalte (Krebs 2001).

9. Geschlechtsspezifik ist in allen Traditionalen Kulturen wesentlich stärker ausgeprägt als in unserer gegenwärtigen Gesellschaft, gleichwohl unterscheiden sich die Traditionalen Kulturen untereinander im Ausmaß der Geschlechtsspezifik. Dies hat auch Auswirkungen auf die Kindheit. Oft sind beide Geschlechter bis etwa zum 7.–10. Lebensjahr bei der Mutter, danach sind die Jungen in einigen Kulturen fast ausschließlich mit Männern, die Mädchen mit Frauen zusammen (vgl. Hauser-Schäublin 1976).

Dieser knappe Blick auf die Inhalte und Tätigkeitsformen der Kindheits- und Jugendphase in Traditionalen Kulturen, zeigt einerseits manche Differenzen zu modernen Gegenwartsgesellschaften und andererseits viele Übereinstimmungen zwischen den Traditionalen Kulturen untereinander und in allgemeinen Zügen. In Bezug auf die Dauer der Kindheits- und Jugendphase fand sich keine Kultur, in der nicht mit Erreichen der körperlichen Reife oder wenige Jahre danach der Erwachsenenstatus erreicht wurde.

Dies erlaubt den Schluss, dass in der längsten Zeit unserer Kulturgeschichte die lange Kindheit und Jugend des Menschen genutzt wurde und auch völlig ausgereicht hat, um die kulturspezifischen Fähigkeiten und Kenntnisse zu erwerben, die allein in schriftlosen Kulturen die Weitergabe eines einmal erreichten Kenntnis- und Fertigkeitsstatus von einer Generation zur nächsten sichert. Der Status: „biologisch adult, aber sozial nicht adult", der junge Erwachsene in Ausbildung oder Studium in unseren modernen Gesellschaften kennzeichnen würde, sofern man die wirtschaftliche Selbständigkeit zum wesentlichen Kriterium des Erwachsenenstatus erhebt, dieser Status ist kulturgeschichtlich sehr neu.

6 Schlussfolgerungen

Antworten auf die Frage „Warum?" lassen sich formal typisieren nach proximaten Ursachen (von lat. „in der Nähe"; Duden 1966, Bd. 5, 581) und ultimaten Ursachen (von lat. „letzten" ; Duden 1966 Bd. 5, 581).

Während proximate Antworten Ursachen von beobachtbaren Wirkungen aufspüren wollen, suchen ultimate Antworten nach evolutionsbiologischen Funktionen. Fragt man z.B. „Warum ist das Hermelin im Winter weiß?", so lautet die proximate Antwort: „Weil die Haare ohne Pigment sind und daher das Licht voll reflektieren." Die ultimate Antwort hingegen hieße: „Weil das Hermelin im Schnee durch weiße Färbung seines Felles weit besser getarnt ist und es dadurch Vorteile gegenüber Fressfeinden und eigener Beute besitzt. Diese Färbung des Winterfelles wurde im Laufe der Evolution herausselektiert." Wichtig ist hier lediglich, zu erkennen, dass die beiden Antworttypen sich nicht ausschließen, sondern auf anderen Ebenen liegen.

Bei der Frage „Warum Kindheit?" kommen die proximaten Erklärungen von der Medizin, der Psychologie und nicht zuletzt von der Pädagogik. Ultimate Erklärungen hingegen, können durch Vergleich mit gleichen oder ähnlichen Erscheinungen auf dem Hintergrund der evolutionsbiologischen Entwicklung versucht werden:

Macht man dies, so *ist Kindheit im explizierten breiten Begriffsverständnis m.E. Ausdruck einer Umschichtung, und zwar einer Umschichtung der Anpassungsleistungen bei Tier und Mensch von der Phylogenese in die Ontogenese, von der Stammesgeschichte in die Individualgeschichte.*

Die große Zahl von Tierarten, die keinerlei Kindheit, sondern nur kindheitsanaloge Zeitspannen vor dem Adultstatus aufweisen, verdeutlichen dies auf indirekte Weise. Sie sind durch genetische Programmierung auch ihres Verhaltens in hohem Maße angepasst an ihre arteigene Lebenswelt, in die sie sich im Schlüssel-Schloss-Prinzip einfügen. So ist z.B. bei den Schmetterlingen der Ligusterschwärmer an die Eigenschaften des Ligusterstrauches, der Distelfalter an die Eigenschaften von Disteln hochwirksam und genetisch fixiert – aber auch auf Gedeih und Verderb – angepasst. Die Achillesverse dieser Anpassung ist ihre relative Statik auf der Ebene des Individuums. Bei bedeutsamen Änderungen ist der Tod des Individuums die wahrscheinliche Folge. Auf der Ebene der Spezies – nicht auf der des Individuums – ist gleichwohl durch Variation und Selektion bei schnellen Generationenfolgen, die für diese Tiere typisch sind, allmähliche Anpassung gesichert. Eine relativ plötzliche Änderung allerdings, z. B. das Verschwinden der Ligusterbüsche, würde wahrscheinlich das Verschwinden der Ligusterschwärmer nach sich ziehen.

Die moderneren Wirbeltierklassen, insbesondere die Säugetiere, zeigen aber bereits ausgeprägt individuelle Anpassungsleistungen, indem sie neben ihren genetisch fixierten Leistungen auch individuell erlernte einsetzen, um sich neuen Gegebenheiten anzupassen. Diese Leistungen sind aber umso begrenzter und umrissener, je geringer die „Intelligenz" der Spezies – etwas ungenau ausgedrückt im Hirnvolumen – ist. Der Vorteil der individuellen Anpassungskapazität ist also ihre Schnelligkeit.

Gewissermaßen ‚aufgepfropft' auf genetische Grundlagen, ‚verknüpft' mit den genetischen Programmen, ist offensichtlich eine Verbesserung der eigenen Überlebenswahrscheinlichkeit zu erreichen, wenn Lernkapazität für den Umgang mit Varianz in wichtigen Bereichen der Umwelt zur Verfügung steht.

Hier bestehen also nicht nur genetisch fixierte Endhandlungen, sogenanntes ‚angeborenes' Verhalten. Theoretisch interessanter erscheint, dass es auch ein Zusammenwirken von genetisch fixierten Präferenzen und Dispositionen mit Lernleistungen gibt. Die Konsequenz hieraus ist wahrscheinlich, dass die Dichotomie „erlernt" oder „erworben", „nature or nurture" oftmals viel zu simpel sein wird und eher einen Spezialfall als die Regel beschreibt.

Hühnerküken z. B. müssen lernen, was Wasser ist. Sind sie durstig, so picken sie genetisch disponiert an alles, was die Eigenschaften „klein", „rund" und „glänzend" besitzt. Unter den natürlichen Lebensbedingungen von Hühnern, die Buschland bewohnen, das eher trocken ist und eher selten größere Wasserstellen aufweist, sind Tautropfen eine verlässliche Wasserquelle und das Küken verfügt mit den genannten Vorinformationen über eine gute Strategie, Tautropfen zu finden: Die genetischen Vorgaben verhindern im Sinne einer Einengung auf ein Suchbild, dass das Küken wahllos an alles pickt und damit kostbare Zeit verliert. Zugleich ist das Suchbild weit genug, um sicherzustellen, dass Tautropfen in allen denkbaren Umständen auch aufgespürt werden. Sobald das durstige Küken einen Tautropfen findet und ihn bepickt, rastet die Lernleistung gewissermaßen ein mit dem Ergebnis, dass das Küken ab diesem Augenblick gezielt nach Tropfen sucht, da es nun weiß, was Durst löscht (vgl. Baeumer 1964; Judt/ Krebs 1976).

Beim Menschen nun ist diese ontogenetische Anpassungskapazität auf die Spitze getrieben, wenngleich wir in basalen Bereichen wie Atmung, Kreislauf, Stoffwechsel natürlich vergleichbar genetisch programmiert sind wie andere Säuger. Offensichtlich aber „rechnete" sich naturgeschichtlich ein großes Hirnvolumen trotz direkt und indirekt bewirkter Erhöhung der Mütter- und Säuglingssterblichkeit. Die letale Gefährdung wurde naturgeschichtlich durch die hohe Fruchtbarkeit des Menschen kompensiert, vergleicht man ihn mit anderen höheren Primaten. Denn das Hirnvolumen des Menschen erlaubt hohe Abstraktion, Bewusstsein, Sprache und Lernen. Alle vier steigern die Durchdringung der nutzbaren Umwelt. Es kann daher nicht verwundern, dass der Mensch alle Kontinente und Klimazonen besiedelt hat. Auch dass hierzu keine weitere Artbildung erfolgte, sondern eine einzige Spezies – lediglich mit verschiedenen genetisch fixierten Populationsdifferenzierungen (negrid, europid, mongolid) ausreichte, unterstreicht die Flexibilitätssteigerung. Sogar im Vergleich auch zu unseren nächsten zoologischen Verwandten, den Menschenaffenarten, tut sich hier ein großer kognitiver Graben auf. Menschenaffen haben sowohl festgelegtere enge Lebensräume, und sie sind verschiedene Arten. Und ganz zu schweigen von anderen Tieren.

Bei Menschen war und ist die individuelle Anpassung an die jeweiligen Lebensbedingungen durch Erwerben der je kulturspezifischen Fähigkeiten Inhalt der Kindheit und Jugend.

Wie einschlägige Daten aus Traditionalen Kulturen nahe legen, war dies keine extreme Anstrengung. Der Erwerb der beruflichen und sozialen Kompetenz lag etwa zeitgleich mit der biologischen Geschlechtsreife oder folgte ihr in relativ geringem zeitlichen Abstand.

Das Aufkommen der Schule vor ca. 5000 Jahren in Mesopotamien (vgl. Waetzold 1986) und die weit spätere, etwa 200 Jahre alte Einführung der allgemeinen Schulpflicht in den Nationalstaaten Europas lassen sich von den Zielen her ebenfalls als weitere Optimierungsschritte deuten. Das gilt – etwas eingeschränkt – sicher auch für die Ergebnisse. Allerdings startete die Schulpflicht zu einem Zeitpunkt, an dem das Wissen über Kinder und ihre Lernweisen (noch) dürftiger als heute war.

Die fortschreitende Überwindung der drei falschen Dichotomien „Natur oder Kultur", „Mensch oder Tier" und „genetisch fixiert oder erlernt" begünstigt die Untersuchung des *Zusammenwirkens* kultureller und biologischer Einflussgrößen bei kindlich-jugendlichen Lernprozessen durch die Erweiterung des Horizontes, aus dem Hypothesen generiert werden können. Die

Wahrnehmung subhumaner, im Detail ungleicher, aber prinzipiell vergleichbarer Leistungen kann wegen des in aller Regel geringeren Komplexitätsgrades dieser Leistungen heuristisch interessant und theoretisch stimulierend wirken. Nicht auszuschließen ist, dass mit fortschreitenden Erkenntnissen noch manche Postulate über kindlich-jugendliches Lernen, wie sie z.b. in Lehrplänen Ausdruck finden, relativiert werden. So z.B. orientiert sich bei uns der inhaltliche Aufbau des Stoffes oft an der Systematik der Wissenschaft, die dem jeweiligen Schulfach zugrunde liegt. Wenn aber das kindliche und das jugendliche Interesse regelhaften alterstypischen Änderungen unterliegt, die durchaus vergleichbar gesetzmäßig wie der Skelettaufbau erfolgen mögen, so macht es wahrscheinlich mehr Sinn, den Stoff am alterstypischen Interessenspektrum aufzuhängen und erst in der Summe all dieser Einzelthemen hinreichend systematisch zu sein.

Schon heute weisen manche Universalien des kindlich-jugendlichen Verhaltens darauf hin, dass diese Übereinstimmungen auch – wenngleich keineswegs ausschließlich – mit Gewinn im Hinblick auf genetisch vorstrukturierte Grunddispositionen zu reflektieren sind. Man vergegenwärtige sich z.B. Spielbedarf, Bewegungsfreude, Gruppenorientierung, Vorbildsuche, ontogenetische Abfolge der Interessen, Geschlechtsspezifik etc., um nur einige Bereiche an sich erstaunlicher grundsätzlicher Übereinstimmungen zu nennen.

Denn ein *Zusammenspiel* von genetisch fixierten Dispositionen und ontogenetisch erst zu erwerbenden individuellen Erfahrungen erscheint dann als eine erfolgversprechende Verhaltensstrategie, wenn *zugleich* grundsätzlich gleiche Probleme (Zeitabschnitt „Kindheit") unter individuell variierenden Umständen (konkrete Situation eines Kindes in seiner Kultur) gelöst werden müssen. Dies ist in den beispielhaft genannten Bereichen weitgehend der Fall.

Die Beachtung der genannten Universalien wäre aber auch bereits dann nützlich, wenn die Frage nach ihren Ursachen strittig bleibt. Denn eine erhöhte Effizienz des schulischen Lernens wäre vermutlich die Folge, wenn in Erziehung und Unterricht stärker auf solche Universalien eingegangen würde.

Das folgende abschließende Zitat kann vielleicht verdeutlichen, dass die Frage nach der Funktion der Kindheit des Menschen – als einer in biologisch vergleichender Sicht extrem langen Altersspanne von der Geburt bis zum Erwachsenenstatus – selbst dann zutreffend, ja hellsichtig beantwortet werden kann, wenn die Induktionsbasis des Beurteilers sich im wesentlichen auf die Tierwelt beschränkt. Und in den allgemeinen Aussagen erscheint die Aussage selbst dann noch zutreffend, wenn der Urteiler in manchen anderen

Details – z.B. der Bewertung und Beurteilung der verschiedenen menschlichen Populationsdifferenzen, der sogenannten Rassen – dem zeitgenössischen Evolutionismus erlag. Dies spricht – methodologisch betrachtet – für den Erklärungswert einer vergleichenden und indirekten Vorgehensweise.

Es wird zwar im folgenden Zitat von „Jugend" statt „Kindheit" gesprochen, doch ist ganz allgemein die ganze Altersspanne bis zum Erwachsenen gemeint:

„Der Geist der Jugend, besonders beim Menschen, wird oft als tabula rasa, als leeres Blatt bezeichnet, worauf willkürlich etwas geschrieben werden kann. Diese Annahme liegt so weit von der Wahrheit entfernt, wie nur möglich. Junge Tiere wie junge Menschen verfügen über ein Gemisch von allen möglichen ererbten Instinkten und Fähigkeiten, und der Mensch ist deswegen den anderen Tieren ... so ungeheuer überlegen, weil er eine lange Zeit zur Verfügung hat, in der er seine Fähigkeiten herausfinden und entwickeln und die Instinkte abwandeln kann. Diesem natürlichen Zwecke sollte die menschliche Jugend gewidmet sein ... Bei der Erziehung sollten alle Fertigkeiten vorgeführt werden, alles was Denken und Fühlen anregt, alle Künste, alle Wissenschaften, und was nützlich ist, danach sollte dabei zuletzt gefragt werden. Die vornehmste Pflicht der Jugend ist, alles zu versuchen und Experimente in jeder Richtung zu machen. Die Welt wird schon zur rechten Zeit jeden, der ins Leben hinaustritt, auf seine Bahn stoßen und wer am längsten jung war und die vielseitigste Erfahrung gesammelt hat, kann sich am besten einfügen." (Chalmers Mitchell 1913, 273)

Bei aller berechtigten Kritik an durchaus wichtigen Einzelheiten wie z.B. dem hier zugrundeliegenden Instinktbegriff, der heute in dieser Form nicht aufrechterhalten würde (vgl. Lorenz 1978; Eibl-Eibesfeldt 1995), muss Chalmers Mitchells Schlussfolgerungen bezüglich der *Funktion der Kindheit des Menschen* auf dem Hintergrund der profunden Kenntnisse, die er über die ‚Kindheit der Tiere' besaß, zugestimmt werden. Ist es nicht erstaunlich, wie hellsichtig, stellenweise geradezu reformpädagogisch, sich Mitchell bereits 1913 äußerte?

Literatur

Ainsworth, M. D. (1978): Patterns of Attachement. Hilsdale, N. J.

Baeumer, E. (1964): Das dumme Huhn. Verhalten des Haushuhns. Stuttgart.

Bowlby, J. (1975): Bindung. Eine Analyse der Mutter-Kind-Beziehung. München.

Chalmers Mitchell, C. (1913): Die Kindheit der Tiere. Stuttgart. (Übersetzung der engl. Originalausgabe, ohne Erscheinungsdatum genannt).

Der grosse Duden (1966): Band 5 Fremdwörterbuch. Mannheim.

Eibl-Eibesfeldt, I. (1995): Die Biologie des menschlichen Verhaltens. Grundriss der Humanethologie. 3.Aufl.; München.

Einsiedler, W. (1991): Das Spiel der Kinder. Bad Heilbrunn.

Grossmann, K. E./ Grossmann K. (1982): Eltern-Kind Bindung in Bielefeld. In: Immelmann, K. et al. (Hg.): Verhaltensentwicklung bei Mensch und Tier. Berlin, 794–799.

Grossmann, K. E./ Grossmann K. (1986): Phylogenetische und ontogenetische Aspekte der Entwicklung der Eltern-Kind-Bindung und der kindlichen Sachkompetenz. In: Zeitschrift für Entwicklungspsychologie und Pädagogik. Bd. XVIII (4), 287–315.

Güntürkün, O./ Fersen, L. v. (1998): So wenig graue Zellen – ein Mythos wird angetastet. In: Rubin. Wissenschaftsmagazin der Ruhr-Universität Bochum. 8.1, 6–13.

Harris, M. (1991): Menschen. Wie wir wurden, was wir sind. Stuttgart. (Übersetzung, amerik. Originalausgabe „Our Kind" 1989).

Hauser-Schäublin, B. (1976): Frauen in Kararau. Zur Rolle der Frau bei den Iatmul am Mittelsepik, Papua-Neuguinea. Dissertation Universität Basel.

Immelmann, K./ Scherer, I. (1988): Psychobiologie. Grundlagen des Verhaltens. Weinheim.

Judt, P./ Krebs, U. (1976): Persönliche Beobachtung bei der Aufzucht von 15 Küken für Lernexperimente.

Kenyatta, J. (1938, 1961): Facing Mount Kenya. The Tribal Life of the Gikuyu. London.

Knußmann, R. (1980): Vergleichende Biologie des Menschen. Stuttgart.

Krebs, U. (2001): Erziehung in Traditionalen Kulturen. Quellen und Befunde aus Afrika, Amerika, Asien und Australien (1898 –1983). Berlin (im Druck).

Lorenz, K. (1978): Vergleichende Verhaltensforschung. Grundlagen der Ethologie. Berlin.

Mägdefrau, H. (2000) pers. Mitteilung (Tiergarten Nürnberg).

Naik, T. B. (1956): The Bhils. A Study. Delhi.

Raum, J. W. (1980): Erziehung und Sozialisation in afrikanischen Stammesgesellschaften. In: Ortlieb, H. D./ Zwernemann, J. (Hg.): Afrika zwischen Tradition und Fortschritt. Hamburg, 89–106.

Vogel, C. (1974): Biologie in Stichworten. Kiel.

Waetzold, H. (1986): Keilschrift und Schulen in Mesopotamien und Ebla. In: Kriss-Rettenbeck, L./ Liedtke, M. (Hg.): Erziehungs- und Unterrichtsmethoden im historischen Wandel. Bad Heilbrunn, 36–51.

Helga Unger-Heitsch

Straßenkinder in Lateinamerika und Deutschland. Kindheit und Lebenswelt als Aufgabe der Stadtethnologie

1 Einleitung

1.1 Der Begriff „Straßenkind" in der internationalen Fachliteratur

Der Terminus „Straßenkinder" oder „street children" ist nicht neu. Tobias Hecht fasst seine Genese zusammen und verweist auf das Werk von Needham, „Street Arabs and Gutter Snipes" von 1884 (Hecht 1995, 56). Für Brasilien zitiert Stubbe ein Werk von 1731, in dem von dieser Personengruppe die Rede ist (Stubbe 1994, 263). Aber erst in den 80er Jahren dieses Jahrhunderts hat der Begriff als Allgemeinplatz auch die deutsche Alltagssprache erreicht, da sogenannte Straßenkinder durch Fernsehberichte und Zeitungsartikel zum Gespräch in der Öffentlichkeit wurden (Adick 1997, 1). In Lateinamerika ist neben spanischen oder portugiesischen Synonymen wie „meninos de rua" (Hecht 1995, 57) oder „ninos de la calle" oder „en la calle" (Liebel 1990, 2) gerade diese präpositionale Unterscheidung „de" und „en" semantisch bedeutsam, da „en", d.h. „in" der Straße lebende Kinder auch solche sein können, deren Lebenswelt nicht ausschließlich von der Straße bestimmt wird. Dabei ist es problematisch zu entscheiden, wie oft ein Kind z.B. auf der Straße übernachtet haben muss, um als „Straßenkind" bezeichnet zu werden. Die Übergänge sind fließend. Eine weitere Wortsammlung zeigt, dass Kinder in vielen Staaten Lateinamerikas auf/in der Straße leben: Liebel (1990, 1) fasst zusammen: „camines/ Kolumbien, petisus/ Peru, pelones/ Mexico, quinches/ Nicaragua, cibotes/ Honduras, garatos oder trombadinhos in Brasilien". Für Brasilien zählt Stubbe (1994, 263) eine Reihe von Begriffen auf, die viele Schimpfworte und pejorative Adjektive enthalten (Strobl 1994, 15; Hecht

1995, 65), aber auch umgangssprachliche Bezeichnungen für Arbeit. In Südamerika handelt es sich zumeist um Jungen, die zwischen 8 und 16 Jahren alt sind und tätige Subjekte sind, d.h. arbeiten (Liebel 1990, 3). In Deutschland sind es zumeist Jugendliche im Alter zwischen 12 und 14 Jahren (Adick 1997, 10). Minderjährige, die aus Heimen ausrissen und vorzogen obdachlos zu bleiben, anstatt nach Hause zurückzukehren, werden als „TrebegängerInnen", „Ausreißer" oder „Aussteiger" bezeichnet (Pfennig 1996, 15). Nach Romahn handelt es sich dabei um ältere Begriffe (2000, 14). Alle Definitionen bezeichnen „Straßenkinder" als „minderjährige Personen, deren Lebensmittelpunkt die Straße darstellt". Diese Bestimmung liegt auch den folgenden Ausführungen zugrunde.

Fazit: Bereits das Wortfeld zeigt für Lateinamerika und Deutschland eine eher distanzierte bis abwertende Haltung der Gesellschaft gegenüber in oder auf Straßen lebenden Kindern/ Jugendlichen. Diese treten allerdings selten als Einzelgänger in Erscheinung, sondern schließen sich zu Gruppen zusammen, bilden dann die in der Literatur so bezeichneten „Straßenszenen" oder „-cliquen" (Permien 1998, 250f.; Moebius 1998, 16) mit den dazugehörigen Treffpunkten wie öffentliche Gebäude (Bahnhöfe) oder Parkanlagen u.a. Es sind Gemeinschaften, die sich aus ethnologischer Sicht auch als ,Subkulturen' beschreiben lassen. Ethnologen haben einen wertneutralen Kulturbegriff, der oft die Konnotation relativistisch erhält, aber für den interkulturellen Vergleich die nötige wissenschaftliche Distanz ermöglicht. Wenn hier von Kultur oder Subkultur – als Teilbereich einer größeren Einheit – gesprochen wird, so möchte ich diese mit Lang „als das Produkt von Konformität eines Referenzverbandes" definieren (vgl. Lang 1998, 9). Diese Definition ist für den Untersuchungsgegenstand geeignet, da die Personen der hier besprochenen Gemeinschaften a) keine ethnische Gruppe bilden, wie in vielen indigenen Kulturen und b) in verschiedenen Räumen leben. Außerdem ist c) „Kultur" hier wertneutral gemeint und beinhaltet nicht den Anspruch, dass die Verhaltensweisen wie umgangssprachlich bekannt, etwa der Kultur von Menschen förderlich sein müssen. Der hier verwendete Begriff ist wertneutral.

Der vorliegende Beitrag befasst sich mit Straßenkindern in Lateinamerika und Deutschland im Vergleich, um bisherige Kulturkonstanten dieses Phänomens zusammenzufassen und abschließend methodisch zu bewerten. Das Problem wird aller Voraussicht nach sowohl in sogenannten Entwicklungsländern als auch Industrienationen weiter zunehmen (Milcher 1996, 53; Iben 1998, 9).

1.2 Zahlen

Straßenkinder sind eine marginalisierte Gruppe in vielen Gesellschaften. Gemeinsames Merkmal dieser Gesellschaften ist, dass der Zugang zu Gesundheitsvorsorge und sozialen Diensten in der Regel in nicht ausreichendem Maße vorhanden ist. Seit den 80er Jahren ist dies auch in Deutschland der Fall (Milcher 1996, 24; Romahn 2000, 7). Hier existieren Straßenkinder in den Städten Dresden, Hamburg, Karlsruhe (Möller 1998, 120), sowie Saarbrücken (Vierzigmann 1999, 18), Köln (Pfennig 1996, 1) oder Berlin (Riklin 1997, 15). Für diese Kinder und Jugendlichen stellen Diskriminierung, Drogenabhängigkeit und Marginalisierung die größten Probleme dar. Die World Health Organisation schätzte die Zahl der Kinder, die weltweit auf der Straße leben 1993 auf ca. 100 Millionen (WHO 1993, 1), UNICEF 1998 auf 80 Millionen (Romahn 2000, 7). Besonders in Entwicklungsländern ist das Phänomen nicht genau quantifizierbar, da viele Kinder sozial schwacher Schichten nicht statistisch erfasst werden. In der BRD hat es 1998 nach Aussagen der damaligen Familienministerin Nolte ca. 5000–7000 Straßenkinder gegeben (nach Iben 1998, 13), Romahn weist darauf hin, dass Zahlen der Presse von bis zu 50.000 Kindern sicherlich übertrieben sind (Romahn 2000, 22). Es zeigt sich hier das Problem der Dunkelziffer. Buchholz ersetzt den Begriff „Straßenkind" durch „Straßenjugendliche", da es sich um die Altersgruppe von Jugendlichen und jungen Erwachsenen handelt (Buchholz 1998, 27). Deutlich wird ein wichtiger Unterschied zur Situation in Lateinamerika, denn dort ist das Durchschnittsalter wesentlich geringer, und bereits ab 6 Jahren verbringen Kinder den größten Teil ihres Alltags auf der Straße (Milcher 1996, 26). Aptekar weist aber zurecht darauf hin, dass das genaue Alter besonders in Entwicklungsländern in Ermangelung von genauen Statistiken und Geburtsurkunden nicht eindeutig zu ermitteln ist (Aptekar 1994, 201). Besonders in Brasilien schwanken die Zahlen verschiedener Institutionen zwischen 10.000 und 30 Millionen (Strobl 1994, 22).

1.3 Quellenlage

Die Mehrzahl der Quellen dieses Beitrages ist aus sozialpädagogischer Sicht verfasst worden. Inzwischen ist die Anzahl der Publikationen so groß, dass nur die neuesten aufgenommen werden konnten. Arbeiten im Kulturvergleich sind in der Minderzahl. So ist aufgrund der Quellenlage nicht eindeutig zu klären, ob Straßenkinder in indigenen Gesellschaften vor dem Kontakt mit Europäern weniger vorkamen (Aptekar 1994, 204). Auch existiert meines

Wissens noch kein Vorhersagemodell oder Erklärungsmodell, welches etwa die Ursachen allgemeingültig im Kulturvergleich erklären könnte. Erst im Laufe der Technisierung indigener Völker im beginnenden 19. Jahrhundert und dem damit verbundenen Vordringen Europas taucht das Phänomen in der Literatur auf (Hecht 1995, 56). Aptekar hat für die Genese im Kulturvergleich die Einflussgrößen „Modernität", „Armut", „Missbrauch" und „Arbeits-Migration" genannt (Aptekar 1994, 195). Der Autor schlägt vor, den Human Relations Area File mit seinen vergleichenden Daten von über 350 Kulturen diesbezüglich auszuwerten.

2   Straßenkindheit: Theoretische Ansätze

Kindheit ist im Rahmen der Sozialisationsforschung neu problematisiert worden. Hurrelmann gilt als einer der wichtigen Vertreter. Nach ihm ist Kindheit ein Konstrukt der bürgerlichen Gesellschaft, die den Differenzgedanken zwischen Kindern und Erwachsenen zur Legitimation von Erziehung benötigt. Demnach wird den allgemeinen Merkmalen von Kindheit kein großes Gewicht beigemessen, da die Idee der Kindheitsphase konstruiert ist, d. h. auf die Idee von Erziehung und Bildung sowie auf den Prozess der Industrialisierung zurückzuführen ist (Bründel/ Hurrelmann 1996, 19). Die Kindheitsforschung versucht nun durch ethnographische Studien (vgl. Kelle/ Breidenstein 1996), Kinder als Subjekte anzuerkennen und ihr Erleben durch geeignete Forschungsmethoden zum Thema zu machen. Die Kritik der Kindheitsforscher basiert auf den Thesen von Ariès, dessen Verdienst es ist gezeigt zu haben, dass Kindheitsbilder und daraus resultierende Erziehungsideale von soziokulturellen Faktoren abhängig sind (vgl. Göppel 1997, 362). Viele interessante Beiträge zum Thema „Straßenkinder" sind gerade auch von dieser Richtung verfasst worden, da arbeitende Kinder in Lateinamerika und anderswo sich gut eignen, die These der handelnden Subjekte zu untermauern (vgl. Adick 1997, 18). Entwicklungspsychologen und -pädagogen stehen im Gegensatz dazu in der Tradition Rousseaus, der die These von der altersgemäßen Erziehung aufstellte (vgl. Göppel 1997, 358). Da aber Rousseau und andere Psychologen und Pädagogen, von Pestalozzi über Freud bis Piaget, das kindliche Denken und Fühlen in Phasen unterteilten, machen sie sich des Konstruktionsvorwurfs schuldig, obwohl sie dies tun, um das kindliche Fühlen und Denken zu erforschen. Kindheitsforscher schlagen vor, Kindheit als Minoritätenforschung zu betreiben (Honig 1990, 4). Die vorliegende Arbeit steht eher in der Tradition der Entwicklungspsychologie und

-pädagogik (Müller/ Treml 1992, 7ff.), da auch die Thesen Piagets im Kulturvergleich nicht widerlegt werden konnten und bis heute von nicht-linearen Phasen- oder Stufenmodellen in der emotionalen und kognitiven Entwicklung des Menschen ausgegangen wird (vgl. Zimbardo 1999, 455). Damit gehe ich auch von der Existenz allgemeiner Merkmale von Kindheit aus, die ein besonderes Einfühlen und bewusstes Verhältnis Kindern gegenüber notwendig machen. Interessant ist, dass sowohl Kindheitsforscher als auch Entwicklungspsychologen dieses Verhältnis nicht negieren. Allgemeine Merkmale von Kindheit sind unterschiedlicher Wissensschatz und Erfahrungsgrad.

Aus der Sozialpädagogik ist als neuerer Erklärungsansatz für Straßenkindheiten das Lebenslagenmodell zu erwähnen (s. Schema von Tschümperlin 1988, in Iben 1998, 11). Es basiert nicht nur auf persönlichen Merkmalen wie z.B. psychische Defizite, die für die Straßenkindheit maßgeblich sein können, sondern bezieht ökonomische und soziale Ursachen mit ein. Dieses Modell thematisiert besonders die sogenannte Relative Armut in Industrieländern, die in Beziehung zum Durchschnittseinkommen steht. Iben weist meiner Meinung nach zu Recht darauf hin, dass bei Straßenkindern auch absolute Armut auftritt, wenn Kinder nämlich hungern und im Freien übernachten müssen. Die gesundheitlichen Schäden für die kindliche Entwicklung sind langzeitlich zu betrachten und nehmen zu, je länger dieser Zustand andauert. Für die Einflussgrößen des brasilianischen „Straßenkinder-Problems" existiert ebenfalls ein Schema (Stubbe 1994, 289), welches auch die ethnische Zugehörigkeit und historische Faktoren, wie die Landfrage, mitberücksichtigt.

Aus dem Vergleich lassen sich Gemeinsamkeiten und Unterschiede von Kindheit in Lateinamerika und Deutschland ableiten, die Milcher gut zusammenfasst: Für Lateinamerika nennt sie Landflucht, Arbeitslosigkeit und daraus entstehende Schwächung der Familien, für Deutschland spricht sie von „Entfremdungs- und Ausgrenzungsprozessen", wobei wirtschaftliche Faktoren zunehmen. Als Gemeinsamkeiten nennt sie die „Suche nach Geborgenheit", die letztlich unerfüllt bleibt (Milcher 1996, 41).

„Die Belastungen des Lebens auf der Straße führen zu gefährlichen Verhaltensweisen wie Drogenkonsum und Prostitution, die zudem illegal sind. Abweichendes und regelverletzendes Verhalten wird Teil der „Überlebensstrategie". Die Härte der Lebensbedingungen führt in Lateinamerika und in Deutschland dazu, dass die Kinder und Jugendlichen immer mehr in eine Spirale der Gewalt geraten. Insgesamt stellt das Leben auf der Straße eine Verletzung der Menschenrechte auf Freiheit, Nahrung, Obdach, Gesundheit und Bildung dar" (a.a.O., 42).

Ein wichtiger Unterschied von Straßenkindheiten in der sogenannten I. und III. Welt wird deutlich, wenn man das Erklärungsmodell des Soziologen

Beck heranzieht. Beck beschreibt den Wandel von der „klassischen Industriegesellschaft" hin zur „Risikogesellschaft" (Beck 1986). Kennzeichnend sind demnach die Individualisierungstendenzen der heutigen Gesellschaft und die Konfrontation des Individuums mit anonymen Institutionen. Auch für die hier behandelte Problematik liefert dieses Erklärungsmodell Hinweise, da Beck u. a. von Individualisierung sozialer Ungleichheit spricht. Zwar nimmt die Zahl individueller Wahlmöglichkeiten zu, doch kann dies auch zur Vereinzelung, Überforderung und massiver Unsicherheit des Einzelnen beitragen (Buchholz 1998, 70). Da Kindheit nicht isoliert von den sozialen Rahmenbedingungen betrachtet werden kann, müssen die Auswirkungen sozialer Probleme auf das Erleben der Kinder berücksichtigt werden. Thiersch betont aber auch die Vielfalt durch die Pluralisierung von Lebenslagen in der modernen Gesellschaft (Thiersch 1986, 10). Den Aspekt der offenen aber unsicheren Zukunft thematisiert Beck mit seinem Terminus von der Risikogesellschaft. Der Autor macht auf die Abnahme sozialstaatlicher Absicherung aufmerksam, die im Rahmen allgemein zunehmender Armut die soziale Frage neu aufwirft und die Akzeptanz des Sozialstaates verringert (Beck 1986, 238f.).

Vor diesem Hintergrund erscheint die Lage von Straßenkindern in Entwicklungsländern eher ungünstiger, da es dort weniger soziale Institutionen gibt, die Armut abfangen können. Dewees und Klees sehen Straßenkinder weltweit gewissermaßen als „Spitze eines Eisberges": größere Gruppen der Bevölkerung werden ausgebeutet, ohne dass dies so ohne weiteres ersichtlich ist, wie bei den Straßenkindern. Man denke etwa an die Arbeit in manchen Industrien, Farmen oder Minen (Dewees 1995, 76).

Als letzter wichtiger Ansatz sind Konzepte zu nennen, die Mensch und Umwelt nicht mehr getrennt, sondern als unauflösliche dialektische Einheit konstituieren (Zinnecker 1998, 34). Bereits die Feldtheorie des Psychologen Kurt Lewin und die klassische Studie von Martha Muchow „Der Lebensraum des Großstadtkindes" fassen Mensch und Lebenswelt als strukturiertes Gefüge auf (a. a. O., 35). Die gemeinsame Betrachtung von Mensch und Lebenswelt ermöglicht überhaupt erst ein Verstehen. Eine Beschränkung auf einen Bereich verengt den Blick auf die Psyche des Kindesalters. Muchows Studie, die nach unterschiedlichen Bedeutungen von Räumen im Erleben von Kindern und Erwachsenen fragte, kann als Vorläufer der Stadtethnologie bezeichnet werden. Sie setzte wichtige Maßstäbe für die Erforschung der Straßensozialisation.

3 Lebenswelt von Straßenkindern als Subkulturen der Moderne

3.1 Lateinamerika

Ricardo Lucchini studierte Straßenkinder in Montevideo und Uruguay (1996a, 235ff.) und verglich deren Daten mit solchen aus Rio de Janeiro und Mexico City. Alle diese Kinder benutzen wenigstens einige Stunden in der Woche die Straße als Arbeitsplatz. Das Verhältnis zur Arbeit beschreibt er als lustvoll und spielerisch. Die Arbeit wurde der sonst drohenden Langeweile auf der Straße häufig vorgezogen. Auch differenzieren die Kinder selbst Straßenkinder in den favelas und im City-Center. Die Existenz von arbeitenden Kindern, die diese Differenzierungen nicht kennen (a. a. O., 238), zeigt, dass graduelle Prozesse der Ethnizität wirksam sind. Die Straßenkinder können immer wieder nach Hause zurückkehren, tun dies aber oft für mehrere Wochen nicht. Lucchini spricht von einer utilitaristischen und einer spielerischen Haltung der Straße gegenüber.

Straßenkinder haben ein eigenes Revier mit eigenen Schlafplätzen, bestimmte Treffplätze, einen eigenen Lebenslauf, -rhythmus und spezifische sprachliche Prägungen (giria), sowie ein System von Verhaltensregeln. Ihr Normensystem unterscheidet sich von dem der Mittel- und Oberschicht (Stubbe 1994, 285f.). Es handelt sich aber nicht um eine „Gegenkultur". Hier gibt der Autor auch Beispiele für Regionalismen dieser Kinder, die von Erwachsenen nicht verstanden werden und somit eine Art „Geheimsprache" unter Gleichen darstellen (ebd.). Die Gruppe ist für die Straßenkinder eine Art Familienersatz. Doch bezahlen sie dafür mit dem Verlust an jeglicher Privatheit und setzen sich der Gewalt von Drogendealern aus, die in favelas mit einer Art „Hero"-Profil in einer Hierarchie herrschen, in der der Älteste den Ton angibt und bestimmt (WHO 1993, 47, 76ff.).

Wenn Kinder die Straße und ihr Zuhause beschreiben, benutzen sie dafür jeweils spezielle Worte, die nicht lediglich den psychischen Raum bezeichnen, sondern auch die Beziehung zur Mutter. Der Deckbegriff für Straßenleben ist bei brasilianischen Kindern „essa vida" (maladrogem), d.h. „Vagabundieren", „sich durch das Leben schlagen" (Hecht 1995, 60). Das Leben zuhause bezeichnen sie als „fazer casa", d.h. „helfen, to do house" (a. a. O., 61f.). Es beinhaltet soziale Tätigkeiten, wie der Mutter helfen, gehorsam sein, zum Familieneinkommen beitragen, den Haushalt erledigen. Dies erleben sie als anstrengend. Auch die Schule gehört in diesen semantischen Bereich. „Hausarbeit", „Schule", „Helfen" sind verbunden. „Essa vida" beinhaltet meistens „Stehlen", „Kämpfen", „Klebstoff schnüffeln" und vieles andere mehr, was ‚nicht gut' ist, „nao prestam". Doch viele Kinder entscheiden sich für die Straße, weil sie das Leben zuhause mit den vielen Obligationen nicht gewöhnt sind und die Laster der Straße eine unerklärliche Anziehungskraft entwickeln (a.a.O., 62). Ca. 50% der Kinder nehmen Drogen, doch nur wenige sind süchtig (Aptekar 1994, 213).

Manche Gruppen nennen sich selbst „maloquieros" oder „malocas", und dies beinhaltet in ihrer Sicht „schlechte Dinge zu tun" resp. Dinge, die die Mutter nicht erlauben würde (Hecht 1995, 65). Sie grenzen sich von anderen Kindern auf der Straße ab und behaupten von sich, anders zu sein und zu fühlen (WHO 1993, 65; Hecht 1995, 65). „Maloca" bedeutet „shack" und kommt vom indianischen Tupi-Wort mar-oca, „house of war" (ebd.). Diese Wortbedeutung rückt das Straßenleben in die Nähe von „action" und Abenteuer. Eine Eigenschaft, die für die Jungen sicherlich einen Anreiz für dieses Leben darstellt.

3.2 Deutschland

Straßenkinder bzw. -jugendliche leben in der sog. „City-Szene", die aufgeteilt ist in Reviere von ‚Punks', ‚Rappern', ‚Strichern' und ‚Junkies'. Letztere Bezeichnung steht für ältere Obdachlose (Hansbauer et al. 1997, 404).

In Deutschland sind die genannten Gruppen inzwischen geschlechtsgemischt. Die Gruppen ermöglichen diesen Jugendlichen neben den Angeboten der Jugendhilfe soziale Einbindung ohne Verachtung und „wesentliche Sozialisationsfunktionen" (wie Bekanntschaft, gemeinsame Aktionen und Drogen). Besonders für Neuankömmlinge in der Szene ist dies hilfreich, denn ihnen wird z.B. ein Schlafplatz besorgt. Diese Gruppen haben unterschiedliche Ehrenkodices, die bestimmte Tätigkeiten wie z.B. Betteln tabuisieren (a.a.O., 405). Innerhalb dieser Subkulturen gibt es u.a. Kleidungsembleme (Zinnecker 1998, 109), aber auch andere Symbole, die den Gruppenzusammenhalt nach außen und innen unterstützen. Wer sich und andere gegen Identitätsverletzungen verteidigen kann (physisch oder verbal) gilt etwas in der Gruppe (Hansbauer et al. 1997, 405; Zinnecker 1998, 109), aber auch innerhalb der Gruppe werden Selbstbehauptungen zum Erhalt des Gruppenstatus notwendig. Um sich nach außen abzugrenzen, werden mit bestimmten Handlungen Zeichen gesetzt. So wird eine Straße evtl. „bei Rot" überquert und dies an der gefährlichsten Stelle. Autofahrer werden provoziert, oder Passanten versehentlich angerempelt. Zinnecker erklärt solche Handlungen als notwendig, da sie den Status der Gruppe aufrechterhalten. Die Identität und Autonomie der Gruppe wird häufig durch Ortswächter an Grenzräumen unklarer Besitzansprüche (z.B. unbewohnte Häuser) unterminiert (a.a.O., 109), da diese die Gruppen einfach verjagen.

3.3 Vergleich zwischen Lateinamerika und Deutschland

Gemeinsamkeiten:

In allen Ländern sind Straßenkinder von Ausgrenzung, Missbrauch und Missständen besonders bedroht, da sie als Minderjährige nicht autonom sind. Ihre Situation ist von der zunehmenden Polarisierung der Weltgesellschaft in arm und reich gekennzeichnet (Unicef 2000, 26): Holm hat darauf hingewiesen, dass der Anteil der reichsten 20 Prozent der Weltbevölkerung am Welteinkommen zwischen 1960 und 1991 von 70 auf 85 Prozent stieg, bzw. dass der Anteil der zwanzig Prozent Ärmsten der Welt von 2,3 auf 1,4 Prozent fiel. Anfang des letzten Jahrzehntes verfügte ein Fünftel der Weltbevölkerung in den Industrieländern über vier Fünftel des weltweiten Einkommens (Holm 1997, 169f.). Der Autor erwartet eine Verstärkung dieses Effektes. Der Abfluss weiterer Ressourcen aus Süd nach Nord wirke sich auf den sozialen Frieden nicht gerade förderlich aus, sondern münde in eine „gesellschaftliche Fragmentierung" (ebd.). Dieser Prozess wird auf nationaler als auch auf internationaler Ebene zu weiteren Ausgrenzungen führen, die den sozialen Frieden gefährden können (Holm 1997, 170).

Unterschiede:

Adick schreibt, dass Fremderfahrungen nur hilfreich sind, wenn diese strukturell vergleichbar sind. So schlägt sie vor, für die historisch vergleichende Forschung die Bezugspunkte „Kinderarbeit", „Armut" und „abweichendes Verhalten" zu verwenden (Adick 1997, 19). In diesem Zusammenhang verweist sie auf den modernen Weltsystemansatz, welcher weder für deutsche noch für Straßenkinder aus Entwicklungsländern angewendet wurde, aber die weiteren wirtschaftlichen und politischen Verhältnisse des Landes und seine Einbindung in die Weltwirtschaft berücksichtigt.

Kindheit:

In Lateinamerika mit seinem im Vergleich zu Deutschland südlicherem Klima ist der Kontrast zwischen Haus und Straße weniger einschneidend. So sind z.B. in manchen alten Großstädten Lateinamerikas die kleinen engen Gassen wohltuend schattig und der Übergang zwischen Innen und Außen in solchen Stadtvierteln tritt weniger deutlich hervor als z.B. in Nordeuropa (vgl. Stubbe 1994, 286f.). Überhaupt ist der Unterschied zwischen Kindern, die auf der Straße arbeiten und solchen, die dort leben, geringer als in Deutschland (Adick 1997, 22). Zwar gibt es nach Adick auch in Deutschland „versteckte" Formen von Kinderarbeit, doch steckt dahinter nicht die strukturelle Armut einer Gesellschaft, die sich zunehmend industrialisiert und wie in den Entwicklungsländern Massenelend und Elitenbildung produziert (a. a. O., 24; Howe 1998, 67). In Deutschland gibt es jedoch eine neue Armut, die zunehmend Sozialhilfeempfänger und Obdachlose produziert, doch werden auch vor diesem Hintergrund nicht alle armen Menschen zu Straßenkindern. In Lateinamerika stellen Kindheit und Jugend nicht im gleichen Maße wie hier einen Schonraum dar, sondern es existiert dort eher ein existentieller Überlebenskampf, der nicht mit dem in Deutschland zu vergleichen ist (Milcher 1996, 93).

Der Unterschied mag veranschaulicht werden durch die Beobachtung von Hecht (1995, 60). Er schildert das Gespräch, das eine Mutter in einer favela führt. Sie diskutiert mit anderen darüber, weshalb sie ihr Kind nicht an einen Gringo verkaufen konnte. Im Gegensatz dazu kommen Straßenkinder in Deutschland aus „gutem Hause" ohne materielle Not. Ihr Leiden ist eher seelischer Art und Adick spricht von materieller Armut nur als Auslöser, wo soziale Isolation, Orientierungslosigkeit, Gefühlskälte und Bindungsangst eine Art *Beziehungsarmut* produzierten (Adick 1997, 25).

Problematisierung des Vergleiches:
Die folgenden Tabellen fassen inhaltliche und strukturelle Unterschiede auf intra- und interkultureller Ebene zum Thema zusammen:

Dissonanzen der Wertesysteme „Straßenkultur - Stadtkultur"

Straßenkinder	Stadtkultur
Zeitgefühl: Leben für den Augenblick	Planung: Zeitliche Anpassung, Termine, Stress
Räume: Nicht-Sesshaftigkeit	Verpflichtungen durch Eigentum und Miete
Beziehungscharakter: Spontaneität Egalitäre Strukturen (Fähigkeiten)	Freizeitorientierung, feste Alltagsstruktur Formale Hierarchien Statusorientierung
Formen sind belanglos	Formen und Äußeres sind wichtig. Verbindlichkeiten/ Altersversorgung/ Lebensplanung
Ideale: Persönl. Freiheit, Solidarität mit der Gruppe, Unvoreingenommene Akzeptanz des Einzelnen mit allen Problemen	Ideale: Rationalität/ Wissen, Können- Perfektion, Besitz, Ordnung, ausgefülltes Leben

Strukturelle Unterschiede

Lateinamerika	Deutschland
Geschichte: Wurzeln in Kolonialisierung	Industrialisierung: Auflösung des Familienverbandes, hohe soziale Mobilität
(Sklavendasein, Landenteignungen, iberische stratifizierte Gesellschaft) soziale Ungleichheit	Arbeitslosigkeit, Innovationsdruck u. Kulturverlust durch Konsumorientierung, Werteverfall durch Individualismus, Anonymität
Kultur/ ethn. Zugehörigkeit: 90% Afrobrasilianer, männlich	Geschlechtsgemischt, ethnisch gemischt?
Soziale Schicht: Favela-Bewohner	Sozial Schwache, aber auch ohne materielle Not
Pendeln	Beziehungsabbruch/ Beziehungsarmut
Alter: ab 8 Jahren (arbeitende Kinder)	Ab 12 Jahren (Jugendliche)
Drogenkonsum (auch leichter Drogen, ohne Abhängigkeit)	Drogenmissbrauch

Gemeinsamkeiten

Phänomen der Stadt	Verteilungsfragen, soziale Ungleichheit
Neoliberale Staaten	Drogen, Abhängigkeiten
Marginalisierung, Ausgrenzung	Schwächung von Familien
Bildungsgrad	Sensible Grundstruktur/ Psychologie

Die Kriterien dieser Art des Vergleiches zwischen Entwicklungs- und Industrieland sind bisher auch in neuesten Arbeiten nicht definiert worden (vgl. Dücker 2000; Degen 1995). Es stellt sich die Frage, ob bei den thematisierten strukturellen Unterschieden zwischen Industrie- und Schwellenland ein Vergleich überhaupt sinnvoll ist. Die Unterschiede in Genese und Art des Problems sind so groß, dass es sich um gänzlich andere Phänomene von Straßenkindheit in Lateinamerika und Deutschland zu handeln scheint. Die Gemeinsamkeiten auf der Ebene eines Weltsystemansatzes sind wiederum so allgemein, dass sie inhaltlich kaum bereichern. Ein Ausweg scheint mir eine neue methodische Betrachtung zu sein, die sich zunächst intrakulturell mit konkreten Fragen befasst, etwa, wie Straßenkinder den Ausstieg schaffen. Geht man empirisch vor, könnte eine Auswertung von Lebensläufen aus Kinderheimen dazu beitragen, zu klären, wie viele Kinder unter welchen Umständen den Ausstieg aus dem Straßenleben schafften und warum. Eine solche Auswertung sollte für jedes Land getrennt erfolgen, um Typologien zu erhalten, die dann zunächst für eine Kultur die Bedeutung des unterschiedlichen historischen Hintergrundes klären.

Im Falle Deutschlands z.B. erscheinen die Unterschiede von Straßenkindheiten früher und heute aufgrund der zeitlichen Distanz ähnlich groß zu sein, wie jene, die aufgrund von geographischen Faktoren zwischen verschiedenen Regionen in der Gegenwart bestehen (Behnken 1992, 117ff.). Verzichtete man auf die intrakulturelle historische Analyse, könnte für den interkulturellen Vergleich von den nationalen spezifischen Elementen des Problems nicht abstrahiert werden. Die bisherige Betrachtung in der sozialpädagogischen, -psychologischen oder kulturhistorischen Literatur lässt die Kenntnis der verschiedenen Methoden des Kulturvergleichs vermissen (vgl. Schweizer 1978).

4   Die Perspektive der Stadtethnologie

Die Stadtethnologie, nach dem englischen Begriff auch „urbane Anthropologie" genannt, befasst sich mit der kulturellen Bedeutung des städtischen Raumes (Rotenberg 1991, xi) und ihrer Zeitkonzepte (Ansari 1992, 15). Somit betrachtet sie die Struktur von Siedlungen und Gemeinschaftsplätzen als Ausdruck bewusster oder unbewusster Inszenierungen des Menschen. Bis zu den 90er Jahren haben Studien, die die Stadt thematisieren, die Subkulturen innerhalb einer Stadt analysiert (z.B. Rotenberg 1991, xxi). Die Feldforschung einer Ethnie auf dem Land wurde ausgetauscht mit dem Ort der Subkultur innerhalb der Stadt. Damit wurden aber eigentlich keine neuen Einsichten ermöglicht, weil diese städtischen Subkulturen zumeist aus Migranten bestehen, die ihre Kultur vom Land oder aus ihrem Land mitbrachten.

Die Beiträge der von Leeds und Cohen et al. (1994) herausgegebenen Bände führen nun eine umgekehrte Sichtweise ins Feld, nämlich den Einfluss der Stadt auf diese Subkulturen. Ansari stellt fest, dass aufgrund der schnellen Verstädterung der Weltgesellschaft mit Erreichen des 21. Jahrhunderts die meisten Menschen Städter sein werden und dass die Kulturanthropologie eine multidisziplinäre urbane Anthropologie sein wird (Ansari 1992, 15) oder werden muss.

4.1 Der Einfluss der Stadt auf Straßenkinder

Das Leben besonders in lateinamerikanischen Städten ist überwiegend von nordamerikanischen Wissenschaftlern beschrieben worden. Die wichtigsten Arbeiten seit dem 2. Weltkrieg fasst Ansari (1992) zusammen; hier kann nur auf neuere Perspektiven eingegangen werden. Urbane Anthropologen wie Canclini bezeichnen lateinamerikanische Städte als „increasingly ca-tastrophic" in fast jedem Aspekt des menschlichen Daseins (1995, 743). Ge-rade aber in diesen Städten – besonders in den Slumgebieten der Großstädte – kommen seit Jahrhunderten Straßenkinder vor (Aptekar 1994, 204). Die Ent-stehung dieser Slums hängt zusammen mit dem Vordringen der spanischen Eroberer vor ca. 500 Jahren. In deren Folge wirkten Einwanderung, Sklaven-handel, Erschütterung der einheimischen Sozialstruktur, Wanderbewegungen und Bevölkerungszuwachs unheilvoll zusammen. Heute sind ca. 90% der Straßenkinder Brasiliens afro-brasilianischer Abstammung, d. h. Nachkom-men ehemaliger Sklaven aus Afrika (Stubbe 1994, 264).

Zudem wurden im 14. und 15. Jahrhundert die von professionellen Stadt-designern entworfenen Utopien konstruierter Stadtanlagen auch nach Latein-amerika exportiert (Lonzano 1990, 33). Sie orientierten sich nicht an den vor-handenen Ressourcen oder sozio-kulturellen Strukturen, sondern erfanden geometrische Abstraktionen am Planbrett, die sich für eine menschenwürdige Stadtplanung als realitätsfern darstellten. Auch übertrug der Anspruch auf Herrschaft die stratifizierte iberische Gesellschaft und ihre Hierarchien auf die neuen Städte, die das eroberte Gebiet verwalten sollten. Die Haltung der Kolonisatoren wurde von den zeitgenössische Regierungen vor Ort über-nommen:

„Das ‚moderne', ‚positivistische' Brasilien, das Individuum und die Gesamtgesellschaft – benutz(t)en die vorgefundene Natur zur Konstruktion einer vom Menschen geschaffenen, ar-tifiziellen ‚Umwelt'. Im Rückgriff auf die im Überfluß vorhandene ‚Natur' vollzog sich eine Hyperexploitation von menschlichen und natürlichen Ressourcen" (Schlüter 1994, 164).

Da die Stadtplanung nicht hinreichend vorausschauend war, um die Migra-tionsschübe in die Städte einzukalkulieren, entwickelten sich am Rande der Städte Ansiedlungen, die heute als Slums oder favelas ohne Kanalisation und Befestigungen bestehen. Schürger beschreibt, wie durch die koloniale Auftei-lung des Landes, z. B. in Brasilien, Landkonflikte entstanden, die bis heute Menschen ohne Besitztitel hoch verschuldet in die Städte treiben (Schürger 1994, 228).

Die Menschen dort sind zwar heute wie früher vom Rest der Gesellschaft isoliert, aber leben doch in Beziehung zu ihr. Leeds kritisiert, dass bisher zu wenige Studien der Stadtethnologie die Grenzen von favelas zum Rest der Gesellschaft erforschten und somit die Interessen der sozialen und politischen Eliten außer Acht gelassen wurden. Diese sind aber für die Existenz von favelas als städtisches Phänomen mit verantwortlich (1994, 233). Die Ausbeutung der favela-Bewohner bietet z.B. ein billiges Reservoir an Arbeitskräften und hält das Lohnniveau der Arbeitskräfte in der Stadt niedrig. Dies ist aber nicht nur ein wirtschaftliches Phänomen, denn die hierarchische Abhängigkeit zwischen einem Patron außerhalb der favela und einem Familienvater in den Slums hat wirtschaftliche und psychologische Auswirkungen auf dessen Familie. Eine solche Subkultur entsteht durch Besonderheiten der städtischen Lebenssituation (Leeds 1994, 233), in der z.B. ein favela-Bewohner zunächst durch äußere Umstände in eine Notlage geraten kann, weil er aufgrund der großen Entfernungen die U-Bahn benutzen müsste, doch die Kosten für die öffentlichen Transportmittel zu einem möglichen Arbeitsplatz nicht finanzieren kann.

Howe hat unter Rückgriff auf verschiedene Studien anderer Autoren zum Thema „Armutskulturen" darauf aufmerksam gemacht, dass – wenn erst einmal eine sogenannte „Kultur der Armut" entstanden ist – diese keine situationsgebundene Anpassung mehr darstellt. Sie wird gelernt und internalisiert und somit an spätere Generationen „weitervererbt". Die bereits zitierten Aussagen der Kinder zeigen, dass diese wissen, „ungute Dinge" zu tun. Sie messen sich aber dennoch mit den Werten der Wohlstandskultur, mit deren Wertesystem sie sich identifizieren und beginnen, wie viele Langzeitarbeitslose in Deutschland, ihre Situation als persönliches Versagen zu interpretieren (Morris 1998, 241). Dies schwächt aber wiederum ihr Selbstwertgefühl und damit ihr Durchhaltevermögen, doch noch in der normalen Gesellschaft Fuß zu fassen.

Die moderne Stadtethnologie zeigt: Es gibt kein Außen und Innen in der Stadt, sondern soziale Haltungen übertragen sich durch räumliche Planungen oder eben fehlende Planungen und deren Langzeitwirkungen auf das Lebensgefühl der Menschen. Vor diesem Hintergrund erstaunt es nicht, dass Lester mit seiner Studie „Urbanism and Crime" eine positive Verknüpfung zwischen der Kriminalitätsrate und dem Maß an Bevölkerungsdichte innerhalb von Ballungsgebieten der Städte Japans, Saudi-Arabiens und den USA gefunden hat (Lester 1999, 26). Die Tötungsneigung von Menschen hängt, so wird angenommen, mit der Bevölkerungsdichte zusammen. Aus diesem Blickwinkel wird etwa erklärt, weshalb es ausgerechnet in dicht besiedelten Städten Brasiliens dazu kommen konnte, dass Gruppen bestimmter Geschäftsleute, die um ihr Verkaufsimage gegenüber ausländischen Touristen bangen, ehemalige Polizisten als Kampf- und Tötungskommandos für Straßenkinder engagieren (Strobl 1994, 29). Die oft von Polizisten beklagte niedrige Lohnstruktur für Ordnungshüter ist dabei sicherlich nur eine Nebenkomponente.

Durch gezielte stadtplanerische Eingriffe versuchen auch die brasilianischen Behörden, städtische Räume für Straßenkinder zu gestalten (vgl. Kapitel 4.2.1). Sicherlich sind die finanziellen Mittel sehr beschränkt. Aber bei mittelfristiger Finanzierung zeigen im Vergleich dazu verschiedene deutsche Städte, dass es möglich ist, angstfreie Räume in der Stadt zu gestalten. Die Stadt Frankfurt hat gemäß der öffentlichen Meinung ihr Ziel erreicht, durch gut einsehbare Baustrukturen öffentlicher und privater Plätze und Gebäude diese Stadt für Frauen „angstfreier" zu gestalten. Gefahrenorte der Gewalt wurden systematisch per Überwachung, Ausleuchtung in der Nacht, sowie Umbau für Frauen sicherer gemacht (ILS 1998, 20). In diesem Zusammenhang sind auch die Ansätze der Hilfsorganisation „Karuna" zu nennen, die in den Stadtbezirken mit Straßenkindern Projektarbeit leistet (vgl. Kapitel 4.2.2).

4.2 Formelle und informelle Bildung: Schule versus „Straßenschule"

Das Phänomen „Straßenkulturen" wird in der Literatur im übertragenen Sinne als „Straßenschule" bezeichnet (Dücker 2000). Gemeint ist eine ganzheitliche Sichtweise und damit Akzeptanz eines gesellschaftlichen Problems, welches eine Botschaft an die gesamte Gesellschaft enthält. Benno Glauser stellt dies fest und fordert besonders die Institution „Schule", da sie ein Spiegel ihrer Gesellschaft ist, zur Veränderung auf, denn dort finden die Straßenkinder keinen Platz mehr (2000, 144). Durch formales Schulwissen und Curricula führt Aptekar weiter aus, vermittelt der neoliberale Staat sozio-politische und wirtschaftliche Strukturen, um diese zu perpetuieren. Das Phänomen Straßenkinder zeigt nun die Grenzen der Rolle von formalem Wissen, da die Schule unfähig ist, adäquate Schulbildung für Straßenkinder bereitzustellen (Aptekar 1994, 189ff.).

In der Auseinandersetzung mit formaler Bildung wird deutlich, dass tatsächlich vorhandene Fähigkeiten von Straßenkindern in der Schule nicht zur Geltung kommen. Es sind dies nach dem Bericht der WHO: enormes Verhandlungsgeschick (Diskussion um Preise), Peerskills (Kooperation in Gruppen), eine gute Beobachtungsgabe, da sie gelernt haben, auf der Hut zu sein (z.B. vor Ortswächtern) und Fähigkeit zu analytischem Denken (a.a.O., 40).

Aptekar lobt die Autonomie der Kinder, ihre Kreativität, ihre sozialen Fähigkeiten, nämlich sich um andere zu kümmern (Aptekar 1994, 213). Müller erwähnt zudem die Fähigkeit im Hier und Jetzt zu leben (1997, 112) und dies in einem Maße spontan, selbstbestimmt und frei (Glauser 2000, 140), dass es für den normalen Bürger im Zeitstress geradezu eine Provokation darstelle. Straßenkinder wenden sich zunehmend von der Schule ab, da sie mit ihren Kenntnissen dort keine Erfolgserlebnisse haben. Außerdem gibt die Schule die Werte einer Gesellschaft weiter, die sie nicht teilen können oder nicht mehr wollen: So leben Straßenkinder oft sporadisch mit einem oder mehreren Elternteilen (Aptekar 1994, 290) und sind aufgrund ihrer Biographie mit festen Beziehungen aber auch mit der Akzeptanz von Hierarchien überfordert. Da sie nicht sesshaft sind, nehmen die Fehlzeiten in der Schulzeit häufig zu.

Andererseits wollen viele Straßenkinder nicht unbedingt von ihrem Lebensstil erlöst werden, da er auch risikoreiche und spannende Momente enthält (wie Auto-Crashs, Bandenkriege). Folgt man Müller, dann können brave Schul- und Berufskarrieren hiermit nicht konkurrieren (Müller 1997, 112). Die sozialintegrative Arbeit ist deshalb anderen Konzepten gewichen (ebd.).

In vielen Ländern – u.a. auch in Deutschland – sind auf den Erfahrungen des Priesters Paolo Freire mit Straßenkindern informelle Bildungsangebote entstanden. Diese werden unter dem Stichwort „Straßensozialarbeit" zusammengefasst und beziehen die Straße als Lernort mit ein (Milcher 1996, 61). Diese Ansätze sind subjektorientiert und gehen vom Bedarf der Kinder aus, d.h. sie zielen nicht auf Reintegration, sondern wollen die Fähigkeiten der Kinder nutzen (a.a.O., 59), um ihnen ein gesünderes Leben mit Schutz und ohne Drogen zu ermöglichen.

4.2.1 Lateinamerika

In einigen Staaten Lateinamerikas, besonders in Peru, bildeten sich seit den 70er Jahren mit Unterstützung von Erwachsenen sogenannte Kinderbewegungen heraus. Sie werden von nicht-staatlichen Trägern organisiert und verstehen sich als Volksbildungsbewegung oder Gewerkschaften.

Entstanden ist z.B. die Bewegung „Manthoc" in Peru aus einem christlich orientierten Arbeiterjugendverband. Sie basiert auf dem Gedanken der „Pädagogik der Befreiung" nach Paulo Freire (Liebel 1989, 392). Inzwischen ist „Manthoc" in den meisten Städten Perus vernetzt. Straßenkinder sind ein Teil der Bewegung, die sich als Sammelort aller arbeitenden Kinder versteht. Das Selbstverständnis als handelnde Gruppe wird dadurch erreicht, dass Arbeit als Notwendigkeit für die Kinder angesehen wird, aber auch als Notwendigkeit zum Verständnis ihrer Familien-, Freundes- und Schulbeziehungen (ebd.). „Manthoc" nimmt Elemente der alten Lebensform – Leben in der Gruppe – auf und verbindet sie mit neuen Aufgaben und Anforderungen im Alltag (z. B. Konfliktregelung). Als Korrektiv der Erzieher fungiert die Kritik der Kinder. Sie werden befragt und informieren durch Theatervorführungen, auf Festen, oder in selbstgemachten Zeitungen über ihr Leben. Die Kinder sollen sich über ihre Reintegration in die Gesellschaft selbst verändern.

Liebel hat sicher recht, wenn er schreibt, dass weder die weitere berufliche noch die politische Qualifikation die Situation der Kinder verbessern hilft (a. a. O., 403). Was für Peru gilt, gilt deshalb auch für andere marktwirtschaftlich organisierte Entwicklungs- oder Schwellenländer: Diese Praxis der Pädagogik kann aber eventuell helfen, die Gesellschaft zu sensibilisieren und den Kindern entgegenzukommen.

4.2.2 Deutschland

Nachdem die Literatur über Straßenkinder in Berlin kaum aussagekräftig war, soll hier das Berliner Projekt „Karuna" nach der Magisterschrift von Mark Riklin (1997) als Beispiel für Straßensozialarbeit in Deutschland genannt werden. Ähnliche Projekte der mobilen Kontaktaufnahme gibt es auch in Köln (Pfennig 1996) und den meisten anderen Städten. „Karuna" stellt eine Sammelbezeichnung selbstverwalteter Projekte bereit, wie z. B. mobile Kontaktstellen und -läden, in denen stufenweise von ersten Kontaktaufnahmen bis hin zu Projekten wie Wohngemeinschaften vermittelt wird (Riklin 1997, 3).

Die Arbeit von Riklin zeigt, dass trotz enger Budgets Jugendhilfe angenommen wird und Minderjährige, die die Straße verlassen wollen, Kontaktmöglichkeiten haben (Schlaforte, mittelfristig auch Heimunterbringungen). Eine Lücke besteht für drogenabhängige Minderjährige, da ein Therapieplatz erst ab dem 18. Lebensjahr vermittelt wird. Der Verbleib in der Szene und ein Solidaritätszwang führen zum Konsum auch anderer Drogen als den legalen (a. a. O., 26). Dies gilt für die Szenen allgemein. Somit ist die Straßenszene in Deutschland mit Drogenkonsum gekoppelt. „Karuna" bietet mobile und stationäre Hilfe. Ein Stufenmodell verbindet eine Folge von niedrig- bis höherschwelligen Angeboten. Dies sind das „Karuna-Mobil" als Soforthilfe-Fahrzeug für Schwererreichbare, das „Komma", eine Kontakt- und Beratungsstelle für Drogenprävention und -beratung, die „Villa Störtebeker", ein Wohnmodell für minderjährige Drogengefährdete mit Ausbildungsmöglichkeit, ein „Drugstop", eingerichtet als Eltern- und Jugendcafe ohne Drogen und Alkohol, und ein ökologisch ausgerichteter Verkaufsladen mit Suchtprophylaxe (Riklin 1997, 116).

4.3 Schluss

Der Umgang mit dem Problem Straßenkinder zeigt, dass „Subjektorientierung" ein vielversprechendes Konzept ist. Es wird auch in unseren Schulen dazu beitragen, die Methodendiskussion zu bereichern. Vor dem Hintergrund einer zunehmenden Drop-out-Rate an deutschen Schulen liefert die Straßenpädagogik mit ihrer absolut lebensweltlichen Orientierung wichtige Reformhinweise. Konzepte der Straßenpädagogik nach Freire betonen den emotionalen Zugang zu Wissensgebieten, die einen starken Realitätsbezug aufweisen. Straßenkinder in Lateinamerika verfügen sehr oft in kurzer Zeit ohne formelle Schulzeiten über erstaunliche rechnerische Fähigkeiten, die Schlaglichter auf die Bedeutung der Motivationen beim Lernen werfen.

Die Kritik am Frontalunterricht und einseitig kognitiven Lehrmethoden ist bis heute aktuell. Die Straßenpädagogik lehrt, dass Lehrerfolge schnell und effektiv zu erreichen sind, wenn Lerninhalte „kulturimmanent" sind. Formelle Bildung kann von Straßenkindern nicht gut verarbeitet werden, weil sie

- kaum Teilmengen zu ihrer nicht-sesshaften Subkultur und anderen Werten bilden können,
- und weil die Lehrmethoden zu abstrakt und theoretisch sind, d.h. einseitig kognitiv oder kopflastig.

Eine Methodenreform des Bildungswesen erscheint notwendig, da unsere hochtechnisierte Industriegesellschaft unter zu viel Rationalität, Stress und Genussunfähigkeit leidet. Defizite liegen auf emotionalem, seelischem Gebiet. Es fehlt die Umsetzung der Bildungsdebatte über lernaktive Methoden der 70er Jahre.

Die Fähigkeiten vieler arbeitender Straßenkinder in Lateinamerika stellen eine Herausforderung an bisherige Bildungsplanungen dar. Sie revolutionieren aber auch bisherige Vorstellungen von möglichen Lernerfolgen und Stufenmodellen kindlicher Entwicklung. In jedem Fall entkräften ihre Lern- und Verhaltensweisen das Verständnis von menschlichen Verarbeitungsmodi in Analogie zum Computer als informationsverarbeitendes Input-Output-System. Straßenkinder unterstreichen die Existenz völlig neuer Dimensionen in der Spanne menschlicher Verhaltensmöglichkeiten und stellen so neue Fragen nach dem ‚Warum' und dem ‚Wie' in der Variationsbreite menschlicher Entwicklung.

5 Perspektiven weiterer Forschung

1. Es fehlt eine Umsetzung des interkulturellen Vergleichsverfahrens, das in der Ethnologie entwickelt, aber bisher nicht angewendet wurde (vgl. Schweizer 1978, 6).

2. In verschiedenen Regionen Südamerikas gibt es unterschiedlich viele Straßenkinder, dies gilt auch für spezielle Regionen innerhalb der Staaten. In Peru z. B., wo der Einfluss der indigenen Kultur groß ist, gibt es dennoch viele Straßenkinder. Die Bedeutung europäischen Kulturerbes ist eine Einflussgröße, doch kann sie quantitative Unterschiede dieses Phänomens nicht erklären (Aptekar 1994, 217). Die Rolle der indigenen Kultur oder von „Kultur" überhaupt ist demnach bislang unzureichend analysiert worden. Hier besteht ethnologischer Forschungsbedarf.

3. Es existiert noch kein kulturanthropologisches Modell, welches innerhalb einer Kultur Familientypus, Armut und Psychologie der Kinder in Beziehung setzt, um die Ursachen der Straßenkindheit und ihrer Verhaltensmöglichkeiten zu erklären.

4. Es fehlen auch Ansätze der Stadtethnologie: Gemeint sind theoretische Modelle und Beschreibungen der Stadt, sowie systematische Analysen der Beziehungen zwischen gleichen Phänomenen in verschiedenen Städten, z. B. verschiedener favelas in unterschiedlichen Städten mit denjenigen Variablen, die das Stadtsystem ausmachen (Leeds 1994, 237). Ein größerer Grad an Vernetzung vorhandener Studien wäre dafür wünschenswert.

5. Weiterhin fehlen systematische Auswertungen von Lebensläufen ehemaliger Straßenkinder, die zeigen, wie und weshalb sie den „Wiedereinstieg" in die Gesellschaft schaffen wollten und konnten.

Literatur

Adick, C. (1997): „Straßenkinder" in Entwicklungs- und Industrieländern: Definitionen, Erklärungskonzepte und pädagogische Maßnahmen im Vergleich. In: Adick, C. (Hg.): Straßenkinder und Kinderarbeit. Sozialisationstheoretische, historische und kulturvergleichende Studien. Frankfurt.

Ansari, G. (1992): The Rise of Urban Anthropological Theory. In: Bulletin of the International Committee on Urgent Anthropological and Ethnological Research. No. 34–35, 9–17.

Aptekar, L. (1994): Street Children in the Developing World: A Review of Their Condition. In: Cross-Cultural Research, Vol. 28, No. 3, 195–224.

Beck, U. (1986): Risikogesellschaft – auf dem Weg in eine andere Moderne. Frankfurt a. M.

Behnken, I. (1992): Straßenkinder und ihre Wächter. Eine Fallstudie zur städtischen Kindheit um 1900. In: Die Alte Stadt, Nr. 19, Heft 2, 117–136.

Bründel, H./ Hurrelmann, K. (1996): Einführung in die Kindheitsforschung. Weinheim.

Buchholz, S. (1998): „Suchen tut mich keiner" – Obdachlose Jugendliche in der individualisierten Gesellschaft. Münster.

Canclini, N. G. (1995): Mexico: Cultural Globalization in a Disintegrating City. In: American Ethnologist Nr. 22, Heft 4, 743–755.

Cohen, A. P (1994): The Future of the Self. In: Cohen, A. P./ Fukui, K. (Hg.): Humanising the City? Edinburgh, 201–219.

Degen, M. (1995): Straßenkinder. Szenebetrachtungen, Erklärungsversuche und sozialarbeiterische Ansätze. Bielefeld.

Dewees, A./ Klees, S. (1995): Social Movements and the Transformation of National Policy: Street and Working Children in Brazil. In: Comparative Education Review. Febr. 1995, 76–100.

Dücker, U. von (2000): „Straßenschule". Straßenkinder in Lateinamerika und Deutschland – ein interkultureller Vergleich aus sozial- und entwicklungspolitischer und methodisch-konzeptioneller Sicht. Frankfurt a. M.

Freire, P. (1973): Pädagogik der Unterdrückten. Reinbek.

Glauser, B. (2000): Was können moderne Gesellschaften von Straßenkindern lernen? In: Dücker, U. v. (Hg.): „Straßenschule". Straßenkinder in Lateinamerika und Deutschland – ein interkultureller Vergleich aus sozial- und entwicklungspolitischer und methodisch-konzeptioneller Sicht. Frankfurt a. M., 133–166.

Göppel, R. (1997): Kinder als ‚kleine Erwachsene'. In: Neue Sammlung, Jg. 37, Heft 3, 357–376.

Hansbauer, P./ Premien, H./ Zink, G. (1997): Gestern ‚TrebegängerInnen' – heute ‚Straßenkinder'? Gemeinsamkeiten und Unterschiede. In: Zeitschrift für Soziale Arbeit, Sozialpädagogik und Sozialpolitik. Jg. 27, Heft 5, 395–412.

Hecht, T. (1995): In Search of Street Children: Maloqueiros and Mothers. In: Cambridge Anthropology, No. 18, Vol. 3, 56–67.

Holm, K. (1997): Straßenkinder und arbeitende Kinder in Lateinamerika: Ursachen und sozialpädagogische Konzepte. In: Adick, C. (Hg.): Straßenkinder und Kinderarbeit. Sozialisationstheoretische, historische und kulturvergleichende Studien. Frankfurt a. M., 167–191.

Honig, S. (1990): Kindheit in der Bundesrepublik Deutschland. In: Blätter der Wohlfahrtspflege, Jg. 137, Heft 4, 95–97.

Howe, L. (1998): Where is the Culture in the ‚Culture of Poverty'? In: Cambridge Anthroplogy, No. 20, Vol. 1-2, 66-89.

Iben, G. (Hg.) (1998): Kindheit und Armut. Analysen und Projekte. Münster.

ILS (Institut für Landes- und Stadtplanung) (1998): Frauenspezifische Belange in der Stadtplanung. Frankfurt a. M.

Kelle, H./ Breidenstein, G. (1996): Kinder als Akteure: Ethnographische Ansätze in der Kindheitsforschung. In: Zeitschrift für Sozialforschung und Erziehungssoziologie (ZSE), Jg. 16, 47–67.

Lang, H. (1998): Kultur und Evolutionstheorie. In: Zeitschrift für Ethnologie. Nr. 123, 5–20.

Leeds, A. (1994): Cities, Classes, and the Social Order. Ithaca, London.

Lester, D. (1999): A Comment on „Urbanism and Crime". In: Journal for Cross-Cultural Research, Vol. 33, No.1, 26–29.

Liebel, M. (1990): Pädagogik der Befreiung mit Straßenkindern. In: Zeitschrift für Sozialpolitik, Sozialarbeit und soziale Bewegung. Heft 9, 2–4.

Liebel, M. (1989): Neue Wege? Projekt-Praxis mit Straßenkindern in Lateinamerika. In: Zeitschrift für Sozialarbeit, Sozialpädagogik und Sozialpolitik. Jg. 19, Heft 5, 391–404.

Lozano, E. E. (1990): Community Design and the Culture of Cities. The Crossroad and the Wall. Cambridge.

Lucchini, R. (1996a): The Street and its Image. In: Childhood, No. 3, Vol. 2, 235–246.

Lucchini, R. (1996b): Theory, Method and Triangulation in the Study of Street Children. In: Childhood, No.3, Vol. 2, 167–170.

Milcher, A. (1996): ...den Alltag verändern! Straßenkinder in Lateinamerika. Frankfurt a. M.

Moebius, T. (1998): Kinder und Jugendliche 'auf der Straße'. In: Die Zeitschrift für Soziale Arbeit, Jg. 23, Heft 1, 14–20.

Möller, B. (1998): Straßenkinder in Dresden. In: Lutz, R./ Zeng, M. (Hg.): Armutsforschung und Sozialberichterstattung in den neuen Bundesländern. Opladen.

Morris, J. (1998): Affiliation, Gender, Parental Status among Homeless Persons. In: Journal of Social Psychology, Nr. 138, Heft 2, 241–250.

Muchow, M./ Muchow H. (1993): Der Lebensraum des Großstadtkindes. In: Zinnecker, J. (Hg) (1998.): Der Lebensraum des Großstadtkindes. Neuausgabe mit biographischem Kalender und Bibliographie Martha Muchow. Weinheim, 69–147.

Müller, H. R. (1997): Muss Pädagogik sozialintegrativ sein? In: Zeitschrift für Sozialarbeit, Sozialpädagogik und Sozialpolitik. Jg. 27, Heft 2, 107–117.

Müller, K. E./ Treml, A. K. (1992). Ethnopädagogik. Sozialisation und Erziehung in traditionellen Gesellschaften. Eine Einführung. Berlin.

Pfennig, G. (1996): Lebenswelt Bahnhof: Sozialpädagogische Hilfen für obdachlose Kinder und Jugendliche. Neuwied.

Permien, H. (1998): Straßenkarrieren von Jugendlichen. In: Theorie und Praxis der sozialen Arbeit. Jg. 49, Heft 7, 249-253.

Riklin, M. (1997): Karuna. Eine institutionelle Antwort auf besondere Problemlagen von Kindern und Jugendlichen. (Magisterschrift) Universität Konstanz.

Romahn, A. (2000): Straßenkinder in der Bundesrepublik Deutschland. Beweggründe – Straßenkarrieren – Jugendhilfe. Frankfurt a. M.

Rotenberg, R./ McDonogh, G. (Hg.) (1991): The Cultural Meaning of Urban Space. Westport.

Schlüter, H. (1994): Mensch und Gesellschaft, Natur und Umwelt in Brasilien. In: Schelsky, D./ Zoller, R. (Hg.): Brasilien: Die Unordnung des Fortschritts. Frankfurt a. M.,163–223.

Schürger, W. (1994): „Gottes Erde, Land für alle" – Landprobleme in Brasilien und die Rolle der Kirchen. In: Schelsky, D./ Zoller, R. (Hg.): Brasilien: Die Unordnung des Fortschritts. Frankfurt, 225–262.

Schweizer, T. (1978): Methodenprobleme des interkulturellen Vergleichs. Probleme, Lösungsversuche, exemplarische Anwendung. Köln.

Strobl, A. (1994): Tötet unsere Kinder nicht. Vom Schicksal brasilianischer Straßenkinder. Graz.

Stubbe, H. (1994): Moleques. Afrobrasilianische Straßenkinder. In: Schelsky, D./ Zoller, R. (Hg.): Brasilien: Die Unordnung des Fortschritts. Frankfurt a. M., 263–308.

Thiersch, H. (1986): Die Erfahrung der Wirklichkeit. Perspektiven einer alltagsorientierten Sozialpädagogik. Weinheim.

Vierzigmann, G. (1999): „Das die sich so kümmern, das ist schon irre!" In: Sozialmagazin: Die Zeitschrift für soziale Arbeit, Jg. 24, Heft 10, 18-24.

World Health Organization (WHO) (1993): Programme on Substance Abuse July 1993 (WHO/PSA/93.7) A One-Way Street? Report on Phase I of the Street Children Project Part 1 of 9. http://www.hhcr.org/Who1.htm, 08-05-1995, 17.54 Uhr.

Zimardo, Ph./ Gerrig, R. (1999): Psychologie. Berlin.

III. Problemfelder und Lösungsansätze der Gegenwart

Ludwig Haag

Kindheit heute
aus entwicklungspsychologischer Sicht

1 Einleitung

„Abends schlafen sie schlecht ein, nachts sind sie unruhig, morgens todmüde, zum Frühstück schmeckt es nicht, gehetzt kommen sie in die Schule ... zur Rücksicht aufeinander sind die Kinder überhaupt nicht zu erziehen. Widerspruch wird schnell laut, Kritik an ... Eltern ist stets vorhanden, dabei sind sie selbst durch Kritik schnell verletzt" (Müller 1954, 162).

Diese Kritik an den Wirtschaftswunderkindern der 50er Jahre könnte auch eine Schilderung der gegenwärtigen Video-Kinder sein.

Das Schlagwort „Veränderte Kindheit" hat große Teile der pädagogischen Diskussion in den 80er und 90er Jahren beschäftigt. In zahllosen Publikationen wurde der Wandel der Kindheit so dargestellt, dass sich daraus eine Reform der aktuellen Pädagogik ergeben muss. Der vorherrschende Argumentationsduktus besteht in Folgendem: Man weist nach, dass sich die Umgebung und Umwelt der Kinder und Jugendlichen geändert hat und schließt aus der geänderten Umwelt, also von veränderter Kindheit auf veränderte Kinder und Jugendliche. Die zweifellos vorhandenen Veränderungen in der Umwelt von Kindern und Jugendlichen dienen oft nur noch der Überzeichnung eines pessimistischen Bildes heutiger Kinder und Jugendlicher, wie es eigentlich immer schon als Klage der erwachsenen Elterngeneration über ihren Nachwuchs bekannt war (vgl. Dollase 1998).

Tagesaktuelle Befunde (z.B. aus dem Zentrum für Kindheits- und Jugendforschung, Bielefeld) haben wir mehr als genügend: So soll die audiovisuelle Mediatisierung mit ihren vorproduzierten Bildern und Dingen – ähnlich wie schon die Groschenromane um die Jahrhundertwende, die Kinofilme und das Radiohören in den 20er Jahren, die Verbreitung von Comics, Kinderzeitschriften, Schallplatten seit den 50er und 60er Jahren, die Kinderkassetten seit den 70er Jahren und der Walkman, die CDs, Video- und Horrorfilme und die Killerautomatenspiele seit den 80er Jahren – mehr und mehr auch das Phantasievolle und die Kreativität der Kinder erdrücken. Haben wir für solche Aussagen empirisch fundierte Belege, die über kasuistische Erfahrungen hinausgehen? Und diese sind unter dem Aspekt, keine früheren Referenzurteile zur Verfügung zu haben, bekannterweise sehr subjektiv, fragil und damit fragwürdig. Erinnern wir uns an Sokrates' Lamentieren bei Platon über den Zustand der Jugend seiner Zeit. Tatsache ist, dass wir über die aufgeführten Äußerungen, die ja über populäre Kassandrarufe nichts weiter aussagen, wenig gesichertes Wissen haben.

Was kann ich Ihnen als pädagogisch aufgeklärte Zeitgenossen eigentlich zu dem mir gestellten Thema bieten, was Sie nicht schon immer gewusst haben? Dies war meine eigentliche Herausforderung bei der Konzeption dieses Beitrages. In solch einem Dilemma überlegte ich mir, was ein genuin psychologischer Beitrag zu diesem Thema sein kann, der das Prädikat „wissenschaftlich" verdient. Die akademische Psychologie hat sich verabschiedet, große Konzepte zu entwerfen. Mit der rigorosen Ausrichtung auf die Empirie hat sich m. E. die Psychologie selbst Fesseln angelegt.

Da fiel mir sofort das sozialwissenschaftliche Methodenrepertoire ein, dessen Niveau maßgeblich von der heutigen empirischen Psychologie mitgeprägt wurde. In einem ersten Punkt werde ich entwicklungspsychologisch orientierte Datenerhebungsstrategien aufzeigen. Dabei soll deutlich werden, weshalb wir relativ wenig gesichertes Wissen über die Auswirkungen der unsere Kinder umgebenden Umwelt bzw. Einflussfaktoren auf die Entwicklung haben.

Weiterhin zeichnet die empirische Psychologie ihr theoriegeleitetes Vorgehen aus. Eine zweite Anleihe holte ich mir bei dem derzeitig prominentesten Entwicklungsmodell, dem Interaktionistischen Entwicklungsmodell von Bronfenbrenner (1979), um eine Antwort auf die Frage zu bekommen, ob sich die heute vielfältig zu hörenden Kassandrarufe, was die Entwicklung unserer Kinder angeht, überhaupt auch theoretisch begründen lassen.

Und mit diesem methodischen Rucksack auf dem Rücken werde ich ausgehend von bisherigen soziologischen Erkenntnissen über sozialen Wandel fragen, welche notwendigen Entwicklungsaufgaben heute eingelöst werden müssen.

2 Datenerhebungsstrategien

In einer Untersuchung von Dusek und Flaherty (1981) wurden die Ergebnisse aus Längsschnitt- und Querschnittdaten gegenübergestellt. Die Autoren analysierten die Veränderungen des Selbstkonzeptes bei Jugendlichen. Sie verglichen die Ergebnisse aus Quer- und Längsschnittuntersuchungen systematisch. Während die Ergebnisse für die längsschnittliche Betrachtung für einen Zeitraum von zwei bis drei Jahren ein stabiles Selbstkonzept belegen, konnte in den Querschnittdaten jedoch ein Alterseffekt festgestellt werden. Diese Unterschiede sind durch das methodische Vorgehen mitbedingt, worauf im Folgenden eingegangen werden soll.

Im Gegensatz zu anderen Bereichen der Psychologie ist es in der Entwicklungspsychologie nur selten möglich, exakte Experimente durchzuführen, die die Entwicklung des Menschen zum Gegenstand haben. Deshalb sind hier die Datenerhebungsstrategien für die Gewinnung von Entwicklungstrends zentral. Das grundlegende Interesse aller entwicklungspsychologischen Studien besteht darin, eine Beziehung zwischen Alter und Verhalten, Denken, Fühlen u.a. herzustellen. Die Beantwortung dieser Frage führte zunächst zu der sehr einfachen Formel „Verhalten ist eine Funktion des Alters". Diese Grundannahme wurde mit herkömmlichen Quer- und Längsschnittstudien geprüft. Selbstverständlich wollte man die Mängel aus Quer- und Längsschnittuntersuchungen vermeiden und hat in diesem Zusammenhang komplexe, multivariante Vorstellungen entwickelt, die Verhalten als Funktion von Alter, Kohorte (d.h. Generationsmerkmale) und Testzeit betrachten.

Im Folgenden werden kurz Probleme der traditionellen Konzepte von Quer- und Längsschnittuntersuchungen aufgezeigt, um dann auf die komplexen Sequenzmodelle von Schaie zu verweisen (vgl. Oerter/ Montada 1995, 1148f.).

2.1 Querschnittuntersuchung

Zu einem Zeitpunkt werden Daten bei verschiedenen Altersgruppen gemeinsam analysiert. Die Stichproben entstammen demnach verschiedenen Generationen (Kohorten). Dabei gibt es folgende gewichtige Probleme:
- Problem der Vergleichbarkeit der Stichproben
  Geht man davon aus, dass den Stichproben unterschiedliche Startbedingungen und Sozialisationsbedingungen im Leben zuteil wurden, sagen die in der Querschnittstudie erzielten Ergebnisse nichts über die Entwicklung aus.

- Problem der selektiven Populationsveränderung
  Eine selektive Populationsveränderung liegt vor, wenn z.B. durch das
  Kriegsgeschehen Hochleistungsmotivierte soziale Krisen eher überle-
  ben als Niedrigleistungsmotivierte, da sie einen stärker ausgeprägten
  Lebenswillen aufweisen.
- Problem der unterschiedlichen Aussagekraft von Messinstrumenten
  für die einzelnen Stichproben
  So mag ein Fragebogen oder eine computerunterstützte Diagnostik bei
  älteren Menschen eine abschreckende Wirkung haben, wodurch die
  Testergebnisse in einem anderen Licht erscheinen als die der Stich-
  probe der jüngeren.
- Problem der Konfundierung von Alter und Kohorte (Generation)
  Die Einflüsse beider Variablen können nicht eindeutig in für die ein-
  zelnen Variablen spezifische Komponenten zerlegt werden. Eine Angabe über die Kohorte beinhaltet auch Informationen über das Alter.
  So bereitet es beispielsweise bei der Erklärung der Veränderung des
  Leistungsmotivs Schwierigkeiten, eine Veränderung auf die Variable
  „Alter" zurückzuführen. Mit derselben Berechtigung könnte man von
  Effekten der Kohorte (Generation) sprechen, da sowohl das Alter als
  auch die Stichprobe, an der die Ergebnisse gewonnen wurden, variie-
  ren. Durch die unterschiedlichen kulturellen und sozialen Einflüsse
  der Gesellschaft ist ein solcher Kohorteneffekt beachtlich und verhindert entscheidend, dass eine Entwicklungskurve aufgrund einer Querschnittstudie bestimmt werden kann.

2.2 Längsschnittuntersuchung

Während sich die Querschnittstudie durch ihre Ökonomie auszeichnet, die
durch die Messung an nur einem Zeitpunkt bedingt ist, gehen Längsschnittuntersuchungen von einer Stichprobe aus, die an mehreren Zeitpunkten untersucht wird. Zentrale Probleme von Längsschnittstudien sind:
- Stichprobengewinnung
  Wiederholte Erhebungen erfordern von seiten der Stichprobe ein relativ hohes Engagement, sich den Tests über einen relativ langen Zeitraum zu unterziehen.
- Systematische Dropouts
  Aus den unterschiedlichsten Gründen wie Desinteresse, Wohnungs-,
  Schul- und Berufsortwechsel kann sich die anfängliche Stichprobe
  verkleinern. Wäre beispielsweise mangelndes Interesse der Grund, so

würde dieser Stichprobenfehler zu ungerechtfertigten Schlüssen führen, besonders wenn es sich um motivationale Fragen handeln sollte.

– Wahl der Entwicklungssequenz
Man muss sich genau überlegen, wann jeweils der geeignete Zeitpunkt für eine neue Testung zu wählen ist.

– Allgemeine Testungsfaktoren
Hier sollen nur die Gewöhnungseffekte eigens genannt werden. Man kann sich gut vorstellen, dass sich Intelligentere leichter an Testsituationen gewöhnen können und dass somit unterschiedliche Lerneffekte von einer vorausgegangenen Testung auf Folgende ausgehen.

2.3 Sequenzmodelle (Schaie)

Nachdem also Quer- und Längsschnittstudien mit Problemen behaftet sind, machte 1965 Schaie den Vorschlag, beide Methoden zu kombinieren, um damit die Fehlerquellen beider Ansätze zu minimieren. Sein Modell berücksichtigt die Faktoren Alter, Kohorte (Generation) und Testzeit. Entwicklung oder Verhalten ist demnach eine Funktion von Alter, Kohorte und Testzeit.

– Die Variable „Alter" umfasst reifungsbedingte Einflüsse, die sich zwischen dem Geburtszeitpunkt und dem Zeitpunkt der Verhaltensmessung eingestellt haben.

– Die Variable „Kohorte" bezieht sich auf alle Umwelteinflüsse, die auf die Mitglieder einer Kohorte in gleicher Weise wirken.

– Die Variable „Testzeit" umfasst die aktuellen, sozialen und historischen Einflüsse (Lebensbedingungen).

Da die Variablen „Alter", „Kohorte" und „Testzeit" zusammen auftreten, also wechselseitig abhängig sind, kann immer nur eine Variable kontrolliert werden. Ihre Gesamtwirkung lässt sich mit statistischen Mitteln nicht in Einzelwirkungen zerlegen. Demzufolge schlägt Schaie eine sequentielle Strategie der Datenerhebung vor. Der Begriff „Sequenzmodell" ergibt sich deshalb, weil die Überlegungen vom wiederholten Einsatz der traditionellen Verfahren ausgehen. Im Einzelnen schlägt er vor:

– Kohorten-Sequenz-Analyse
Hier handelt es sich um eine Verallgemeinerung des Erhebungsplanes der Längsschnittstudie. Mindestens zwei Kohorten werden an mindestens zwei aufeinanderfolgenden Altersstufen untersucht. Diese Analyse bestimmt unabhängig voneinander Alters- und Kohorteneffekte. Ein Effekt einer Kohorte wäre durch den kulturellen Wandel in einer

Gesellschaft denkbar. Die so erzielten Effekte sind nur eindeutig zu interpretieren, wenn die Testzeit, d.h. die aktuellen sozialen Lebensbedingungen unbedeutend oder konstant sind, was sich kaum stützen lässt.

- Testzeit-Sequenz-Analyse
  Hier handelt es sich um eine Verallgemeinerung des Erhebungsplanes der Querschnittstudie. Mindestens zwei Altersstufen werden an mindestens zwei aufeinanderfolgenden Zeiten untersucht. Diese Analyse bestimmt unabhängig voneinander Alters- und Testzeiteffekte. Die so erzielten Effekte sind nur eindeutig zu interpretieren, wenn man annimmt, dass keine genetischen Änderungen zwischen den Kohorten oder kohortenspezifische Umweltveränderungen auftreten.

- Quer-Sequenz-Analyse
  Hier handelt es sich um eine Verallgemeinerung des Erhebungsplanes der Zeitwandelstudie. Mindestens zwei Kohorten werden an mindestens zwei aufeinanderfolgenden Zeiten untersucht. Diese Analyse bestimmt unabhängig voneinander Kohorten- und Testzeiteffekte. Die so erzielten Effekte sind nur eindeutig zu interpretieren, wenn man annimmt, dass altersbedingte Veränderungen ausgeschlossen werden können.

3 Interaktionistisches Entwicklungsmodell (Bronfenbrenner)

Nahezu zeitgleich mit dem historischen Wandel des kindlichen Aufwachsens entwickelten sich neue Modelle der Entwicklungspsychologie (vgl. Silbereisen 1986). War die ältere Forschungsrichtung an quasi universalen Gesetzen des Aufwachsens orientiert, die häufig als Durchlaufen einer biologisch fundierten Abfolge von Stufen höherer Komplexität verstanden wurden, hat über die beiden letzten Jahrzehnte ein Prozess des Umdenkens stattgefunden. Entwicklungspsychologie der Kindheit wird im Kontext gesellschaftlicher und historischer Wandlungsprozesse gesehen. Das kindliche Aufwachsen wird als Teil eines lebenslangen Prozesses analysiert. Auch das Verhältnis von biologischen und psychosozialen Vorgängen wird neu gedacht. Das eine ist nicht unbedingt die Determinante des anderen, vielmehr ist von Wechselseitigkeit, von Interaktionsprozessen die Rede (vgl. Steinberg 1987).

Jedes Kind, ob es will oder nicht, wächst in ein vorgefundenes kulturelles System hinein und tritt notwendig in Beziehung zu diesem. Dies geschieht allerdings nicht von selbst, sondern offenbart sich als Aufgabe, die *aktiv* und immer aufs Neue bewältigt werden muss. Kinder werden heute als *individuelle soziale Akteure* gesehen und nicht nur als Appendix von Familien oder von pädagogischen Einrichtungen. Sie emanzipieren sich von Bevormundung und Fremdbestimmung. In Interaktionistischen Entwicklungsmodellen sind die Spielräume für die Entwicklung insbesondere in Gesellschaften mit heterogenen Kulturen und einem hohen Änderungstempo breit.

Die Wechselwirkung von kultureller und individueller Entwicklung wird unter Verwendung des bekannten Modells Einsteins zu seiner Relativitätstheorie so formuliert: „Entwicklung findet in einem fahrenden Zug statt, und dieser Zug ist es, was wir das sich verändernde Makrosystem nennen" (Bronfenbrenner 1979, 265).

4   Soziologische Erkenntnisse über sozialen Wandel

Die Familie war lange Zeit diejenige gesellschaftliche Institution, die über die ganze Lebensspanne hinweg den größten Einfluss auf die psychosoziale Entwicklung von Individuen ausübte.

Wenn im Folgenden veränderte familiäre Strukturen skizziert werden, dann ist dieser Wandel eben auch wieder eingebettet in eine Reihe langfristiger Prozesse, die für die meisten entwickelten Gesellschaften charakteristisch waren und sind, wie Soziologen herausgearbeitet haben (vgl. Mayer 1996). Folgende kulturelle und strukturelle Veränderungen der Gesellschaft in den letzten Jahrzehnten haben die Struktur der Familie, ihren Umfang und ihre Größe sowie ihre Funktion und Bedeutung für Individuen und Gesellschaft erheblich verändert:

- die Industrialisierung mit dem Niedergang agrarischer Arbeits- und Lebensweisen und der Massenwanderung in die Städte;
- die sinkenden Geburtenzahlen und die Verlängerung der Lebensspanne;
- die Bildungsexpansion im Bereich der beruflichen und der allgemeinen Bildung;
- die Integration der Frauen in den Arbeitsmarkt;
- die Frauenbewegung mit dem Anspruch von Gleichberechtigung;
- die sexuelle Revolution;
- die Wohlstandsentwicklung und der damit ermöglichte Massenkonsum;
- die Verringerung der täglichen und jährlichen Arbeitszeiten;

- die Verdichtung des Netzes sozialer Sicherung;
- eine hohe strukturelle Arbeitslosigkeit;
- ein Wertewandel, der kollektive Ordnungs-, Arbeits- und Pflichtwerte in individualistische Autonomie-, Selbstentfaltungs- und Erlebniswerte transformiert hat.

4.1 Veränderte familiäre Strukturen

Aus diesen allgemeinen Entwicklungstrends leiten sich die gängigen Thesen über den Wandel der Familie ab – strukturelle Isolierung der Kernfamilie, sozialisatorischer Funktionsverlust, Emotionalisierung und Individualisierung. So zeigen seit den 60er Jahren die familialen Strukturen folgende Trends (Rolff/ Zimmermann 1990; Hess 1996):
- sinkende Geburtenrate/Familiengröße
- Zunahme von Einzelkindern
- Abnahme erweiterter Mehr-Generationen-Haushalte
- Zunahme verwandtschaftlicher Netzwerke
- Rückgang von Eheschließungen
- Zunahme nichtehelicher Lebensgemeinschaften
- Zunahme nichtehelicher Geburten
- Zunahme von Trennungen/ Scheidungen und Wiederheirat
- Anwachsen von Familien mit einem Elternteil
- Zunahme der Berufstätigkeit von Müttern.

Kinder wachsen heute vermehrt mit berufstätigen Müttern in Ein-Eltern-Familien, als Einzelkinder und als Scheidungskinder auf. Aber trotzdem: Wenn auch nur noch in ungefähr 40% der deutschen Haushalte überhaupt Kinder aufwachsen, leben immerhin drei Viertel aller unmündigen Kinder mit ihren leiblichen Eltern in einem Haushalt.

Die soeben skizzierten Merkmals- oder Statusvariablen sind jedoch selten direkt mit den Ergebnissen des kindlichen Entwicklungsprozesses verbunden. Statt dessen üben sie am häufigsten ihren Einfluss über Veränderungen bei psychosozialen Aspekten der Familienbeziehungen oder durch Änderungen im Funktionieren der Familie aus. Was dies für die Persönlichkeitsentwicklung bedeuten könnte, muss weniger diskutiert als vielmehr untersucht werden. Denn empirische Ergebnisse zeigen durchaus positive Entwicklungen: Kinder erwerbstätiger Mütter entwickeln beispielsweise stärker partnerschaftliches Denken und ein positiveres Bild der weiblichen Geschlechtsrolle (vgl. Fthenakis 1989). Aus dem Projekt „Tagesmütter" folgert die Autorin:

„Die Zufriedenheit der Mutter mit ihrer Situation als Frau, ihre Sicherheit, mit der sie ihre eigenen Interessen, Berufstätigkeit und Mutterrolle balanciert, beeinflusst die Entwicklung des Kindes und die Mutter-Kind-Beziehung langfristig stärker als die Umstände der Betreuungsform" (Gudat 1982, 194).

Ein anderes Beispiel: Das Thema Einzelkind beschäftigt die Öffentlichkeit. Betrachtet man alle Familien mit Kindern unter 18 Jahren, so liegt der Anteil der Ein-Kind-Familien bei ungefähr 50%. In der Öffentlichkeit ist das Einzelkind immer noch mit starken Vorurteilen im defizitären Sinn belastet. Sie seien egoistisch, verwöhnt, unsozial, kontaktgestört, introvertiert, unangepasst und neurotisch. Doch diese den Einzelkindern zugeschriebenen Charaktereigenschaften müssen auf dem Boden der in jüngerer Zeit vorgelegten Forschungsergebnisse als unzutreffend zurückgewiesen werden. Ernst und Angst (1983) haben Einzelkinder und Kinder mit unterschiedlicher Geschwisterzahl und Stellung Persönlichkeitstests unterzogen und verglichen. Wenn Kinder aus dem gleichen sozialen Milieu kommen, dann unterscheiden sich Einzelkinder bezüglich Selbstbewusstsein, Kooperationsfähigkeit, Verantwortungsbereitschaft, Schulleistung und Anfälligkeit für psychische Krankheiten in keinem Punkt von Geschwisterkindern.

Auffallend, dass Untersuchungen zu diesen Fragen zu vorschnellen Schlussfolgerungen verführen. Gerade bei Forschungsfragen zu emotionalen Aspekten sind die Studien mit Vorsicht zu genießen: Fast immer wird beispielsweise versucht, eine Einschätzung der Mutter-Kind-Beziehung in testartigen Prozeduren oder über Befragungen der Mütter zu gewinnen. Das ist problematisch genug. Zudem konnte bislang niemand etwas über langfristige, vor allem innerpsychische Auswirkungen bei Kindern nachweisen, weder im positiven noch im negativen Sinn. Denn die Wissenschaft steht vor der Herausforderung, wo ein direkter Einfluss des Wandels der Familienstruktur auf die kindliche Entwicklung gefunden wurde, die zugrundeliegenden Prozesse und die unmittelbar auf Familiensozialisationsmuster bezogenen Variablen zu identifizieren.

Es ist sehr wichtig, dass wir mehr darüber erfahren, wie sich beispielsweise das elterliche Verhalten in Familien von Alleinerziehenden von dem in Familien mit beiden leiblichen Eltern sowie zwischen verheirateten Familien und nichtehelichen Lebensgemeinschaften unterscheidet. Wir wissen beispielsweise, dass den Kindern in alleinerziehenden Familien und nichtehelichen Lebensgemeinschaften von den Eltern weniger Zeit gewidmet wird als denen in Familien mit beiden Eltern (Thomson/ McLanahan/ Curtin 1992). Neben dem Wandel familialer Strukturen und Rollenverteilung sind noch zwei weitere Aspekte erwähnenswert (Rolff/ Zimmermann 1990, 29f.).

4.2 Verändertes Eltern-Kind Verhältnis

Das Eltern-Kind-Verhältnis hat sich grundlegend verändert: Kinder dienen nicht mehr der Versorgung der Eltern im Alter, sie sollen dem Leben der Eltern einen Sinn geben. Dies hat Auswirkungen auf das Aufwachsen heutiger Kinder. Sie werden umhegt und gepflegt, Eltern sind bemüht, auf die Gefühle ihrer Kinder einzugehen. Erwachsene verfügen heute über mehr Empathie als vergleichsweise vor 100 Jahren. Es wird mehr geredet und es werden weniger Ohrfeigen ausgeteilt. Hunderte von Elternratgebern zeigen auf, wie Kinder zu sein und was sie zu lernen haben und wie sie gefördert werden können.

Dieser positiv einzuschätzende Aspekt des Wandels von Kindheit hat aber auch eine problematische Seite: Etliche moderne Eltern verschreiben sich einer Idee von perfekter Sozialisation. Möglichst alle Mängel sollen korrigiert werden und möglichst alle Anlagen sollen gestärkt werden. So absolvieren Kinder heute zahlreiche Trainings, Kurse, Förderprogramme. Sogenannte Spielpädagogen oder Animateure bringen ihnen bei, wie sie ihre Freizeit verbringen sollen, die eigentlich ja selbstbestimmt sein sollte.

Das Kind solcher Familienerziehung ist weniger das wohlgeratene und zufriedene Kind, sondern das *perfekte* Kind. Viele Eltern bemerken dabei nicht, dass ihre Kinder dabei gleichsam „auf der Strecke bleiben". Kindliche Bedürfnisse und solcherart Anspruchshaltung der Eltern sind selten vereinbar, Kinder steigen innerlich aus. Es ist dann nicht verwunderlich, dass in der Grundschule chronische Leistungsverweigerer beobachtet werden oder Kinder mit typischen Symptomen von Stress in die Schule kommen. Hurrelmann und Engel (1989) haben in einer Untersuchung festgestellt, dass schätzungsweise rund 40% heutiger Kinder unter Stresssymptomen leiden.

Die Gründe die hinter den Erziehungsideen dieser ehrgeizigen Eltern stehen, sind evident. Familie steht unter einem Erziehungsdruck, der historisch ohne Vorbild ist. Und das zu einem Zeitpunkt, zu dem traditionelle Familienerziehung problematisiert wird, aber sich keine Alternative etabliert hat. Übererziehung und völlige Vernachlässigung von Erziehung sind die widersprüchlichen Folgen. Von daher steht die Schule vor Erziehungsaufgaben, die nicht zu ihrem Kernbereich gehören.

4.3 Veränderte Kinderkulturen

Die modernen Kinderkulturen, definiert über Produkte, Medien, Mode und Konsum, integrieren Kinder nicht mehr vorrangig in konkrete, personale Gruppierungen. Kinderkulturen haben damit einen ‚virtuellen Charakter'.

Damit ist gemeint, dass die Vorliebe für Produkte, Marken, Filmfiguren, Kleidungsstile etc. lediglich die Teilhabe an einer künstlichen Gemeinschaft bedeutet. Traditionelle Kinderkulturen definierten sich über fest in Familie, Nachbarschaft, Milieu und regionale Kontexte einbezogene Sozialbeziehungen und Handlungsmuster. Diese Kinderkulturen integrieren Kinder ‚zwangsläufig' in Formen von Gemeinschaft. Da moderne Kinderkulturen diese Integrationsleistung nicht mehr erbringen, wird von Kindern mehr Eigenaktivität zum Aufbau sozialer Beziehungen gefordert (vgl. Sander/ Vollbrecht 1993).

Dieser Lebensphase wuchs eine vorher unbekannte kulturelle Autonomie zu, die auch Gegenstand strategischer Intervention von Seiten der Mode- und Kulturindustrie wurde. Kinder werden heute früher und umfassender in (nicht nur konsumtive) Entscheidungen miteinbezogen, ein Privileg, das freilich nicht umsonst zu haben ist. „Wir haben keine Wahl, als zu wählen", so formulierte der englische Soziologe Anthony Giddens (1991) den Preis, den das postmoderne Individuum für seine zunehmende Freiheit entrichten muss. Kinder sehen sich mit der Aufgabe konfrontiert, schon relativ selbständige individuelle Entscheidungen zu treffen. Soziale Kontrolle wird nicht mehr dominant und engführend von erwachsenen Autoritäten ausgeübt, sondern verstärkt auch von der Clique Gleichaltriger, die Abweichungen, beispielsweise hinsichtlich der Blue-Jeans-Marke, mit sozialem Ausschluss ahndet. Freilich muss man sagen, dass dies zuletzt gezeichnete Bild vom Einfluss der Peergroup in Deutschland so nicht stimmt. Typisch auf Amerika zutreffende Charakteristika werden allzu schnell auf andere Kulturkreise übertragen. In Deutschland beispielsweise ist der Einfluss der Familie allein schon durch das tägliche Zusammensein eher gegeben als in Amerika, wo durch das Schulsystem oder beispielsweise in den Feriencamps Kinder und Jugendliche für wesentlich längere Zeit der Familie entzogen sind.

4.4 Folgerungen

Ich will eine doppelte Strategie anbieten: Zunächst skizziere ich *Entwicklungsaufgaben*, wie sie deduktiv aus dem Gesagten abgeleitet werden. Dann biete ich empirisch gefundene Erkenntnisse an, die sich aus der Erforschung zu „Kritischen Lebensereignissen", wie Tod eines Verwandten, Ende einer Freundschaft, längere eigene Krankheit, Schulwechsel, Arbeitslosigkeit eines Elternteils, Umzug der Familie, Trennung der Eltern, Tod eines Elternteils, als *Schutzfaktoren* in der Entwicklung herausgestellt haben (vgl. Kasten 1999).

Entwicklungsaufgaben:

Hinsichtlich der skizzierten familiären und institutionellen Bedingungsfaktoren werden weitreichende Konsequenzen für Aktivitäten und psychische Entwicklungsprozesse von Kindern gesehen (vgl. Dencik 1989; Zentrum für Kindheits- und Jugendforschung 1993):

- Aufgrund der unterschiedlichen sozialen Orte des Lebens geht es um *soziale Flexibilität*; dies meint auch, dass Kinder Schulfreunde haben können, die nicht identisch sind mit den Kindern, die sie bei Freizeitbeschäftigung A im Stadtteil A treffen und auch nicht mit denen, mit denen sie Freizeitbeschäftigung B im Stadtteil B, vom häuslichen Fahrdienst dorthin gebracht, verbringen.

- Die Situation wechselnder Gruppenzugehörigkeit führt zu der Notwendigkeit, *Kommunikationsfähigkeit* zu entwickeln und dies zu verbinden mit der Kompetenz, eigene Wünsche und Meinungen effektiv zu vertreten.

- Aufgrund der vielfältigen Beziehungen zu anderen geht es um die Entwicklung von möglichst früher *Reflexionsfähigkeit*; dies meint auch, dass so, wie sich das Leben während der Arbeitswoche mit Elternteil A abspielt, das Wochenende bei und mit Elternteil B vom Kind zufriedenstellend gemeistert werden muss.

- Aufgrund der – wie geschildert – unterschiedlichen Erfahrungsbereiche geht es auch um die Entwicklung von *Integrationsfähigkeit*.

Hurrelmann und Mansel verstehen als eine für die heutige komplexe Lebenswelt sehr zentrale Entwicklungsaufgabe der Lebensphase Kindheit den *Aufbau des Wissens*, dass das Kind nicht in einem Umfeld handelt, in dem die Einzelelemente isoliert und unverbunden nebeneinander stehen, sondern vielfach vernetzt sind, in spezifischen Beziehungen zueinander und in einem umfassenderen Zusammenhang stehen (1993, 78).

Der Grundtenor wird deutlich: Von den heutigen Kindern scheint mehr verlangt zu werden. Sie müssen umfassend funktionierende Sozialagenturen sein und gleichzeitig die komplexe Welt kognitiv verstehen lernen. Als zentrale Herausforderung lässt sich konstatieren: mehr und frühere *Eigenaktivität und Eigenverantwortung*.

Schutzfaktoren in der Entwicklung:

- Kurze Dauer von Armut
- Vorhandensein eines stützenden, außerfamilialen Netzwerks
- positive Partnerschaftsqualität der Eltern

- positive Beziehung der Heranwachsenden zu beiden Elternteilen
- Vorliegen eines aktiven und flexiblen Bewältigungsstils (bei den Heranwachsenden und ihren Bezugspersonen innerhalb und außerhalb der Familie)
- weitgehende Unabhängigkeit von äußeren Statussymbolen und Konsumansprüchen
- sehr gute bis hervorragende Leistungen im schulischen und außerschulischen Bereich
- Zugehörigkeit zu einer Gruppe oder einem Verein.

5 Zusammenfassung

Wir halten fest: So schwer der methodisch einwandfreie Nachweis des Zeitwandels bei Kindern und Jugendlichen bezüglich ihrer Fertigkeiten, Einstellungen und Erlebnisweisen gelingt, so einfach ist es, den Wandel der Bedingungen zu belegen, unter denen sie aufwachsen.

Es ist schon zu fragen, warum einzelne eher negativ getönte Befunde (z.B. Einzelkind) so viel Publizität verdienen. Die Befundlage gibt zu keinerlei Kulturpessimismus Anlass, im Gegenteil: sie zeigt, dass sich Kinder und Jugendliche an gewandelte gesellschaftliche Verhältnisse relativ gut anpassen können, zumindest sieht man noch nicht klar, ob und wo psychische Kosten entstehen.

Es ist schon möglich, dass unterschiedliche Umwelteinflüsse psychologisch äquivalent sind und keine differenzielle Wirkung erzeugen. Ein familiärer Kontext mag einem anderen familiären Kontext psychologisch äquivalent sein, auch wenn es sich im einen Fall um eine bürgerliche herkömmliche Familienform und im anderen um eine sogenannte moderne Familie frei zusammenlebender PartnerInnen handeln sollte. Schließlich ist auch denkbar, dass gesellschaftliche und Umgebungseinflüsse immer wieder auch durch anthropologische Konstanten bestimmt werden.

Offen bleibt für mich folgende zentrale Frage: Inwieweit führen lebensgeschichtlich frühe individuelle Wahlmöglichkeiten und erhöhte Lebenschancen zu neuen Formen der Überforderung, der Vereinzelung, der Verunsicherung, zum latenten Gefühl der Leere, Langeweile und der Heimatlosigkeit?

Gestatten Sie folgende Antwort: Die vielfältigen gesellschaftlichen Angebote wird ein privilegiertes Individuum, welches das volle Repertoire von Aneignungsweisen im Elternhaus lernt, wie die neuen Angebote der Medien und des Konsums, für sich reichhaltig nutzen können. Im günstigsten Fall wachsen die Handlungskompetenzen von Kindern, indem sie sich in verschiedenen Lebensräumen bewegen und sich mit verschiedensten Erwachsenen und Kindern auseinandersetzen müssen. In anderen Fällen dürfte angesichts des Reichtums an neuen Gelegenheiten dennoch eine Armut der Persönlichkeitsentwicklung die Folge sein. In diesem Fall werden pädagogisch-psychologische Problemfelder zu öffentlichen, d.h. politischen Problemfeldern.

Literatur

Bronfenbrenner, U. (1979): The Ecology of Human Development. Cambridge.

Dencik, L. (1989): Growing Up in the Post-Modern Age. On the Child's Situation in the modern Family, and on the Position of the Family in the modern Welfare State. In: Acta Sociologica 32.

Dollase, R. (1998): Veränderte Kindheit. In: Rost, D. H. (Hg.): Handwörterbuch Pädagogische Psycholgogie. Weinheim, 26–531.

Dusek, J. B./ Flaherty, J. F. (1981): The Development of Selfconcept during the adolescent Years. In: Monographs of the Society for Research in Child Development 191, Vol. 48, 4.

Ernst, C./ Angst, J. (1983): Birth order. Berlin.

Fthenakis, W. E. (1989): Mütterliche Berufstätigkeit, außerfamiliäre Betreuung und Entwicklung des (Klein-)Kindes aus kinderpsychologischer Sicht. In: Illustrierte für Familienforschung 1 (2), 3–6.

Gudat, U. (1982): Kinder bei der Tagesmutter. München.

Hess, L. E. (1996): Wandel der Familienstruktur und des generativen Verhaltens in Nord-, Süd- und Mitteleuropa seit 1950. In: Edelstein, W./ Kreppner, K./ Sturzbecher, D. (Hg.): Familie und Kindheit im Wandel. Potsdam, 31–66.

Hurrelmann, K./ Engel, U. (1989): Psychosoziale Belastung im Jugendalter. Berlin.

Hurrelmann, I./ Mansel, J. (1993): Individualisierung in der Freizeit? In: Zentrum für Kindheits- und Jugendforschung (Hg.): Wandlungen der Kindheit. Opladen, 77–93.

Kasten, H. (1999): Pubertät und Adoleszenz. München.

Mayer, K.-U. (1996): Familie im Wandel in Ost und West am Beispiel Deutschlands. In: Edelstein, W./ Kreppner, K./ Sturzbecher, D. (Hg.): Familie und Kindheit im Wandel. Potsdam, 13–29.

Müller, H. (1954): Ist die Erziehung unserer Kinder heute schwieriger als früher? In: Praxis der Kinderpsychologie und -psychiatrie 3, 162–166.

Oerter, R./ Montada, L. (1995[3]): Entwicklungspsychologie. Ein Lehrbuch. München.

Rolff, H.-G./ Zimmermann, P. (1990): Kindheit im Wandel: eine Einführung in die Sozialisation im Kindesalter. Weinheim.

Sander, U./ Vollbrecht, R. (1993): Kinderkultur in individualisierten Gesellschaften. In: Zentrum für Kindheits- und Jugendforschung (Hg.): Wandlungen der Kindheit. Opladen, 94–114.

Silbereisen, R. K. (1986): Entwicklung als Handlung im Kontext. Entwicklungsprobleme und Problemverhalten im Jugendalter. In: Zeitschrift für Sozialisationsforschung und Erziehungssoziologie 6, 29–46.

Steinberg, L. D. (1987): Impact of Puberty on Family Relations: Effects of Pubertal Status and Pubertal Timing. Developmental Psychology 23, 451–460.

Thomson, E., McLanahan, S./ Curtin R. (1992): Family Structure, Gender and parental Socialization. Journal of Marriage and the Family 54, 368–378.

Zentrum für Kindheits- und Jugendforschung (Hg.) (1993): Wandlungen der Kindheit. Opladen.

Helmwart Hierdeis

Kindheiten – Szenarien

1 Vorbemerkung

Im Jahr 1977 erschienen Christa Wolffs Aufzeichnungen „Kindheitsmuster",
eine Begegnung mit ihrer eigenen Kindheit vom Anfang der Dreißigerjahre
bis zum Ende des 2. Weltkriegs. Was den Hinweis auf ihr Buch im Zusammenhang mit dem Thema „Kindheiten" sinnvoll macht, ist nicht der Umstand, dass es augenscheinlich von der frühen Lebensphase der Autorin handelt – Geschichten dieser Art finden sich in allen Autobiographien; auch
nicht, dass diese Kindheitsgeschichte im Zusammenhang mit den historischen, sozialen und regionalen Gegebenheiten (deutsche Kleinstadt an der
Grenze zu Polen im Nationalsozialismus) erinnert und reflektiert wird; denn
auch Geschichten dieser Art gäbe es zur Genüge.

Entscheidend ist vielmehr, dass Christa Wolff neben ihrer eigenen Kindheit verschiedene „Kindheitsmuster" entdeckt, die auf engem Raum, in ein
und derselben Kultur und in einem auf wenige Jahre begrenzten zeitlichen
Rahmen gelebt werden. Diese Beobachtung verdient Aufmerksamkeit zum
einen, weil sie das immer noch bestehende Klischee von uniformen Soziali-
sations- und Lebensweisen in Diktaturen widerlegt, zum andern, weil sie zur
Vorsicht vor Generalisierungen mahnt. Das gilt für gegenwartsbezogene und
erst recht für historische Aussagen über Kindheit. In jedem Fall gab und gibt
es eine nicht fassbare Zahl von Kindheiten, deren Gemeinsamkeiten nur unter
Vernachlässigung großer (subjektiver, subkultureller, historischer ...) Daten-
mengen herauszuarbeiten sind.

2 Auslöser der historischen Kindheitsforschung

Vor 25 Jahren wurde in Deutschland Philippe Ariès' „Geschichte der Kind-heit" (1975) veröffentlicht (die Originalausgabe von 1960 hatte den Titel „L'enfant et la vie familiale sous l'ancien régime"), zwei Jahre später Lloyd DeMause's „Hört ihr die Kinder weinen? Eine psychogenetische Geschichte der Kindheit" (1977 – Originaltitel: „The History of Childhood"). Ariès wollte mit seinem historischen Material aus dem 15. bis 18. Jahr-hundert zwei Thesen stützen: Die eine (1981, 45ff.) lautet: Die traditionale Gesellschaft hatte vom Kind nur schwach entwickelte Vorstellungen. Die Dauer der Kindheit war auf das früheste Alter beschränkt. Danach wurde das Kind übergangslos zu den Erwachsenen gezählt. Es teilte ihren Alltag, ihre Arbeit und ihre Spiele. Vom sehr kleinen Kind wurde es sofort zum jungen Menschen, ohne die Etappe der Jugend durchlaufen zu haben. Der Kultur-transfer zwischen den Generationen wurde durch die Familie nicht gewähr-leistet. Die Erziehung beruhte durch das Zusammenleben der Kinder mit den Erwachsenen auf einem Lehrverhältnis, d.h. das Kind lernte, was es für das Leben brauchte, indem es den Erwachsenen bei ihren Tätigkeiten zusah oder daran mitwirkte.[1]

In der ersten Lebensphase konnte das Kind mit einer gewissen oberfläch-lichen Gefühlszuwendung rechnen. Wenn es starb, war die Betroffenheit bei den Eltern eher gering. Ein anderes würde an seine Stelle treten. Nach den ersten Lebensjahren wurde es häufig an andere Familien abgegeben, wenn Armut, Erbschaftsregelungen oder die Hoffnung auf eine bessere Ausbildung dort dies nahelegten.[2]

Für gefühlsmäßige Bindungen und soziale Kontakte war außerhalb der Familie ausreichend gesorgt. Sie entwickelten sich in einem sehr dichten Mi-lieu, das sich aus Nachbarn, Freunden, alten Leuten, Dienstboten und unver-heirateten Verwandten zusammensetzte und in dem man seinen Bedürfnissen und Neigungen ungezwungen nachgehen konnte.[3]

Die zweite These (1981, 47ff.) sucht den Platz zu beschreiben, den Kind und Familie in den Industriegesellschaften einnehmen. In den Lebensformen tritt ein auffälliger Wandel ein. An die Stelle des Lehrverhältnisses tritt die Schule. Das Kind mischt sich nicht mehr unter die Erwachsenen und lernt das Leben nicht durch unmittelbaren Kontakt mit ihnen kennen. Es wird in einer Art Quarantäne gehalten, bevor es in das Leben tritt. Dieses Beiseiterücken des Kindes sieht Ariès als Folge der großangelegten Moralisierungskampag-ne durch die Kirchen im 19. Jahrhundert an. Sie habe jedoch nicht funktionie-ren können ohne den gefühlsmäßigen Zusammenhalt in den Familien. Die

Familie ist zu einem Ort unabdingbarer affektiver Verbundenheit zwischen den Ehegatten und auch zwischen Eltern und Kindern geworden, wie dies nie zuvor der Fall war. Dieser Rang lässt sich an der Rolle der Erziehung ablesen. Sie wird von einer neuen Einstellung den Kindern gegenüber getragen. Eltern interessieren sich für die Entwicklung und die Lernfortschritte ihrer Kinder. Die Familie organisiert sich um die Kinder herum. Der Tod des Kindes löst Schmerz aus. Es erscheint unersetzlich. Um sich dem einzelnen Kind besser widmen zu können, empfiehlt es sich, die Kinderzahl zu beschränken.

Die Kritik an diesen Thesen und an Ariès' Methode ist bekannt. Einige Einwände hat Hartmut von Hentig in seinem Vorwort zur „Geschichte der Kindheit" vorgetragen (1981, 28f.), andere finden sich neuerdings im „Entwurf einer Theorie der Kindheit" von Michael-Sebastian Honig (1999, 21ff.): Eklektizismus bei der Quellensuche, überwiegende Verwendung von literarischen Texten, Überinterpretation von Bildern, Fehler im Detail (was z. B. den Zeitpunkt angeht, zu dem Kinder in die Erwachsenenwelt eintreten), das Ganze mehr eine Ideengeschichte der Kindheit denn eine Realgeschichte usw. Ariès bedaure unterschwellig die Trennung von Kinder- und Erwachsenenwelt und scheine dabei zu wissen, wer Kinder wirklich seien. Aber Honig registriert auch die Anerkennung, die Ariès gefunden hat,

– weil er, indem er einen Blick auf die Geschichtlichkeit der Kindheit eröffnet hat, alle jene in Aporien stürzen konnte und kann, die ein unveränderliches kindliches Wesen annehmen,

– weil er den Unterschied glaubhaft machen kann zwischen dem chronologischen Lebensalter und den psychophysischen Reifungsprozessen einerseits und den sozialen Bedeutungen, die daran geknüpft sind, andererseits,

– weil er zeigt, wie der Unterschied zwischen Kindern und Erwachsenen praktiziert und institutionalisiert wird.

Alterszugehörigkeit erweist sich als soziokulturelles Phänomen und Kindheit als institutionalisiertes Konstrukt.[4]

Schlussfolgert Ariès eine Verarmung der Kindheit, so gelangt Lloyd DeMause (2000, 12–111) auf der Basis eines vielfältigen Materials aus der Kultur-, Religions- und Sozialgeschichte zu einem ganz anderen Entwicklungsverlauf. Für ihn ist die Geschichte des Kindes bis in die Neuzeit hinein eine Geschichte physischer Gewalt gegenüber dem Kind, einer Gewalt, die sich erst mit der Trennung der Kinderwelt von der Erwachsenenwelt aufzulösen beginnt. Die Institutionalisierung der Distanz zwischen den Generationen hat auch eine Schutz- und Befreiungsfunktion für die jüngere, wie sich nicht nur aus den Umgangsformen und der Kultur des Zusammenlebens ablesen lässt, sondern auch an den die Kinder betreffenden Regulativen und schließlich auch daran, welche Zugänge Kinder zu den Ressourcen der Erwachsenenwelt (Information, Konsum ...) haben.

Was sich in der Geschichte im Hinblick auf die Entwicklung der Psyche getan hat, darin könnten Ariès und DeMause vielleicht übereinstimmen. Denn auch Ariès würde zugeben müssen, dass heutzutage Erwachsene eher als früher fähig sind, „auf die Stufen der kindlichen Bedürfnisse zurückzugehen und sie richtig einzuschätzen, ohne ihnen eigene Projektionen beizumessen" (DeMause 2000, 20) – was nichts anderes heißt als: Die Erwachsenen haben gelernt, die Artikulation kindlicher Bedürfnisse nicht von vorneherein als Anschlag auf die eigenen Bedürfnisse zu interpretieren.

Im Zusammenhang mit den Schlussfolgerungen von Ariès und DeMause ist zu vermuten, dass die kulturpessimistische Note des einen und die kulturoptimistische des anderen nicht so sehr Resultate ihrer Untersuchungen, als vielmehr vorausgehende Einstellungen bzw. methodisch nicht mehr eingeholte Konstrukte sind bzw. waren, die ihre Paradigmata mitbestimmten.[5] Das ist bekanntermaßen in den interpretierenden Disziplinen ein generelles Problem. Wie auch immer: Sieht man von den Tendenzen der Bewertung ab, die beide Kindheitsforscher nahe legen, so geht es ihnen letzten Endes um die Frage, ob die Geschichte der Kindheit eine „Evolution der ‚Kindgerechtigkeit'" (Honig 1999, 21) anzeigt oder nicht.

Wer in der Lage ist, sich vom Handlungsdruck der Gegenwart hinlänglich zu lösen, mag das für eine an- oder aufregende Diskussion halten, besonders dann, wenn sie darauf verzichtet, ein heutiges Verständnis von Kindgerechtigkeit zum Maßstab zu nehmen und historisch danach fragt, aufgrund welchen Wissens und welchen Verständnisses vom Kind und welcher sozialen, kulturellen und ökonomischen Bedingungen des Erwachsenseins welche Interaktionsformen zwischen den Generationen zu einer bestimmten Zeit möglich und dem gemeinsamen Leben und Überleben angemessen erschienen.[6]

3 Kindheiten heute

Wenn die Frage nach Merkmalen heutiger Kindheit gestellt wird, dann ist fürs erste an den Hinweis der Historischen Anthropologie auf das Problem der „doppelten Historizität", d.h. der Geschichtlichkeit von Gegenstand und Forscher zu erinnern (vgl. Wulf/ Zirfas 1994) und daran, dass uns auch die Kindheit, wie Wilhelm Dilthey gesagt hätte, nur in „den in der inneren Erfahrung gegebenen Tatsachen des Bewusstseins" (1959, XVIII), d.h. in Form von eigenen sedimentierten Kindheitserfahrungen, Gefühlen, Anschauungen, Konstrukten, Zeichen, Theorien usw. gegeben ist. Hierzu passt, dass Hartmut von Hentig in seinem Vorwort zu Ariès von „Kindheit" und „Jugendalter" als „Schöpfungen unserer Anschauungen und Umstände" (1981, 9) spricht. Und was die Bewertung des Forschungsmaterials angeht, so liefert uns die Analyse vergangener Epochen des Kindseins keine normativen, sondern höchst ambivalente Hinweise dafür, welche Lebens- und Generationenverhältnisse für die Entwicklung der jungen Menschen heute günstig wären.[7]

Bleiben wir bei der Deskription und blicken zunächst noch einmal mit Hartmut von Hentig auf einige Kennzeichen heutiger Kinderwelten. Er sei, schreibt er, durch Ariès angeregt worden, die ihm in seiner Bielefelder Laborschule begegnenden Kinder mit historisch vergleichenden Augen zu sehen, und er entwickelt aus seinen Beobachtungen Kindheitsszenarien der Gegenwart, die er selbst als „pauschal" und formelhaft bezeichnet, die aber gerade in der Verkürzung „einen Wandel sichtbar ... machen" sollen. Zu ihnen gehören (in Ariès 1981, 33ff.) [8]:

1. „Kindheit ist heute *Fernsehkindheit*": Sie ist es nicht nur im Sinne des Zeitquantums, das durch das Fernsehen von anderen möglichen Aktivitäten abgezogen wird, sondern vor allem im Sinne der fragmentierten, verkleinerten, sich in rascher Abfolge verändernden, die Wahrnehmung von Zusammenhängen erschwerenden wenn nicht gar zerstörenden, die eigene Lebenswelt abwertenden, die Wirklichkeitsebenen verwischenden Welt der Bilder, über deren Faszination eine Manipulation der Adressaten im Hinblick auf Bewertungen und Bedürfnisorientierung stattfindet.

2. „Kindheit heute ist *Schulkindheit*". Sie beginnt vielfach mit einer „Vorschulkindheit", die zwar pädagogische Autonomie für sich beansprucht, aber zwangsläufig schulvorbereitenden Charakter hat. Schulkindheit ist zunehmend kinderlebensferne Kindheit, Kindheit in einem „artifiziellen Sondermilieu" (Fürstenau 1969) von Inhalten, Räumen, Zeitstrukturen, Bedürfnisunterdrückung, Bewertungen, Generationenverhältnissen und Gruppenbeziehungen, hypostasiert zur alles entscheidenden Phase für Erfolg und Lebensglück und daher im Bewusstsein der Eltern entsprechend mit Bedeutung aufgeladen.

3. „Kindheit heute ist *Zukunftskindheit*". Was zur Entstehung heutiger Kindheit beigetragen hat: die Freistellung der Kinder von der Erwerbsarbeit und die Einführung lebensvorbereitender Lernzeiten und Lernorte, barg immer schon die Gefahr in sich, dass die Gegenwart der Kinder ihrer Zukunft geopfert würde, ihre Realität den Vorstellungen der Erwach-

senen. Die Segmentierung des Kinderlebens durch zu erwerbende Berechtigungen mit der Verheißung, dass sich an diesem Blick nach vorne in einer Informations- oder Wissensgesellschaft lebenslang nichts mehr ändern wird, führt zu einer dauernden Entwertung des Augenblicks. Vielleicht lohnte es sich, die so oft beklagte Verweigerung, Aggressivität und den Vandalismus von Kindern als Mittel zur Rückeroberung des Jetzt zu verstehen, untauglich zwar, weil sie das Problem nicht lösen, aber „gesund" in dem Sinne, als sie erkennen lassen, dass die Kinder den Verlust nicht einfach verschmerzen.

4. „Kindheit ist heute *Stadtkindheit*", geprägt von den Merkmalen der Naturferne, des Lärms, der pädagogisierten Spielareale, der Teilnahme am Verkehr, der permanenten Konsumaufforderung, der verdichteten Nachbarschaften, der verstärkten Verhaltenskontrollen oder, sofern sie ausbleiben, der Verwahrlosungsgefahr. Auch wer auf dem Lande aufwächst, bekommt seinen Anteil an der Stadt mit: durch die Ansiedlung der Städter „draußen", durch Industrie-, Konsum- und Geselligkeitszonen, durch die Konzentration von Bildungseinrichtungen in den Städten, durch pendelnde Eltern. Urbanisierte Kindheit birgt den Verlust von elementarer Natur- und Selbsterfahrung in sich und verschiebt die emotionalen Bindungen zugunsten der Kulturprodukte.

5. „Kindheit heute ist ... *Kinder-Kindheit*", weil das Kind einen Großteil seiner Zeit in altershomogenen Gruppen verbringt oder mit Erwachsenen zu tun hat, die es als Kind definieren und sich dementsprechend pädagogisch zu ihm verhalten. Beides hat zur Folge, dass „Sozialisation" an die Stelle von „Erziehung" tritt (vgl. Giesecke 1985) und die Erwachsenen als „Modelle" für Verhalten und Lebensentwürfe zurücktreten, nicht zuletzt weil eine auf erzieherische Intentionalität beschränkte Beziehung eine Distanz aufbaut, die vom Kind nur schwer zu überbrücken ist.[9]

6. Kindheit ist heute *Innenraumkindheit*: Die Abnahme von natürlichen Spielflächen, die Gefährdung der Kinder durch den Straßenverkehr, die Konsum- und Beschäftigungsmöglichkeiten zuhause (audiovisuelle Medien, PC, Spielautomaten) und die lange Verweildauer von Kindern in Betreuungs-, Lern- und Freizeitinstitutionen, die ihre Programme gleichfalls überwiegend „unter Dach" realisieren, führen zu einem zeitlich exzessiven Aufenthalt in Räumen. Das bringt nicht nur eine Einengung der Wahrnehmung und des Experimentierverhaltens mit sich, sondern verstärkt auch die Tendenz, Informationen vornehmlich über Repräsentanzen aufzunehmen, ganz abgesehen davon, was die Reduzierung der Körperbewegung für Körperhaltung und Organwachstum nach sich zieht.

7. Kindheit heute ist *ökonomisierte Kindheit*: Kinder sind eine Zielgruppe der Produktplanung und eine heftig umworbene Käuferschaft, die ihre suggerierten Konsumbedürfnisse auch gegen die Erwachsenen durchsetzen soll. Teilhabe am Konsum ist für Kinder ein wichtiges Kriterium für die eigene Platzierung in Gruppen und für deren innere Differenzierung. Dass in dieser Altersgruppe Eigentumsdelikte und sogar die gewalttätige Aneignung von Konsumgütern verbreitet sind, verweist auf den gleichen Umstand. Kinder gelten aber auch als Kostenfaktor, der über den Lebensstandard der Familie mitentscheidet und damit sozial- und bildungspolitische Relevanz besitzt.

8. Kindheit heute ist *plurale Kindheit*: Mehr als früher machen Kinder in der Gegenwart Erfahrungen mit unterschiedlichen Lebensstilen, Sprachen, kulturellen und religiösen Praktiken, Wertorientierungen, Selbstverständnissen und Beziehungsformen. Die großen Überzeugungsgemeinschaften, in denen Klarheit bestand und vermittelt wurde über Gut und Böse, Recht und Unrecht, Gehörig und Ungehörig sind zusammengeschmolzen. Die Erwachsenen ziehen sich vielfach auf beliebig legitimierbare pragmatische Positionen zurück und geben uneindeutige Modelle ab. Weil Kinder zu wenig lernen, die Vielfalt als Chance zu ergreifen, weichen sie in ihrer Überforderung in die Indifferenz aus oder werden anfällig für extreme, aber überschaubare Wertmuster.

9. Kindheit heute ist *mobile Kindheit*: Das technisch beschleunigte Sich-Bewegen und Bewegtwerden gehört mit seinen Chancen (Lustgewinn, Informationszuwachs, Zunahme an Vergleichsmöglichkeiten ...) und seinen Gefahren (Bewegung und Mobilität als Selbstzweck, Übersättigung, Unfähigkeit zur Informationsverarbeitung, Verletzung oder gar Tod im Verkehr) zu den alltäglichen Erfahrungen der Kinder. Und wo die Körper der Kinder ruhiggestellt erscheinen, muss wenigstens in den virtuellen Welten auf Bildschirmen und Leinwänden hektische Bewegung herrschen. Mobilität durch eigene Kraft hat einen geringen Stellenwert, Geräte, die Mobilität ermöglichen dagegen hohes Prestige. Ihr Besitz verschafft Zugang zu Gruppen, ihr Mangel kann Ausschluss zur Folge haben. Kein Wunder, dass Kinder eine starke Aufmerksamkeit dafür entwickeln, was unter den Gleichaltrigen gefragt ist.

10. Kindheit heute ist *Kindheit im familialen Strukturwandel*: Die Familie der Gegenwart unterliegt sowohl hinsichtlich ihrer Struktur als auch im Hinblick auf ihre Funktionen einer auffälligen Veränderungsdynamik (abnehmende Bereitschaft zur Ehe, hohe Scheidungsraten, Zunahme von Alleinerzieherfamilien ...). Die Pluralisierung der familialen Lebensfor-

men kann als Reflex auf eine kulturelle Entwicklung angesehen werden, in der die Unzahl von Möglichkeiten des Handelns dessen Zufälligkeit forciert und den Entscheidungsdruck verstärkt. Begünstigt wird dieser Prozess durch die Abnahme sozialer Kontrollen (vgl. Hierdeis 1997, 664). Für Ulrich Beck bieten Geschlechter- und Generationenbeziehungen ein diffuses Erscheinungsbild, das er – leicht karikierend – so beschreibt:

> „Es ist nicht mehr klar, ob man heiratet, wann man heiratet, ob man zusammenlebt und nicht heiratet, heiratet und nicht zusammenlebt, ob man das Kind innerhalb oder außerhalb der Familie empfängt oder aufzieht, mit dem, mit dem man zusammenlebt, oder mit dem, den man liebt, der aber mit einer anderen zusammenlebt, vor oder nach der Karriere oder mittendrin." (Beck 1986, 164).

Kinder sind die abhängigsten Variablen solcher Beziehungsformen und Lebensentwürfe. Weder ist selbstverständlich, dass sie mit Mutter und Vater (oder umgekehrt) aufwachsen, noch dass sie überhaupt konstante Beziehungen erleben – ganz abgesehen davon, dass „Systemwechsel" häufig auch Ortswechsel und damit weitere Verlusterfahrungen nach sich ziehen. Das stellt hohe Ansprüche an die Verarbeitungskapazität der Kinder.

4 Kindheiten und Kindheit

Wer Szenarien dieser Art entwirft, zieht sich mit Recht den Vorwurf des Eklektizismus zu. Sie haben nicht alle das gleiche Gewicht, sie sind verkürzbar und erweiterbar. Was sie legitimiert, ist ihre Diskussionswürdigkeit im einzelnen, und sie bemisst sich an ihrer empirischen Relevanz. Wer sich in der Welt der Kinder und in der Kinderforschung umsieht und die Augen dafür offen hat, welche Rolle Kinder in Beratung und Therapie spielen, wird die Frage mit Ja beantworten und entdecken, dass das Problem Kindheit weder theoretisch noch gar praktisch in den Antworten von Ariès, DeMause und ihren Nachfolgern aufgeht. Dem einzelnen Kind ist mit wissenschaftlich gesicherten Tendenzbestimmungen nicht gedient.

Jeder Blick auf Kindheiten ist ein Blick auf soziokulturelle Bedingungen der Erwachsenenwelt. Es fällt nicht schwer, sie in den Zusammenhang der sog. Modernisierung zu stellen, die - ähnlich wie die Kindheitsforschung von Ariès und DeMause – eine eher pessimistische und eine eher optimistische Deutungsvariante hervorgebracht hat: Modernisierung als Verlust kultureller Konstanten und Modernisierung als Auslöser neuer Formen der Selbstorganisation (Honig 1999, 169). Da es unrealistisch wäre, anzunehmen, Urbanisierung, Mobilität, der Griff der Wirtschaft nach den Kindern, die Pluralisierung der Wertvorstellungen, demographische Entwicklungen, familiale Struktur-veränderungen usw. würden von „der Gesellschaft" um der Kinder willen aufgehalten, bleibt der Pädagogik – als Theorie und Praxis – nur der Weg, auf die Fähigkeiten der Kinder zur Autopoiesis zu setzen. Welche rechtlichen, sozialen, kulturellen und ökonomischen Bedingungen, welche Beziehungs-formen und -qualitäten, welche Institutionen, welche Didaktiken usw. die Autopoiesis in einer für das Kind, seine Umwelt und die Gesellschaft hilfrei-chen Weise fördern, lässt sich erforschen und ist im übrigen nach einigen Jahrtausenden pädagogischer Reflexion und einem Jahrhundert wissenschaft-licher Pädagogik so unbekannt auch nicht mehr.

Honig hat in seiner bereits mehrfach herangezogenen Abhandlung die „Kindheit" als „eine auf der Unterscheidung Kind/ Erwachsener aufbauende Semantik" charakterisiert, „in der drei Ebenen zu unterscheiden sind: zum einen kulturelle Generalisierungen (epochaltypische Kindheitsmodelle), zum anderen Soziallagen einer Bevölkerungskategorie, schließlich eine Alterspha-se im institutionalisierten Lebenslauf" (1999, 195). Diese Bestimmung lässt es zu, historische und aktuelle Kindheitsforschung unter *einem* Begriff von Kindheit zu realisieren und nicht zuletzt kulturvergleichend zu arbeiten. Sie baut damit einem Eurozentrismus vor, der die Kindheitsforschung bisher ver-engt hat. Auch die voranstehende Beschreibung von „Kindheitsszenarien" ist nur als Beitrag zu einer *regionalen Theorie der Kindheit* zu verstehen.

Anmerkungen

[1] Siehe dazu die Gegenüberstellung von „Präsentation" und „Repräsentation" z. B. in: Klaus Mollenhauer (1985): Vergessene Zusammenhänge. Über Kultur und Erziehung. München.

[2] In agrarisch geprägten Regionen fand eine solche Entlastung der ärmeren Familien noch in der ersten Hälfte des 20. Jahrhunderts statt. Siehe z. B. zur Situation in Südtirol: Hans-Jörg Wal-ter/ Elisabeth Fleisch/ Elisabeth Müllner (1988): „Wia's kimmp', so weard's". Zur bergbäuer-lichen Lebenswelt am Beispiel des Dorfes Lappach/ Südtirol. Innsbruck.

[3] Siehe dazu auch die umfangreiche Literatur zur Sozialgeschichte der Familie, exemplarisch vor allem: Heidi Rosenbaum: Formen der Familie. Untersuchungen zum Zusammenhang von Familienverhältnissen, Sozialstruktur und sozialem Wandel in der deutschen Gesellschaft des 19. Jahrhunderts. Frankfurt 6. Aufl. 1993 (1982). – Michael Mitterauer/ Reinhard Sieder: Vom Patriarchat zur Partnerschaft. Zum Strukturwandel der Familie. München 2. Aufl. 1980 (1977). – Helmwart Hierdeis: Familie. In: Helmwart Hierdeis/ Theo Hug (Hg.): Taschenbuch der Pädagogik. Baltmannsweiler 5. Aufl. 1997 (1978); Bd. 2, 659–672 (mit umfangreicher Li-teratur).

[4] „Die Kindheitsforschung kann sich daher von Ariès anregen lassen ..., das Konzept ‚Kind' wissenschaftsgeschichtlich und wissenssoziologisch zu erschließen" (Honig 1999, 29).

[5] Hartmut von Hentig hat den Unterschied zwischen den Arbeiten von Ariès und anderen Sozialgeschichten so charakterisiert: „Ariès schreibt – bei aller Konkretheit der von ihm beigebrachten historischen Zeugnisse – nicht die Geschichte der Familie und der Kindheit als Wirklichkeit, sondern als Idee. Die Idee *hat* er vor allen geschichtlichen Realitäten, und die Idee *findet* er in den geschichtlichen Realitäten – das ist kein Widerspruch und keine Unreinheit der Methode. Das ist die durch die Vitalität seines Gedankens und den Reichtum seines Ertrages wieder zu Ehren gebrachte Hermeneutik" (in Ariès 1981, 28). Zu fragen wäre allerdings, ob es nicht zu den Regeln der Hermeneutik gehört hätte, genau dieses Vorverständnis zu artikulieren. – In anderer Weise ließe sich auch die psychoanalytische Theorie des Lloyd DeMause als die seiner „Psychogenese der Kindheit" zugrundeliegende „Idee" bezeichnen.

[6] Gleichgültig, welche Seite dem eigenen Wissenschaftsparadigma und dem eigenen historischen Verständnis von Kindheit näher steht, man wird einräumen müssen, dass die historische Kindheitsforschung hierzulande ohne Ariès und DeMause erst viel später in Gang gekommen wäre. Nicht zuletzt gilt das für die heutigen Apologeten und Kritiker selbst.

[7] Es sei denn, man akzeptiere auf der Ebene der Plausibilität den normativen Charakter von historisch „bewährten" Formen des Umgangs und von Lebenslernhilfen (vgl. Liedtke 1997, 47ff.).

[8] Die ersten sechs Szenarien folgen Hartmut von Hentig, ergänzen aber seine Beispiele bzw. weichen von ihnen ab, wo die Zeitgebundenheit der Aussagen es erfordert.

Die Szenarien 7 bis 11 orientieren sich an einem Konzeptpapier, das eine Arbeitsgruppe unter Leitung des Autors und seines Kollegen Prof. Luigi Guerra (Universität Bologna) als wissenschaftliche Basis für die Novellierung des Südtiroler Kindergartengesetzes im Jahr 2000 erarbeitet hat.

[9] Die Pädagogisierung des Verhältnisses zwischen dem Erwachsenen und dem Kind zu beenden, sind in den letzten 20 Jahren die „Antipädagogen" angetreten. In der Annahme jedoch, das menschliche Subjekt könne sich gleichsam aus eigenem Vermögen konstituieren, wenn Erziehung durch „Amication" ersetzt werde, ignorieren sie eine Fülle von empirischen Daten (von Braunmühl 1975; von Schoenebeck 1983; Simons-Schneider Bd. 1 1989, 88ff.; Hoffmann Bd. IV 1997, 1381).

Literatur:

Ariès, Ph. (1981[4]): Geschichte der Kindheit. Mit einem Vorwort v. Hartmut v. Hentig. München.

Beck, U. (1986): Risikogesellschaft. Frankfurt a. M.

Braunmühl, E. v. (1975): Antipädagogik. Studien zur Abschaffung der Erziehung. Weinheim.

DeMause, L. (2000[10]): Hört ihr die Kinder weinen? Eine psychogenetische Geschichte der Kindheit. Frankfurt a. M.

Dilthey, W. (1959[4]): Gesammelte Schriften Bd. 1: Einleitung in die Geisteswissenschaft. Versuch einer Grundlegung für das Studium der Gesellschaft und der Geschichte. Stuttgart.

Fürstenau, P. (1967): Soziologie der Kindheit. Gesellschaft und Erziehung. Heidelberg.

Fürstenau, P. (1969): Zur Theorie der Schule. Weinheim.

Giesecke, H. (1985): Das Ende der Erziehung. Stuttgart.

Gruntz-Stoll, J. (1997[5]): Kindheit. In: Hierdeis, H./ Hug, Th. (Hg.): Taschenbuch der Pädagogik. Bd. 3. Baltmannsweiler, 933–942.

Hentig, H. v. (1981[4]): Vorwort zu: Ariès, Ph.: Geschichte der Kindheit. München.

Hierdeis, H. (1997[5]): Familie. In: Hierdeis, H./ Hug, Th. (Hg.): Taschenbuch der Pädagogik. Bd. 2, Baltmannsweiler, 659–672.

Hoffmann, J. (1997[5]): Sozialisation/ Erziehung. In: Hierdeis, H./ Hug, Th. (Hg.): Taschenbuch der Pädagogik Bd IV. Baltmannsweiler, 1374–1386.

Honig, M.-S. (1999): Entwurf einer Theorie der Kindheit. Frankfurt a. M.

Liedtke, M. (1997[5]): Anthropologie: biologisch-evolutionstheoretische. In: Hierdeis, H./ Hug, Th. (Hg.): Taschenbuch der Pädagogik. Bd. 1, Baltmannsweiler, 35–50.

Rolff, H. G./ Zimmermann, P. (1985): Kindheit im Wandel. Eine Einführung in die Sozialisation im Kindesalter. Weinheim.

Schoenebeck, H. v. (1982): Unterstützen statt Erziehen. Die neue Eltern-Kind-Beziehung. München.

Simon-Schneider, G. (1989): Antipädagogik. In: Lenzen, D. (Hg.): Pädagogische Grundbegriffe. Bd. 1. Reinbek, 88–93.

Walter, H.-J./ Fleisch, E./ Müllner E. (1988): Wias kimmp', so weard's. Zur bergbäuerlichen Lebenswelt am Beispiel des Dorfes Lappach/ Südtirol. Innsbruck.

Wolf, Chr. (1977): Kindheitsmuster. Roman. Darmstadt.

Wulf, Chr./ Zirfas, J. (1994): Pädagogische Anthropologie in Deutschland: Rückblick und Aussicht. In: dies. (Hg.): Theorien und Konzepte der pädagogischen Anthropologie. Donauwörth, 9ff.

Christine Feil

Medienkindheit als pädagogische und gesellschaftliche Herausforderung

1 „Medienkindheit" – nur ein Schlagwort im Kindheitsdiskurs?

Vor dem Hintergrund des Themas „Kindheit zwischen Pharao und Internet" werde ich meine Ausführungen zur „Medienkindheit" auf einige ihrer historischen Dimensionen und auf das Medium der Zukunft, das Internet, konzentrieren. Die Einführung bzw. der Durchsetzungsprozess jedweden Mediums, selbst des Buches, dies ist allseits bekannt, wurde von jeher kritisch begleitet und hinsichtlich der Folgen für Kinder diskutiert. Dabei ging es selten um das Medium selbst oder die Inhalte, die es transportiert, vielmehr stand das gesellschaftliche Bild vom Kindsein bzw. von Kindheit zur Disposition. Dieser Umstand lässt vermuten, dass die Rede von der „Medienkindheit" primär eine Metapher für die Veränderungen im Verhältnis der Erwachsenen zu den Kindern ist und weniger dafür bemüht wird, die veränderten Medienumwelten der Kinder en détail zu beschreiben. Bei der Diskussion der Konstitutionsbedingungen von Kindheit wird primär auf die Arbeiten von Ariès (1975) und DeMause (1977) zurückgegriffen (vgl. z.B. Lenzen 1985, Qvortrup 1993, Scholz 1994, Honig 1999), bei der Beschreibung der Rolle der Medien im Prozess des Wandels der Kindheit in der Moderne hingegen auf die Neil Postman'sche Argumentation. Seine häufig als populistisch eingeschätzte These vom „Verschwinden der Kindheit" (1982) hat Postman aus der Mediatisierung der Lebenswelt via Elektronik abgeleitet. Die Mediatisierung der Lebenswelt gilt seither als gesellschaftliches Strukturmoment, das zur Nivellierung der Statuspassagen Kindheit, Jugend, Erwachsensein beiträgt. Wenig erstaunlich ist deshalb, dass Postman häufiger in kindheitstheoretischen als in medientheoretischen Arbeiten rezipiert wird, da erstere sich mit dem Wandel der Kindheit und darin mit dem historischen Prozess der Entstehung respektive Auflösung von Kindheit befassen.

Für Neil Postman (1982) ist – wie vielfach in der Literatur aufgenommen – die Entwicklung der Schrift- und Lesekultur im ausgehenden Mittelalter, in deren Folge sich Individualität, Privatheit, Schamgefühl und die Idee von einer Erziehung entwickeln konnten, die zentrale Konstitutionsbedingung der Kindheitsphase:

> „Die Gesittung oder die civilité nahm, wie schon gesagt, bei der Masse des Volkes erst nach der Erfindung des Buchdrucks eine ausgeprägte Gestalt an, vor allem deshalb, weil die Literalität ein hohes Maß an Selbstbeherrschung und Befriedigungsaufschub sowohl forderte als auch förderte. Gesittung, so könnte man sagen, bildet das soziale Gegenstück zur Literalität. Beide verlangen die Unterwerfung des Körpers unter den Geist. Beide setzen einen ausgedehnten Lernprozeß voraus. Beide gebieten eine intensive Unterweisung durch Erwachsene. So wie die Literalität eine intellektuelle Hierarchie hervorbringt, so erzeugt die Gesittung eine soziale Hierarchie. Kinder müssen die Erwachsenheit erwerben, indem sie sowohl Lesen und Schreiben, als auch Manieren lernen." (a.a.O., 104 f.)

Die Hochphase der Kindheit und der Herausbildung der modernen Familie, in der Eltern „ein hohes Maß an Einfühlung, Güte und Verantwortungsgefühl entfalten", siedelt Neil Postman in den USA zwischen 1850 und 1950 an (a.a.O., 81). Mit der Entwicklung der elektronischen Medien, insbesondere dem Fernsehen, beginnt dann der Prozess der optischen Revolution, der die Auflösung der symbolischen Umwelten, der kindzentrierten Schutzkultur, den Niedergang der Kindheit nach sich zieht. Fernsehen

> „ist eine Technologie des freien Eintritts, die keine praktischen, ökonomischen, wahrnehmungs- und vorstellungsspezifischen Schranken kennt. Ob sechs oder sechzig Jahre alt – jeder ist gleichermaßen qualifiziert, mitzuerleben, was das Fernsehen anzubieten hat." (a.a.O., 100).

Fernsehen erfordert – nach Neil Postman – keine Qualifizierung, wie es das Lesen tut, es erschwert Kindern nicht die Entschlüsselung der Botschaften durch den komplexen Gebrauch von Grammatik und differenzierendem Sprachniveau. Fernsehen hebt die Trennungslinie zwischen Erwachsenen und Kindern auf, weil es Geheimnisse (Gewalt, Sexualität, moralische Unzulänglichkeit) verrät, „öffentlich macht, was vorher privat war. Aber anders als die Schrift und das Buch hat das Fernsehen keine Möglichkeit, Dinge zu verschließen" (a.a.O., 99f.).

Die Aufrechterhaltung der Differenz von öffentlicher und privater Sphäre ist für Neil Postmann unabdingbare Voraussetzung zur Aufrechterhaltung der Kindheit. Dass das Verschließen der Geheimnisse der Erwachsenen doppelte Moral erfordert, rechtfertigt er mit dem Schutz der Kinder:

„Ich bin mir durchaus darüber im klaren, daß man mitunter das Wort ‚Scheinheiligkeit' auf eine Situation anwendet, in der öffentliches und privates Wissen streng auseinandergehalten werden. Aber die vorteilhafte Seite der ‚Scheinheiligkeit' ist ein gewisser sozialer Idealismus. Im Falle der Kinder z. B. übt man Verschwiegenheit, um ein ungestörtes Wachstum zu gewährleisten. Kindheit, wie wir sie uns als Ideal vorstellen, kann es ohne ein gewisses Maß an ‚Scheinheiligkeit' nicht geben." (a. a. O., 109)

So plädiert Neil Postman – angesichts des Fernsehens – für den Schutz der Kinder vor der rauen Wirklichkeit und wird, neben dem Konservatismusvorwurf, damit konfrontiert, dass er auf das Medium Fernsehen hereingefallen sei, weil er die gezeigten Bilder mit der Wirklichkeit verwechsle. Nur diese simulierte Wirklichkeit wird Kindern und Erwachsenen gleichermaßen angeboten (vgl. Lenzen 1985, 345; Scholz 1994, 105ff.). „Ob Kindheit verschwindet oder nicht", bemerkt Gerold Scholz (1994, 108), „läßt sich nicht am Fernsehprogramm festmachen, nicht einmal an der schlichten Existenz des Mediums, sondern nur an der Frage, welche Vorstellung von Wirklichkeit unsere Zeit entwickelt. Darin ist das Fernsehen sicher ein Faktor, aber nicht mehr." Das große Echo, das Postmans Buch von Anfang der 80er Jahre bis heute vor allem in Deutschland hervorgerufen hat, ist denn auch weniger auf die Stimmigkeit seiner medientheoretischen Thesen zurückzuführen, als auf seine politische und moralische Position, mit der er den Kindheitsentwurf aus dem ausgehenden letzten Jahrhundert und der ersten Hälfte des 20. Jahrhunderts gegen den Modernisierungsprozess verteidigt.

Sieht man die skizzierten Argumentationslinien vor dem Hintergrund des Internet, dann ist bemerkenswert, dass dieses Medium die Öffentlichkeit dazu zwingt, sich mit dem Kindheitsentwurf der Moderne praktisch auseinanderzusetzen bzw. die Margen des Kinder- und Jugendschutzes zu reformulieren. Dies mag einerseits ein Prozess sein, der die Veralltäglichung jeden Mediums begleitet, andererseits ist im Internet die „Technologie des freien Eintritts", wie Postman für das Fernsehen formulierte, erst richtig realisiert. Im Prinzip ist im Internet nämlich nicht nur jedem – auch Kindern – jeder Inhalt zugänglich, sondern jeder – auch das Kind – kann anderen Inhalte anbieten. Privates wird hier publiziert, aber nicht im klassischen Sinne öffentlich, weil es im Internet (noch) keine Öffentlichkeit, d. h. keine diskursfähigen Interesseninstanzen und keine durchgesetzten Verantwortlichkeiten gibt. Das Internet ist demnach (noch) kein klassisches Massenmedium im Sinne der „4. Gewalt im Staate", sondern das individualisierte Medium der „User". Der Kinder- und Jugendschutz, der die Grenzen zwischen dem Status von Kindern und Erwachsenen widerspiegelt, wird deshalb zu einem ganz besonderen Problem. Selbst wenn es einen gesellschaftlichen Konsens darüber geben sollte, was für Kinder geeignet und was für sie ungeeignet ist, versagen die bislang üblichen Schutzmaßnahmen. Kein physikalischer Gegenstand überschreitet die Grenze, der mit einer Altersfreigabe versehen werden könnte wie es bei Kino- und Videofilmen üblich ist. Keine festlegten Ausstrahlungszeiten reglementieren den Empfang wie es beim Fernsehen der Fall ist. Keine Ladentür verhindert den Zutritt von Kindern und Jugendlichen wie es für Videotheken vorgesehen ist. Kein Kellerarchiv schließt das Publikum von moralisch, sittlich und politisch Verderblichem aus wie es in Bibliotheken üblich ist. Die Internationalität des World Wide Web macht eine Indexierung und Inhaltskontrolle nach dem Common sense einer Gesellschaft bezüglich ihres Kindheitsbildes, ihrer kulturellen oder politischen Traditionen, sprich nach nationalstaatlichen Kriterien, die rechtliche sind, nahezu unmöglich. Der Schutz der Kinder und Jugendlichen im Internet, so stellt sich die Diskussion heute dar, erfordert einerseits weltweite Verständigung über dessen moralische Grundprinzipien und andererseits funktionierende nationale und userspezifische Zugangskontrollen (vgl. Waltermann/ Machill 2000; Spürck 2000).

Während mit einer internationalen Verständigung auf großem Maßstab über kinder- und jugendgefährdenden „Content" kaum zu rechnen ist, sind technische Lösungen außerhalb der Hand des Nutzers wegen der Gefahr des Missbrauchs, d.h. Zensur durch Staaten nach politischen oder durch Provider nach wirtschaftlichen Interessen, nicht unumstritten (vgl. Schmitt 2000).

2 Medienforschung im Kontext der Medienentwicklung: ein knapper Rückblick

Während das Kinderfernsehen in Deutschland etwa seit Ende der 60er Jahre pädagogisch motiviertes Bildungsfernsehen war – Sesamstraße, Anderland sind Beispiele dafür – verschoben sich Mitte der 80er Jahre mit dem „privaten Fernsehen" die Akzentsetzungen: Zeichentrick, Cartoon, Action sind seither Synonyme für das Kinderprogramm (vgl. Erlinger/ Stötzel 1991). Angesichts der Vielzahl der Kanäle, der Ausweitung der Sendezeiten sowie der Konkurrenz zwischen privaten Sendern und öffentlich-rechtlichen Sendeanstalten um die Zielgruppe Kinder wurde nicht nur die medienpädagogische Diskussion belebt, auch die Erforschung der Folgen des Medienkonsums für Kinder setzte – bereits mit den Kabelpilotprojekten – auf größerem Maßstab ein. Den Medienwissenschaftlern war klar, dass die Entwicklung auf dem Mediensektor schon allein aus wirtschaftlichen Gründen unumkehrbar war. Sie konzentrierten sich darauf zu erforschen, ob das ausgedehnte und vielfältige Angebot den Medienkonsum der Kinder erhöht, die Sehgewohnheiten,

Präferenzen, letztendlich den Umgang der Kinder und ihrer Familien mit den Medien verändert (vgl. z.B. Schmidt u.a. 1989).

Mit der Konzentration auf das Kind als Medienrezipient vollzog sich zugleich eine methodologische Wende. Das Kind wurde nicht mehr wie in der „traditionellen" Medienwirkungsforschung als Objekt der Medien gesehen, das deren Einflüssen ausgeliefert ist (vgl. Deutsche Forschungsgemeinschaft 1986), sondern als Subjekt anerkannt, das Medieninhalte thematisch voreingenommen wahrnimmt (Bachmeier u.a. 1984a, 1984b), sich im Mediengebrauch aktiv handelnd mit sich selbst, mit seiner Lebenssituation und seiner sozialen Umwelt auseinandersetzt (Charlton/ Neumann 1991). Kurz gesagt: Es ging darum, den „Medienkonsum" der Kinder aus ihrer Perspektive als Zuschauer, aus ihrer Art der Wahrnehmung und aus ihren subjektiven Motiven der Medienhinwendung zu analysieren. Ergänzend wurde aus pädagogischer Perspektive dafür plädiert, die Medienerlebnisse der Kinder auch in pädagogischen Institutionen zur Kenntnis zu nehmen, die aktiven und produktiven Elemente der Medienverarbeitung von Kindern wahrzunehmen, um überhaupt einen bewussten und kritischen Umgang mit den Medien in Familie, Kindergarten und Schule auf der Grundlage der Medienerfahrungen der Kinder erreichen zu können (vgl. Aufenanger 1986; Höltershinken u.a. 1989; Barthelmes u.a. 1991; Deutsches Jugendinstitut 1994 und 1995).

Obwohl allenthalben beklagt wurde und noch wird, dass aus dem kritischen erzieherischen Diskurs über die Gestaltung des Medienalltags und die Verarbeitung der Medienerlebnisse der Kinder keine praktischen Konsequenzen folgten, kann doch festgehalten werden, dass sich der gesellschaftliche Blick auf den Medienkonsum der Kinder fundamental geändert hat. Die unter dem Einfluss von Postman oft kulturpessimistisch ausgemalten Folgen des Fernsehens für die Entwicklung und Erziehung der Kinder sind differenzierteren Einschätzungen gewichen. Letzteres gilt auch für die kindliche Rezeption von Actionfilmen bzw. von Gewalt im Fernsehen (vgl. z.B. Glogauer 1991 versus Theunert u.a. 1992) und auch für das Fernseheinstiegsalter. Während in den 80er Jahren noch zu hören war, dass Kinder unter 6 Jahren gar nicht fernsehen sollten, weil das Fernsehen im Vorschulalter überfordere, gab es 1999 bei der Einführung der Kleinkindserie „Teletubbies" zwar einige begleitende Diskussionen, von einer grundlegenden Ablehnung von Serien für Kinder unter drei Jahren war jedoch kaum etwas zu spüren.

Noch unproblematischer werden die damals „Neuen Technologien" – Computer bzw. Computerspiele – heute gesehen. Ihre potentielle Nähe zum Lernen und zu den Zukunftschancen der Kinder in unserer Gesellschaft veranlasst selbst medienkritische Eltern dazu, ihre Einwände spätestens dann hinten anzustellen, wenn ihr Kind die Sekundarstufe I besucht. Die Diskussion um das Internet als Zukunftstechnologie verstärkt diesen Trend (vgl. Feil 2000).

Grundlage der zunehmenden Berücksichtigung der Medien in der Kindheitsforschung sind die technischen Neuerungen auf dem Mediensektor und deren Verbreitung im Alltag sowie die Vermehrung und Multiplikation der Inhalte auf unterschiedlichen Trägermedien für Kinder. Für letzteres zeichnen insbesondere die Finanzierungs- und Refinanzierungsstrategien der Fernsehsender verantwortlich. Der Kindermedienmarkt steht zur Diskussion, der sich durch Lizenzgeschäfte und Merchandising in einer Weise entfaltet, dass Synergieeffekte die Kinderkultur als industrialisierte und kommerzialisierte im Alltag unmittelbar sichtbar machen (vgl. Kagelmann 1994). Eine der Konsequenzen ist die massenhafte Verankerung der Fernsehhelden der Kinder in der Warenwelt:

> „Serienfiguren und -helden werden umgesetzt in weitere Medienprodukte wie Fanzeitschriften, Spielzeug, Kleidung und weitere Accessoires des Kinder- und Jugendlebens. Aktuelle Beispiele für diese Strategie sind Sailor Moon, das japanische Manga für Kinder, insbesondere für Mädchen, die Teletubbies-Manie und die Pokémon-Konjunktur. Demnächst zu erwarten sind die englischen Tweenies." (Lange 2000, 5)

Das Internet bietet für diese multimediale Verwertung eine neue schlagkräftige Plattform: Fan-Clubs gibt es zwar auch im Bereich der traditionellen Medien, über vernetzte Fan-Homepages, Newsgroups und Chats kann die Kommunikation über Medienvorbilder erheblich beschleunigt, intensiviert und über Moderatoren gelenkt werden. Nicht zu vergessen ist der verlinkte Online-Shop, in dem alles, was cool und kultig ist, bestellt werden kann. Auch wenn manch ein Medienforscher – an den qualitativen Analysen zur Medienverarbeitung von Kindern anknüpfend (vgl. z. B. Paus-Haase 1991) – von Medienkompetenz spricht, wenn ein Kind 150 Pokémons zu unterscheiden weiß, der Mediengebrauch bzw. der Fernsehkonsum der Kinder kann nicht mehr unabhängig von den Einflüssen der Werbung und des Marktes analysiert werden.

Der Entwicklung auf dem Medienmarkt folgend befassten sich in den 90er Jahren einige Studien mit Fernsehwerbung, die sich an Kinder richtet, und mit den Medienprodukten, die an Kinder vermarktet werden (vgl. z. B. Erlinger 1994; Charlton u. a. 1995; Baacke u. a. 1999). Einige dieser Arbeiten bestätigen auf unterschiedliche Weise, dass der Markt als Sozialisationsinstanz wirkt, weil er Kinder wie Erwachsene als autonome Kunden behandele. Er trage damit dazu bei, die Grenzen von Kindheit und Erwachsensein zu verwischen, eine Tendenz, die auch im Kindheitsdiskurs konstatiert wird. Klaus

Neumann-Braun und Jens R. Erichsen (1995, 39) hielten im Zusammenhang mit ihrer Bestandsaufnahme zur kommerzialisierten Kindheit fest:

„Die Strukturen des Konsum- und Werbemarktes tragen wesentlich zur Auflösung der Grenzziehung zwischen den Altersgruppen bei und führen dazu, dass sich diese in Zukunft wohl noch weiter fortsetzen wird. Der Akzeleration, der die Kinder ausgesetzt sind, steht die Infantilisierung der Mentalität der Erwachsenen zur Seite, die heute mit den Schlagworten: Familienfreundlichkeit, Jugendlichkeit, Spaß und Unterhaltung ummantelt wird."

Klaus Hurrelmann (1997, 76) führt mit Blick auf Überforderung und gesundheitliche Belastungen der Kinder und Jugendlichen aus:

„Kindheit ist oft kein sozialer Schonraum mehr, das Jugendalter unterscheidet sich in seinen sozialen und psychischen Anforderungen teilweise nur noch wenig vom Erwachsenenalter. Kinder, schon in der Altersspanne zischen 6 und 12 Jahren, spüren heute die Vorteile und die Nachteile einer offenen, kommerziellen Gesellschaft. Nicht erst mit 13, 14 oder 15 Jahren können sie sich im Medienbereich und im Konsumbereich völlig frei bewegen, sondern schon beim Eintritt in die Grundschule."

Ein kritischer Unterton begleitet nicht alle Kommentare zur Kommerzialisierung der Kindheit. Peter Büchner (1996, 15) beispielsweise führt angelehnt an die skandinavische Kindheitsforschung die Einwände gegen die moderne kommerzialisierte Kinderwelt auf ein überkommenes Kinderbild zurück:

„... es (ist) wichtig zu beachten, daß Marktbeziehungen Kinder als kleine Erwachsene voraussetzen, wenn sie nicht den Marktmechanismen und -strategien der Erwachsenen ausgeliefert sein sollen. Das aber steht im Widerspruch zu unseren oft wenig modernen, ja eher noch deutlich altmodischen Vorstellungen über Kinder und Kindheit: Die gesellschaftliche Teilhabe eines Kindes hat nach wie vor kindgemäß zu sein. Wir sind damit bereits mitten im Widerspruch zwischen der ‚modernen' Tendenz des frühen Erwachsenwerdens als Voraussetzung der erfolgreichen Teilnahme des Kindes am Marktgeschehen und der weit verbreiteten, eher traditionellen Vorstellung über das Kindsein als Vorstadium des Erwachsenseins als einer Art Minivariante der vollwertigen Teilhabe am gesellschaftlichen Leben. Kinderschützlerisch wollen wir als Erwachsene die gute alte Kindheit bewahren, aber wir laufen dabei immer zugleich auch Gefahr, unseren Kindern die Modernisierungsnotwendigkeiten im Kinderleben vorzuenthalten, die wir als Erwachsene selbst aus ganz anderer Sicht in dieser Form für Kinder für unverzichtbar halten."

Die angedeutete Kontroverse „Autonomie versus Schutz der Kinder" spiegelt sich auch im Verständnis von der Medienkompetenz der Kinder wider. Kinder werden einerseits als autonome Medienrezipienten wahrgenommen, andererseits soll ihre Medienkompetenz gefördert werden. Auf den Selbstschutz der Kinder vor ungeeigneten Inhalten will sich dann aber doch niemand verlassen, eine Vielzahl von Richtlinien, Verträgen und Selbstkontrollvereinbarungen zum Kinder- und Jugendmedienschutz zeugen davon. Das Anliegen, die Medienkompetenz der Kinder zu fördern, umfasst noch immer, d.h. auch im Zusammenhang mit den Neuen Technologien, die klassischen medienpädagogischen Ziele. Diese sind u. a.:

- auf der kognitiven Dimension: Medien durchschaubar zu machen
- auf der kommunikativen Dimension: Medien zur Auseinandersetzung mit sich selbst, mit anderen und der Welt zu nutzen
- auf der sozialen Dimension: Medien als Mittler zu verstehen und sich nicht von ihnen gefangen nehmen zu lassen
- auf der Handlungsdimension: Medien für sich aktiv und produktiv zu nutzen

Andere Zuschnitte und Nuancierungen sind wie bei allen konzeptionellen pädagogischen Überlegungen auch für den Medienkompetenzbegriff in der Literatur zu finden (vgl. Baacke 1997 oder auch Winterhoff-Spurk 1999). Bemerkenswert ist in diesem Zusammenhang der Beitrag von Helga Theunert und Margrit Lenssen (1999), die daran erinnern, dass Medienkompetenz für Kinder selbst verstehbar sein muss, demnach deren Förderung altersadäquat zu spezifizieren ist. Dies erfordert auch, dass die medienpädagogischen Ziele auf das abgestimmt werden müssen, was Kinder zu leisten in der Lage sind. Gerade vor dem Hintergrund der hohen Anforderungen, die mit einer „sinnvollen" Nutzung des Internet verbunden werden, und dem, was Kinder im und mit dem Internet tun, sind Altersaspekte von großer Relevanz (vgl. unten).

3 Medienausstattung der Haushalte und Mediennutzung von Kindern

Welche überragende Bedeutung die Medien im Familienalltag sowie im Sozialisationsprozess der Kinder haben, kann unter anderem an der Geräteausstattung der Haushalte und der Kinderzimmer aufgezeigt werden. Nach einer Untersuchung des Medienpädagogischen Forschungsverbunds Südwest in Familien mit 6- bis 13-jährigen Kindern verfügen 100% der Haushalte über ein Radio, 99% über ein Fernsehgerät, 92% über einen Videorecorder, 92% über ein Telefon, 72% über einen CD-Player und 47% über einen PC, jedoch nur 8% über einen Online-Anschluss, der für die Nutzung des Internets Voraussetzung ist (vgl. Feierabend/ Klingler 1999, 610).

Medienausstattung: Haushalte mit 6- bis 13-jährigen Kindern 1999 (Angaben der Mütter)

Geräte im Haushalt		kindereigener Gerätebesitz	
■ 99%	Fernsehgerät	■ 29%	Fernsehgerät
■ 92%	Videorecorder	■ 10%	Videorecorder
■ 100%	Radiogerät	■ 41%	tragbares Radiogerät
■ 80%	Stereoanlage	■ 28%	Stereoanlage
■ 72%	CD-Player	■ 26%	CD-Player
■ 47%	Computer	■ 11%	Computer
■ 7%	Notebook/Laptop	■ 2%	Notebook/Laptop
■ 44%	Videospielgerät	■ 28%	Videospielgeräte

Quelle: Feierabend/Klingler: Kinder und Medien 1999, Media Perspektiven 12/1999, 610-625

Obwohl der Zugang der Kinder zu den Medien in der Regel von der Haushaltsausstattung abhängig ist, sind Emanzipationsbestrebungen von familialen Nutzungskontexten an der Ausstattung der Kinderzimmer ablesbar. Dies gilt insbesondere für den Bereich der Audiogeräte, der auf eigenständige Hörgewohnheiten und Geschmackskulturen der Kinder verweist. Nach den Angaben der Mütter verfügen 41% der Kinder über ein eigenes tragbares Radiogerät, 28% über eine eigene Stereoanlage, 26% über einen eigenen CD-Player und 54% über einen eigenen Walk- oder Discman. Aber auch auf audiovisuelle Geräte hat ein beträchtlicher Anteil der Kinder selbständigen Zugriff: 29% der 6- bis 13-Jährigen verfügen über ein eigenes Fernsehgerät und 10% über einen eigenen Videorecorder. Inwieweit es sich in den Kinderzimmern um ausrangierte Geräte von Eltern handelt, ist den Zahlen nicht zu entnehmen. Während das eher kinderspezifische Videospielgerät im Besitz von 28% der Kinder ist, haben nur 11% einen eigenen Computer. Über einen eigenen Internetanschluss verfügen Kinder dieser Altersgruppe noch nicht (vgl. Feierabend/ Klingler 1999, 612).

Mediennutzung des Kindes pro Nutzungstag in Minuten

Alter/Jahre	6–8	9–11	12–14	15–17	Alle
Buch lesen	31	41	47	51	42
Comic lesen	20	30	29	21	25
Wochenende TV sehen	137	165	188	174	167
Werktags TV sehen	87	106	117	121	108
Videos sehen	53	63	67	76	64
Musik hören	66	95	124	148	108
Hörspiele hören	33	23	12	8	19
Computer/Video spielen	25	35	49	56	41
Am Computer arbeiten	9	16	24	41	22

Quelle: Hans-Bredow-Institut: Neue und alte Medien im Alltag, Hamburg 1999

Auch wenn die Erhebungen zur Mediennutzung der Kinder, gleichgültig ob elektronisch gemessen oder direkt erfragt, mit methodischen Risiken behaftet sind, so geben sie doch einen Einblick in das relationale Verhältnis, in dem die Medien im Kinderalltag zueinander stehen.

Beispielhaft werden die Ergebnisse aus den Erhebungen des Hans-Bredow-Instituts (1999) zitiert. Das Fernsehen ist unbestritten das Hauptmedium der Kinder. Pro Nutzungstag wenden 6- bis 17-Jährige werktags 108 Minuten und am Wochenende 167 Minuten dafür auf. Das Videoschauen und vor allem das Musikhören verschlingt mit zunehmendem Alter einen größeren Anteil des Zeitbudgets der Kinder und Jugendlichen, während das Interesse an Hörspielen mit dem Alter sinkt. Blickt man auf den kinderspezifischen Hörspielkassettenmarkt, dann ist dies wenig erstaunlich, Angebote für die Jüngeren überwiegen. Im Durchschnitt wird für das Bücherlesen etwas mehr Zeit aufgewendet als für Computer- bzw. Videospiele. In beiden Bereichen steigt der Zeitaufwand mit dem Alter der Kinder und Jugendlichen, bei den Spielen ist diese Tendenz etwas ausgeprägter als beim Lesen. Eindeutig gewinnt das Arbeiten am Computer mit dem Alter der Kinder an Relevanz: Während die 9- bis 11-Jährigen pro Nutzungstag 16 Minuten am Bildschirm arbeiten, erreicht die Nutzungsdauer bei den 15- bis 17-Jährigen bereits 41 Minuten.

In der gleichen Untersuchung wurden auch Daten zur Nutzung des Internet erhoben: Die meisten der Kinder und Jugendlichen gaben an, das Internet nur einmal im Monat zu nutzen, etwa ein Fünftel der Kinder sind einmal die Woche und lediglich 2% täglich im Internet. Die durchschnittliche Nutzungsdauer pro Tag ist für die 6- bis 8-Jährigen nicht ausgewiesen, bei den 9- bis 11-Jährigen werden 4 Minuten, bei den 12- bis 14-Jährigen 5 Minuten und bei den 15- bis 17-Jährigen 8 Minuten erreicht (vgl. a.a.O., 47). Vom Internet als Alltagsmedium von Kindern und Jugendlichen kann demnach noch nicht gesprochen werden (vgl. auch unten).

4 Wie viele Kinder kennen das Internet und nutzen es?

Obwohl in der Öffentlichkeit sehr viel über das Internet gesprochen wird und nahezu jeder Fernsehsender nach jeder Sendung auf seine Website, seinen Chat oder seine virtuellen Wege der Kontaktaufnahme hinweist, ist das Internet vielen Kindern noch unbekannt. Nach den Daten, die vom Hans-Bredow-Institut (1999) erhoben wurden, war das Internet im Jahre 1997 Kindern aus der Altersgruppe der 6- bis 8-Jährigen zu 81%, aus der Altersgruppe der 9- bis 11-Jährigen zu 39% und aus der Altersgruppe der 12- bis 14-Jährigen zu 13% unbekannt. Die aktuellen Daten aus der KidsVerbraucherAnalyse 2000 verweisen darauf, dass sich diese Situation nur minimal verändert hat, vorausgesetzt man zieht den abweichenden Alterszuschnitt mit in Betracht. Nach wie vor ist 58,8% der 6- bis 9-Jährigen, 26,8% der 10- bis 13-Jährigen und immerhin noch 9,2% der 14- bis 17-Jährigen das Internet nicht bekannt (KidsVerbraucherAnalyse 2000, Ehapa 2000, 70).

Tabelle 1: Übersicht zu Internetkenntnis, Nutzungshäufigkeit und Internetinteresse von 6- bis 17-jährigen Jungen und Mädchen (in %)

	Jungen Gesamt	Mädchen Gesamt	Jungen 6-9 Jahre	Mädchen 6-9 Jahre	Jungen 10-13 Jahre	Mädchen 10-13 Jahre	Jungen 14-17 Jahre	Mädchen 14-17 Jahre
Kenntnis des Internet								
ja, bekannt	71,8	65,6	51,1	30,9	72,8	73,5	90,7	91,0
nein, unbekannt	28,2	34,4	48,9	69,1	27,2	26,5	9,3	9,0
Nutzungshäufigkeit								
häufig	12,1	6,9	0,0	0,0	8,8	5,4	27,0	15,1
ab und zu	14,2	10,8	3,4	3,0	17,4	10,9	21,4	18,1
gar nicht	73,7	82,3	96,6	97,0	73,8	82,9	51,5	66,7
eigener Internetanschluß								
vorhanden	9,7	4,3	1,6	1,1	5,2	2,8	22,3	9,1
gewünscht	25,0	20,5	12,4	4,4	28,3	27,9	33,7	28,5

Quelle: KidsVerbraucherAnalyse 2000. Hrsg.: Media-/Marketingservice, Verlagsgruppe Lübbe, Bergisch Gladbach 2000

Erheblich zugenommen hat dagegen die praktische Erfahrung der Kinder. Während 1997 1% der Kinder im Alter von 6 bis 8 Jahren, 4% der Kinder im Alter von 9 bis 11 Jahren und 15% der Kinder im Alter von 12 bis 14 Jahren das Internet bereits selbst genutzt hatten, waren es im Jahre 2000 schon 3,2 %

der 6- bis 9-Jährigen, 21,3% der 10- bis 13-Jährigen und 41% der 14- bis 17-Jährigen (vgl. Hans-Bredow-Institut 1999 und KidsVerbraucherAnalyse 2000, Ehapa Verlag).

Auch wenn die Daten nur schwer vergleichbar sind und methodische Einwände gegen die Erhebungen vorgetragen werden können, so liefern sie doch erste Anhaltspunkte über das Internet als Medienumfeld der Kinder. Zieht man die Daten zur Internetkenntnis und Nutzungshäufigkeit nach Alter und Geschlecht sowie jene zum Wunsch nach einem Internetzugang heran, werden folgende Unterschiede sichtbar: Jungen lernen das Internet in früherem Alter kennen als Mädchen, denn nur in der jüngsten Altersgruppe der 6- bis 9-Jährigen ist die Geschlechterdifferenz ausgeprägt: 51% der Jungen haben vom Internet schon gehört oder es gesehen gegenüber 31% der Mädchen. In den höheren Altersgruppen haben hingegen Jungen und Mädchen jeweils gleichermaßen häufig vom Internet Kenntnis: ca. 73% bei den 10- bis 13-Jährigen und ca. 91% bei den 14- bis 17-Jährigen. Geht es jedoch darum, ob und wie häufig Kinder das Internet nutzen, dann gibt es bei den jüngsten der befragten Jungen und Mädchen keine bemerkenswerten Unterschiede, etwa 3% von ihnen sind ab und zu im World Wide Web, allerdings ist der Wunsch nach einem Online-Anschluss bei den Jungen erheblich stärker ausgeprägt als bei den Mädchen (12,4% gegenüber 4,4%).

Hervorzuheben ist, dass auch bei den Jungen in den höheren Altersgruppen die Mehrheit das Internet gar nicht nutzt, der Anteil der Internetunerfahrenen ist unter den Mädchen jedoch erheblich höher. Nicht nur mehr Jungen unter den älteren Befragten nutzen das Internet, sie tun dies auch häufiger: 8,8% der männlichen und 5,4% der weiblichen 10- bis 13-Jährigen sind häufig im Netz, bei den 14- bis 17-Jährigen sind es 27,0% gegenüber 15,1%. Richtet man das Augenmerk auf die materielle Voraussetzung für den Internetaufenthalt, auf das Vorhandensein eines (eigenen) Online-Anschlusses, dann fällt auf, dass die Mädchen gegenüber den Jungen erheblich unterausgestattet sind. In Analogie zur Computerausstattung verfügen Kinder mit zunehmendem Alter häufiger über einen Internetzugang, die Geschlechterdifferenz kommt dann aber erst richtig zum Tragen. Der Unterschied im Onlinezugang zwischen 22,3% bei den Jungen und 9,1% bei den Mädchen in der Altersgruppe der 14- bis 17-Jährigen lässt doch auf eine deutlich unterschiedliche Prioritätensetzung bei der Realisierung von Interessen schließen. Blickt man nämlich auf die „Wunschliste" der Mädchen und der Jungen, dann sind die Geschlechtergrenzen nahezu verwischt: Ca. 28% der 10- bis 13-jährigen Mädchen und Jungen wünschen sich einen Internetzugang, bei den 14- bis 17-Jährigen sind es 28,5% der Mädchen und 33,7% der Jungen. Diesen Effekt der altersabhängigen Annäherung des allgemeinen Interesses der Mädchen am Internet an jenes der Jungen, stellte auch das Projekt „Internet – außerschulische Lernangebote" (2000) fest, allerdings bereits bei Mädchen im Alter zwischen 10 und 14 Jahren.

5 Die Angebote im Netz – einige Beispiele

Obwohl erst ein kleiner Anteil der Kinder Erfahrungen im Umgang mit dem Internet hat, ist das Spektrum an Websites für Kinder bereits relativ breit. Firmen, Verlage, Fernsehsender wenden sich mit eigenständigen Angeboten oder mit einer Spezialseite an Kinder, um diese als Zielgruppe an sich zu binden. Das Internet ist ein Markt, der derart hohe Attraktivität besitzt, dass inzwischen Aktiengesellschaften gegründet wurden, um Websites für Kinder zu produzieren. Ein solches Vorhaben ist allerdings mit hohen Kosten verbundenen, von denen bislang niemand weiß, ob sie sich amortisieren. Dass auf kommerziellen Websites in der Regel mit Werbung, Merchandising und E–Commerce gearbeitet wird, liegt auf der Hand. Die Grenzen des Kinder- und Jugendschutzes werden dabei nicht immer in ausreichendem Maße beachtet. Neben diesen Angeboten mit kommerziellem Hintergrund stehen Websites aus dem medienpädagogisch orientierten Non-Profit-Bereich im Netz: von engagierten Privatpersonen, Initiativen und Projekten sowie von den Kindern selbst. Im Folgenden werden einige ausgewählte Beispiele gezeigt, um die Themenvielfalt, das Interessenspektrum und das Gestaltungspotential im World Wide Web anzudeuten; weitere Beispiele sind über die Datenbank des Projektes „Internet – außerschulische Lernangebote für Kinder und Jugendliche bis zum 14. Lebensjahr" zu erreichen (http://www.dji.de/ www-kinderseiten; Rubrik Datenbank-Recherche).

Kinderhomepages: Die Homepages von Kindern entstehen überwiegend mit Hilfe von Erwachsenen. In den meisten Fällen stellen sich die Kinder selbst dar: ein Porträt mit kurzen Angaben zur Person, die Aufzählung ihrer Lieblingsbeschäftigungen bzw. Hobbys und die Suche nach Brieffreunden sind typische Inhalte. Eines der Hauptprobleme ist der Datenschutz, da Kinder häufig dazu neigen, ihren Namen, ihre E-Mail- oder sogar die vollständige Wohnadresse anzugeben. Themenbezogene Kinderhomepages sind selten anzutreffen, denn sie erfordern ein längerfristiges Interesse am Aufbau und an der Pflege der Website, das insbesondere von jüngeren Kindern nicht erwartet werden kann. Frederic ist eine Ausnahme; seit mehreren Jahren arbeitet er an seiner Homepage: ein Rundgang durch ein Seeaquarium, selbstgeschriebene (nicht-gewaltfreie) Fantasystories, eine Michael-Jackson-Fanseite und Informatives zur Erdkunde sind nur einige Teilbereiche in seinem Angebot.

http://www.purpurhain.de/frederic/

Klassiker unter den Websiteangeboten für Kinder: Zu den Angeboten der ersten Stunde gehören „Die Blinde Kuh", eine Suchmaschine für Kinder, die auf dem privaten Engagement von Birgit Bachmann und Stefan Müller basiert, und „Das SWR Kindernetz", die Kinderwebsite mit einem geschützten Kommunikationsbereich für Kinder des Südwestrundfunks, Baden-Baden. Beide Websites haben, wenn auch auf unterschiedliche Weise, Maßstäbe hinsichtlich der Gestaltung und Pflege, der redaktionellen Aufbereitung von Inhalten, der Auswahl von Links und der Berücksichtigung von Kinderinteressen gesetzt.

Nicht zuletzt werden die Möglichkeiten des Kinder- und Jugendschutzes – Aufklärung der Kinder, Tipps für Kinder, geschützte Kommunikationsräume – im World Wide Web bedacht.

http://www.kindernetz.de/

Beratung und Lebenshilfe auf Kinderwebsites: Der Löwenanteil der Hilfsangebote, die sich direkt an Kinder wenden, ist dem Schulbereich bzw. dem Sektor Hausaufgabenhilfen zuzuordnen. Vielfach gibt es auch Seiten für Kinder mit besonderen Problemen oder für Kinder in besonderen Lebenslagen, z. B. für Kinder im Krankenhaus oder auch in der Psychiatrie. Für sexuelle Aufklärung machen sich neben der Bundeszentrale für gesundheitliche Aufklärung die Hersteller von Tampons und Empfängnisverhütungsmittel stark. Kinder und Jugendliche in Not können Telefonhotlines im Internet ebenso auffinden wie Chats. Zwei Beispiele aus diesem Bereich sind unten abgebildet: Zum einen Braces-Online, die Zahnspangen-Website, die geschaffen wurde, um (zukünftigen) Spangenträgern Trost zu spenden, Spaß an der Spange zu vermitteln, Fragen zu klären und die Angst vor der kieferorthopädischen Behandlung zu nehmen. Zum anderen „deaf kids", die Kinderwebsite der Initiative „Taubenschlag", die sich an hörgeschädigte und taube, aber auch hörende Kinder richtet. Ausgewählte Lernspiele, verschiedene Fingeralphabete, Videos mit Gebärdensprache und Chats ermöglichen Information und Kontakt zwischen Kindern.

193

http://www.braces-online.de/

http://www.deafkids.de/

Mitmachangebote für Kinder im Web: Das Internet ist ein interaktives Medium, auf vielen Websites wird deshalb versucht, Kinder zu beteiligen. Die Beteiligungsarten reichen von einfachen Formen des E-Mail-Verkehrs mit dem Webmaster, über Anschläge an Pinnwände, Bemerkungen in Gästebüchern, Galerien mit Kinderbildern bis hin zum Einreichen von inhaltlichen Vorschlägen für die Website und zur eigenständigen Gestaltung von Beiträgen. Zwei Beispiele: Die „Freinet LehrerInnen Eltern Kooperation" (flek) hat eine Schreibwerkstatt geschaffen. Schüler werden angeregt, eigene Geschichten zu veröffentlichen, bei Mitschreibgeschichten und einer Ideenbörse mitzumachen, Meinungen und Nachrichten zu veröffentlichen. „Kindersache" ist die Homepage für Kinder der Infostelle Kinderpolitik beim Deutschen Kinderhilfswerk e.V. Hier werden Kinder über ihre Rechte, Partizipationsmöglichkeiten und Kinderinteressenvertretungen informiert. In „Rabatz", der Onlinezeitung, können Kinder eigene Artikel veröffentlichen, im täglich geöffneten „Schwatzraum", einem der wenigen für Kinder geeigneten Chatrooms im Internet, miteinander kommunizieren.

http://kids.webonaut.com/k-netz/kurve.htm

http://www.kindersache.de/

Spezielles und Kommerzielles für Kinder im Web: Privatpersonen, Initiativen und Vereine wenden sich im Internet mit ihren speziellen Interessen auch direkt an Kinder. Insbesondere Engagements für Umwelt bzw. Natur und Tiere sind darunter zu finden. Ein Beispiel: „Jahrhundertelang hören Generationen von Kindern das Märchen von Rotkäppchen und dem bösen Wolf." Thoddys Wolf-Web-Site kämpft mit Wissenswertem über den Wolf gegen Vorurteile an. Mit den Beiträgen aus dem Wolf-Kinderclub (2 DM) wird der Schutz des Wolfs in Europa gefördert bzw. ein Wolfforschungsprojekt in Rumänien unterstützt. Kommerzielle Kinderseiten gibt es in Hülle und Fülle: Obwohl bei weitem nicht alle Anbieter mit Kindern in indirekte und direkte Geschäftsbeziehungen treten wollen, muss ihnen aus Gründen des Kinder- und Jugendschutzes, wie das folgende Beispiel aus der Super-RTL-Seite zeigt, mit erhöhter Aufmerksamkeit begegnet werden.

http://www.wolf-kinderclub.de/

http://www.superrtl.de/index.htm

6   Was machen Kinder im Internet?

Nicht nur der Umfang und die Häufigkeit der Internetbesuche, auch die Vorlieben für die unterschiedlichen Dienste und Genres sind tendenziell vom Alter und Geschlecht geprägt. Jüngere Kinder konzentrieren sich auf das Surfen bzw. „Spielen mit dem Internet", ältere nutzen darüber hinaus die kommunikativen Potenzen des Netzes, wie E-Mail und Chat, sowie zunehmend das Internet als Informationsquelle. Da Jungen häufiger ins Netz gehen als Mädchen, sind ihre Internetinteressen generell breiter gestreut, d.h. sie erreichen bei allen Aktivitäten im Internet die höheren Werte. Obwohl einige Untersuchungen darauf verweisen, dass Mädchen das Mailen und Chatten im Netz bevorzugen, zeigen die unten zitierten Daten kein spezifisch ausgeprägtes Interesse der Mädchen an bestimmten Aktivitäten, während in allen Studien festgestellt wird, dass Jungen die Online-Spiele lieben (KidsVerbraucherAnalyse 2000, Verlagsgruppe Lübbe; IconKids & Youth 1999).

Tabelle 2: Übersicht zu den Internetaktivitäten von 6- bis 17-jährigen Jungen und Mädchen (in %)

Internetaktivitäten	Jungen Gesamt	Mädchen Gesamt	Jungen 6-9 Jahre	Mädchen 6-9 Jahre	Jungen 10-13 Jahre	Mädchen 10-13 Jahre	Jungen 14-17 Jahre	Mädchen 14-17 Jahre
im Intenet surfen	22,2	15,1	2,0	2,5	20,3	12,9	43,7	29,5
E-Mailen	14,0	9,6	1,3	0,8	10,1	6,6	30,2	21,3
Chatten	13,1	7,8	0,6	1,2	11,6	5,7	26,7	16,3
Online-Spiele	14,0	6,2	1,1	1,8	13,3	6,3	27,2	10,5
im Internet einkaufen	2,4	1,2	0,0	0,0	0,5	0,8	6,5	2,8
Informationen sammeln	18,9	13,6	2,5	1,4	14,1	10,1	39,7	29,0

Quelle: KidsVerbraucherAnalyse 2000. Hrsg.: Media-/Marketingservice, Verlagsgruppe Lübbe, Bergisch Gladbach 2000

Obwohl der Einfluss des Bildungs- und Einkommensniveaus der Eltern auf die Internetnutzung der Kinder gering ist, wird die These gestützt: Je höher das Bildungsniveau, desto eher sind die Kinder im Internet anzutreffen. Die Rede vom medienkompetenten Kind, das dem Erwachsenen überlegen sei, ist auf das Internet nicht anwendbar. Denn ca. 60% der 6- bis 14-jährigen Kinder sind – nach ihren eigenen Angaben – auf Unterstützung angewiesen: 35% erhalten diese von ihren Eltern, 19% von Freunden, 10% von Geschwistern, 4% von Verwandten und nur 2% von den Lehrern (Institut für Jugendforschung 1999). In bildungsorientierten Familienmilieus sind Eltern eher dazu bereit, diese Hilfe zu leisten.

Auf die Gefahren einer Kluft innerhalb der Kindergeneration weist auch Friedrich Krotz (1999, 64) hin:

> „Je schlechter die Infrastruktur, desto eher erzeugen die neuen digitalen Medien Kompetenzklüfte zwischen den Menschen, und desto eher vertiefen sie auch bestehende Unterschiede

im Hinblick auf das soziale und kulturelle Kapital. Besonders Mädchen und Kinder aus der Unterschicht, das zeigt sich in den Daten deutlich, sind benachteiligt, wenn Schule und andere öffentliche Institutionen nicht für Chancengleichheit sorgen. Aber auch die Ignoranz und das Desinteresse von Eltern und sozialem Umfeld können sich so leicht auswirken."

Internetcafés, die zunehmend in den außerschulischen Betreuungseinrichtungen für Kinder und Jugendliche eröffnet werden, sind zumindest ein Weg, Zugangsbarrieren materieller Art abzubauen. Von Zugangsbarrieren anderer Art berichten Praxisprojekte: Kinder und Jugendliche, mit unzureichenden Basisqualifikationen im Lesen und Schreiben, scheinen kein dauerhaftes Interesse und kaum Freude am Umgang mit dem Internet entwickeln zu können (vgl. Krebs/ Kump 2000); auch der Zusammenhang zur Lebenswelt und den Interessen der Kinder muss bei Internetprojekten mit Kindern gewahrt sein (vgl. Spormann 2000).

7 Ist das Internet zu schwierig für Kinder?

Über den Umgang der Kinder mit dem Internet weiß man gegenwärtig noch zu wenig, um diesen detailliert beschreiben zu können. Es gibt jedoch erste Hinweise, dass Kinder bei ihren Internetaufenthalten, selbst beim vermeintlich einfachen Surfen, erhebliche Probleme haben. Jüngere Kinder sind beispielsweise noch nicht in der Lage, hypertextuelle Strukturen zu verstehen (vgl. Aufenanger 2000), für das Surfen im Netz ist jedoch deren Verständnis notwendig und zwar meist auch dann, wenn sich ein Kind auf nur einer einzigen Website bewegt. Von älteren Kinder wird gesagt, sie könnten die Suchmaschinen nicht bedienen und sie verirrten sich im Internet (vgl. Fidel 1999). Insbesondere verlören sie die Übersicht auf ihrem Browser, weshalb sie bei ihren Surfabenteuern oder Recherchen häufig nicht „blättern" könnten, sondern mit der Grundeinstellung von vorne beginnen müssten (vgl. Transferzentrum Publizistik 2000).

Betrachtet man das Internet von seiner Angebotsseite her, dann sind derartige Schwierigkeiten der Kinder wenig erstaunlich. Im Unterschied zum Fernsehen fehlt dem Internet noch eine eigenständige Mediensymbolik: Identifikationsfiguren werden aus den Printmedien und vor allem aus dem Fernsehen adaptiert. Leider finden sich diese „Helden" der Kinder als „geschichtslose" Protagonisten wieder, da die hypertextuelle Struktur des Internet einem narrativen, erzählenden Schema widerspricht. Die Übernahme von kleinen Videos entspricht zwar dem multimedialen Charakter des Internet oder der sogenannten Konvergenz der Medien, aber auch sie sind bislang nur technisch schlechter reproduzierbare Fernsehkopien. Der „Text", den das Kind beim Surfen durch das World Wide Web rezipiert, ist zudem

Kind beim Surfen durch das World Wide Web rezipiert, ist zudem grundlegend von seinem eigenen Navigationskurs abhängig. Die einzelnen Bausteine beim Streifzug durch eine Website sind beliebig, variabel und zumeist zufällig zusammengesetzt. In der Regel ist deshalb das so Erlebte, die „Geschichte", für das Kind nicht wiederholbar. Vom Märchenerzählen, Kassettenhören und Videoschauen ist hinlänglich bekannt, wie wichtig die Wiederholung von Medieninhalten für das Verständnis der Kinder ist. Wie Kinder das Internet mit seiner besonderen Struktur rezipieren, welchen Nutzen sie für sich selbst aus dem Umgang mit diesem Medium und seinen Inhalten ziehen können, ist eine der offenen und zu klärenden Forschungsfragen der Gegenwart.

Auf vielen Websites werden potenzielle Rezeptionsprobleme der Kinder methodisch, d.h. grafisch und technisch, gelöst: Die Idee die Website als Stadt, Insel oder Planet, mit einer der jeweiligen Imagination entsprechenden „Infrastruktur" zu strukturieren, taucht bei den Kinderangeboten immer wieder auf. Dieser bildhafte Zusammenhang der Rubriken und Einzelseiten auf einer Website soll Kindern die Orientierung erleichtern. Erwähnenswert ist, dass das Internet Lese- und Schreibkenntnisse in nicht unbedeutendem Umfang voraussetzt. Der Versuch, Text und Schrift – insbesondere auf der Einstiegsseite, die den Inhalt einer Seite gliedert – vollständig in Bildsprache zu übersetzen, stellt selbst Kinder hin und wieder vor unbeabsichtigte „Bilderrätsel". Erfahrung tut dann Not. Diese kann nur über einen längerfristigen Aufenthalt auf einer Website gesammelt werden, bei enttäuschenden Surferlebnissen ist demnach großes Interesse bei den Kindern unterstellt. Weitere Probleme verbergen sich hinter der Führung der Navigation, die häufig nicht sorgfältig und systematisch genug gestaltet ist.

Die Schwierigkeiten der Kinder beim Umgang mit dem Internet weisen folglich nicht auf deren grundlegende Überforderung hin, sondern darauf, dass sich Website-Designer bei der Gestaltung der Inhalte noch sehr viel mehr auf die Perspektive der Kinder einlassen müssen (vgl. Harbeck/ Sherman 2000). Sieht man die oben skizzierten Probleme im Zusammenhang mit dem pädagogischen Ziel, die Medienkompetenz von Kindern zu fördern, dann sollte noch einmal darüber nachgedacht werden, welche Kompetenzen von Kindern erwartet und welche internetspezifischen medienpädagogischen Ziele in welchem Alter verfolgt werden können.

Im Schaubild wurden einige der zur Zeit anvisierten Zielvorstellungen mit den kinderspezifischen Webproblemen kontrastiert. Mangels empirischer Untersuchungsdaten ist ein konstruktiver Vorschlag zur Förderung der Internetkompetenzen bei Kindern noch nicht möglich. Durch die Gegenüberstellung kann jedoch deutlich gemacht werden, dass die Zielformulierungen eindeutig die Erwachsenenperspektive repräsentieren und dabei die Informationsbeschaffung und weniger den experimentellen Zugang der Kinder präferieren.

Internetkompetenz – ein bislang unbestimmter Begriff

medienpädagogische Ziele		*kinderspezifische Probleme*
strategische Suche	→	gefordertes Abstraktionsvermögen
Erwerb von Orientierungswissen	→	hypertextuelle Struktur
gezielte Selektion	→	Navigationsschwierigkeiten: "zielloses Surfen"
Kenntnis über Quellen der Information und deren Vernetzung	→	tendenzielle Anonymität des Netzes
allgemein: Erwerb von technischer, kommunikativer und sozialer Kompetenz	→	allgemein: kein analytisches Verhältnis zum Netz. Finden von Interessen, Experimentierfreude, Neugier und Spaß überwiegen

8 Neuere Entwicklungen auf den Websites für Kinder

Die wenigen empirischen Untersuchungen zum Internetumgang der Kinder wurden überwiegend von Marktforschungsinstituten durchgeführt. Dies deutet darauf hin, dass zumindest die professionellen Anbieter von Kinderwebsites daran interessiert sind, die Kinder tatsächlich auch zu erreichen und ihre Sites entsprechend zu gestalten. Auf die Kommunikationsbedürfnisse der Kinder wird internetspezifisch mit „Briefkästen", „Pinnwänden", Kommunikationsräumen und Chats reagiert, auf die Rechercheschwierigkeiten der Kinder mit „Portalen", die einen einfacheren Zugang der Kinder zum World Wide Web ermöglichen sollen. Über all dem schwebt jedoch das Problem des Kinder- und Jugendschutzes, das weder über Filtertechnologien und Kindersicherungen, noch über Moderation und Anonymisierung der Kommunikation vollständig zu lösen ist. Der weit verbreitete Vorschlag, dass Kinder ihre eigene Kommunikation im Netz aus Gründen ihrer Sicherheit anonymisieren sollten, ist nicht frei von Problemen: Einerseits geben Themen, Sprachgebrauch und Sprachstil im Chat Hinweise auf Unterschiede zwischen virtueller und face-to-face-Kommunikation bei Kindern, vor allem verbale Sexualtabus werden schneller gebrochen (vgl. Gieger 2000). Andererseits, wenn niemand der ist, der er vorgibt zu sein, könnten sich multiple Identitäten im Selbstfindungsprozess nicht nur als virtuelles Rollenspiel im Netz, sondern auch als psychosoziales Problem im Alltag erweisen.

Schließlich, dies zeigen unsere Erfahrungen während der letzten zwei Jahre, ist auch das spezielle Webangebot für Kinder von den technischen Entwicklungen im noch relativ jungen und technisch labilen Internet abhängig sowie von der Bereitschaft, sich im großen Umfang mit finanziellen und personellen Ressourcen für ein Kinderangebot zu engagieren. An der Benutzerfreundlichkeit der Browser, der Software für den „User", wird kontinuierlich gearbeitet. Die Reduzierung der Schwierigkeiten in der Handhabung des Internet, insbesondere die Integration der verschiedenen Internetdienste ins World Wide Web erleichtert konsequenterweise auch Kindern den Zugang: Während beispielsweise 1999 noch kaum ein Kind in einem Chatroom zu finden war, weil man dazu in der Regel einen besonderen Dienst, den Internet Relay Chat, benötigte, ist heute ein Web-Chat, für den häufig keine besondere Software erforderlich ist, fester Bestandteil jeder größer angelegten Website für Kinder. Hat ein Kind „seine Website" gefunden, kann es nahezu mit allen Möglichkeiten des Internet experimentieren. Die technische Lösung der praktischen Probleme der Internetbesucher mit dem „Surfen" und mit den „Suchmaschinen" ist nur noch eine Frage der Zeit; allerdings werden diese bereits in Angriff genommenen Browsersoftwarelösungen dazu führen, dass Kinder und Erwachsene im „virtuellen Raum" überwiegend nur noch nach Dingen suchen, die sie aus dem „wirklichen Leben" bereits kennen.

Literatur

Ariès, P. (1975): Geschichte der Kindheit. München.

Aufenanger, S. (2000): Die Vorstellung von Kindern vom virtuellen Raum. In: Diskurs 1, 25–27.

Aufenanger, S. (1986): Medienerziehung für Eltern von Kindergartenkinder. Mainz.

Bachmair, B./ Thüne-Schoenborn, B. (1984a): Symbolische Verarbeitung von Fernseherlebnissen in assoziativen Freiräumen – eine Bestandsaufnahme in einer Grundschule. Teil 1: Fernsehspuren im Handeln von Kindern. Kassel.

Bachmair, B./ Thüne-Schoenborn, B./ Klinger, M. (1984b): Symbolische Verarbeitung von Fernseherlebnissen in assoziativen Freiräumen – eine Bestandsaufnahme in einer Grundschule. Teil 2: Die symbolische Verarbeitung im Handlungszusammenhang – fortlaufende Beobachtungen während eines Unterrichtsprojektes. Kassel.

Baacke, D. (1997): Medienpädagogik. Tübingen.

Baacke, D./ Sander, U./ Vollbrecht, R./ Kommer, S. u.a. (1999): Zielgruppe Kind: Kindliche Lebenswelt und Werbeinszenierung. Opladen.

Barthelmes, J./ Feil, C./ Furtner-Kallmünzer, M. (1991): Medienerfahrungen von Kindern im Kindergarten. Spiele – Gespräche – Soziale Beziehungen. Weinheim.

Büchner, P. (1996): Kinder in Deutschland – Außenseiter der Gesellschaft? In: Büchner, P./ Fuhs, B./ Krüger, H. (Hg.): Vom Teddybär zum ersten Kuß. Wege aus der Kindheit in Ost- und Westdeutschland. Opladen, 13–25.

Charlton, M./ Neumann-Braun, K. (1986): Medienkonsum und Lebensbewältigung in der Familie. Methode und Ergebnisse der strukturanalytischen Rezeptionsforschung – mit fünf Falldarstellungen. München/ Weinheim.

Charlton, M./ Neumann-Braun, K./ Aufenanger, S./ Hofmann-Riem W. u.a. (1995): Fernsehwerbung und Kinder. Das Werbeangebot in der Bundesrepublik Deutschland und seine Verarbeitung durch Kinder. Band 1: Das Werbeangebot für Kinder im Fernsehen. Band 2: Rezeptionsanalyse und rechtliche Rahmenbedingungen. Opladen.

DeMause, L. (Hg.) (1977): Hört ihr die Kinder weinen. Eine psychogenetische Geschichte der Kindheit. Frankfurt/Main.

Deutsche Forschungsgemeinschaft (DFG) (1987): Medienwirkungsforschung in der Bundesrepublik Deutschland. Teil 1: Berichte und Empfehlungen. Teil 2: Dokumentation, Katalog der Studien. Enquête der Senatskommission für Medienwirkungsforschung unter dem Vorsitz von Wilfried Schulz und der Mitarbeit von Jo Groebel. Weinheim.

Deutsches Jugendinstitut (Hg.) (1997): Werbepädagogik in der Grundschule. Eine repräsentative Befragung von Lehrerinnen und Lehrern in Bayern und Brandenburg. Opladen.

Deutsches Jugendinstitut (Hg.): Handbuch Medienerziehung im Kindergarten. Teil 1 (1994): Pädagogische Grundlagen. Opladen.; Teil 2 (1995): Praktische Handreichungen. Opladen.

Erlinger, H. D./ Stötzel, D. U. (Hg.) (1991): Geschichte des Kinderfernsehens in der Bundesrepublik Deutschland. Entwicklungsprozesse und Trends. Berlin.

Erlinger, H. D. (Hg.) (1994): Kinderfernsehen und Markt. Berlin.

Feierabend, S./ Klingler, W. (1999): Kinder und Medien. In: Media Perspektiven 12, 610–625.

Feil, C. (2000): Kinder im Internet. Angebote, Nutzung und medienpädagogische Perspektiven. In: Diskurs 1, 15–24.

Fidel, R. et al. (1999): A Visit to the Information Mall: Web Searching Behaviour of Highschool Students. In: Journal of American Society for Information Sciences, Jg. 50, Heft 1.

Gieger, C. (2000): Chatrooms für Kinder – Recherche und Analyse der Angebote. Deutsches Jugendinstitut, München (http://www.dji.de/www-kinderseiten).

Glogauer, W. (1991): Kriminalisierung von Kindern und Jugendlichen durch Medien. Baden-Baden.

Hans-Bredow-Institut für Medienforschung (Hg.) (1999): Neue und alte Medien im Alltag von Kindern und Jugendlichen. Deutsche Teilergebnisse einer europäischen Studie. Hamburg.

Harbeck, J./ Sherman T. M. (2000): Seven Principles for Designing Developmentaly Appropriate Internet Sites for Young Children. In: Diskurs 1, 32–36.

Höltershinken, D./ Giese-Kopka, V./ Kopka, A. (1989): Medienbezogene Tätigkeiten von Kindern im Kindergarten. Ergebnisse einer Beobachtungsstudie. In: Spielmittel 5, 46–52.

Honig, M.-S. (1999): Entwurf einer Theorie der Kindheit. Frankfurt/Main.

Hurrelmann, Klaus (1997): Die meisten Kinder sind heute „kleine Erwachsene". In: medien + erziehung 41/ 2, 75–80.

IconKids & Youth International Research (Hg.) (1999): Multimedia Youth 99. Ergebnisse und Thesen zur Nutzung vom PC und Internet von Kindern und Jugendlichen in Deutschland. München.

Institut für Jugendforschung (Hg.) (1999): Kinder, Internet, Computer und Spielekonsole. Kinder und Teens 6 – 14 Jahre. KICS-Studie '99. München.

Kagelmann, J. H. (1994): Merchandising, multimediale Verwertung, Marketing, Synergie: Wie Medienfiguren vermarktet werden. In: Deutsches Jugendinstitut (Hg.). Handbuch Medienerziehung im Kindergarten. 524–534.

KidsVerbraucherAnalyse (KVA) 2000. Junge Zielgruppen 6 bis 17 Jahre. Egmont Ehapa Verlag (Hg.). Stuttgart 2000.

KidsVerbraucherAnalyse (KVA) 2000. Verlagsgruppe Lübbe GmbH & Co. KG (Hg.), Media- und Marketingservice. Bergisch Gladbach 2000.

Krebs, A./ Kump H. (2000): Girls going Internet. Ein Praxisprojekt für Mädchen. In: Diskurs 1, 45.

Krotz F. (1999): Kinder und Medien. Eltern und soziale Beziehung. In: tv diskurs 10, 60–66.

Lange, A.: Sozialberichterstattung über Kinder und Kindheit: Stellenwert der Medien (unveröf-fentl. Manuskript). Erscheint in: Bildungsbedeutsame Lebenslagen von Kindern im Spiegel der Sozialberichterstattung (Arbeitstitel; Deutsches Jugendinstitut. München 2001).

Lenzen, D. (1985): Mythologie der Kindheit. Die Verewigung des Kindlichen in der Erwachsenenkultur. Reinbek b. Hamburg.

Neumann-Braun, K./ Erichsen, J. R. (1995): Kommerzialisierte und mediatisierte Kindheit – eine aktuelle Bestandsaufnahme. In: Charlton, M./ Neumann-Braun, K./ Aufenanger, S./ Hoffmann-Riem, W. u. a. (Hg.): Fernsehwerbung und Kinder. Opladen, 21–45.

Paus-Haase, I. (Hg.) (1991): Neue Helden für die Kleinen. Münster/ Hamburg.

Postman, N. (1982): Das Verschwinden der Kindheit. Frankfurt/ Main.

Projekt „Internet – außerschulische Lernangebote für Kinder“: Das Interesse von Kindern am Internet: Ergebnisse aus einer Befragung zu den Freizeitpräferenzen 10- bis 14-jähriger Schüler. Deutsches Jugendinstitut, München 11/2000 (http://www.dji.de/www-kinderseiten).

Projekt „Internet – außerschulische Lernangebote für Kinder“: Datenbank – Websites für und von Kindern. Deutsches Jugendinstitut, München 2000 (http://www.dji.de/www-kinderseiten).

Qvortrup, J. (1993): Die soziale Definition von Kindheit. In: Markefka, M./ Nauck, B. (Hg.): Handbuch der Kindheitsforschung. Neuwied, 109–124.

Schmidt, C./ Bruns, C./ Schöwer, C./ Seeger, C. (1989): Endstation Seh-Sucht? Kommunikationsverhalten und neue Medientechniken. Frankfurt/ Main.

Schmitt, S.: Wenn die Web-Site dicht gemacht wird. Weltweite Zensurversuche führen das Bild vom demokratischen Internet ad absurdum – nicht nur in Diktaturen. In: Süddeutsche Zeitung, Nr. 280, 5.12.2000, S. V2/13.

Scholz, G. (1994): Die Konstruktion des Kindes: über Kinder und Kindheit. Opladen.

Spormann, U. (2000): Medienkunst mit Kindern – Kreative Wege zur Förderung von Medienkompetenz. In: Diskurs 1, 40–43.

Spürck, D. (2000): Kinder- und Jugendschutz im Internet: Aufgaben, Methoden, Wirksamkeit. In: Diskurs 1, 51–56.

Theunert, H./ Pescher, R./ Best, P./ Schorb, B. (1992): Zwischen Vergnügen und Angst – Fernsehen im Alltag von Kindern. Eine Untersuchung zur Wahrnehmung und Verarbeitung von Fernsehinhalten durch Kinder aus unterschiedlichen soziokulturellen Milieus in Hamburg. Berlin.

Theunert, H./ Lenssen, M. (1999): Medienkompetenz im Vor- und Grundschulalter: Altersspezifische Voraussetzungen, Ansatzpunkte und Handlungsdimensionen. In: Schell, F./ Stolzenburg, E./ Theunert, H. (Hg.): Medienkompetenz: Grundlagen und pädagogisches Handeln. München, 60–73

Transferzentrum Publizistik und Kommunikation, München/ Super RTL, Köln: Internet-Kids – die Faszination des Unverstandenen. Februar 2000.

Waltermann, J./ Machill, M. (Hg.) (2000): Verantwortung im Internet. Selbstregulierung und Jugendschutz. Gütersloh.

Winterhoff-Spurk, P. (1999): Auf dem Weg in die mediale Klassengesellschaft? Psychologische Beiträge zur Wissenskluftforschung. In: medien praktisch 3, 17–22.

Bildquellennachweis:

Frederics Seiten: http://www.purpurhain.de/frederic/ (Stand: 29.11.2000)

Das SWR-Kindernetz: http://www.kindernetz.de/ (Stand: 29.11.2000)

Braces online: http://www.braces-online.de/ (Stand: 25.11.2000)

Deaf Kids: http://www.deafkids.de/ (Stand: 29.11.2000)

Flek-Kinder-Netz: http://kids.webonaut.com/k-netz/kurve.htm (Stand: 29.11.2000)

Kindersache: http://www.kindersache.de/ (Stand: 29.11.2000)

Toddys Wolfseiten: http://www.wolf-kinderclub.de/ (Stand: 23.11.2000)

Super RTL: http://www.toggo.de/index.htm (Stand: 23.11.2000)

Autoren

Dipl.-Soz. Christine Feil,
Deutsches Jugendinstitut e.V., Nockherstr. 2, 81541 München

Prof. Dr. Hans-Werner Fischer-Elfert,
Ägyptologisches Institut, Universität Leipzig, Schillerstr. 6, 04109 Leipzig

Prof. Dr. Johanna Forster,
Institut für Anthropologisch-Historische Bildungsforschung,
Universität Erlangen-Nürnberg, Regensburger Str. 160, 90478 Nürnberg

Prof. Dr. Thomas Frenz,
Historische Hilfswissenschaften, Universität Passau, Innstr. 53, 94030 Passau

PD Dr. Ludwig Haag,
Institut für Psychologie, Universität Erlangen-Nürnberg,
Regensburger Str. 160, 90478 Nürnberg

Prof. Dr. Helmwart Hierdeis,
Institut für Erziehungswissenschaften,
Universität Innsbruck, Innrain 52/V, A-6020 Innsbruck

PD Dr. Uwe Krebs,
Institut für Anthropologisch-Historische Bildungsforschung,
Universität Erlangen-Nürnberg, Regensburger Str. 160, 90478 Nürnberg

Prof. em. Dr. Max Liedtke,
Institut für Anthropologisch-Historische Bildungsforschung,
Universität Erlangen-Nürnberg, Regensburger Str. 160, 90478 Nürnberg

Dr. Margret Schleidt,
Max-Planck-Institut für Verhaltensphysiologie, Von-der-Tann-Str. 3–5,
82346 Erling-Andechs

Dr. Helga Unger-Heitsch, Birkenstr. 84, 50389 Wesseling